류주석의

통기타 때려잡기

sekwang datatech

질문이나 의견
네이버 카페 : 류주석의 통기타 때려잡기
http://cafe.naver.com/ryu1462

머리말

고등학교 1학년이던 큰형이 용돈을 모아 산 기타를 '10분만, 10분만...' 하며 빌려
책에 나온 그림대로 코드를 잡아가며 쳤던 것이 저와 기타와의 첫 만남입니다.
물집 잡힌 손가락을 뿌듯해하며 〈J에게〉를 완주했을 때는 뛸 듯이 기뻤지요.
또한 멋도 모르고 4분의 4박자에 맞춰서 쳤던 리듬이 '슬로우 고고'라는 주법이라는 걸
나중에 알고 나서는 날아갈 것만 같았습니다.

악기는 무엇보다 재미있게 연습해야 한다고 생각합니다.
전공이 아닌 취미로 배우는 악기는 더욱 그렇습니다.
온라인 강좌 '류주석의 통기타 때려잡기 1, 2'의 누적 수강생이 3만여 명에 이른다는
소식을 듣고 그 내용을 더 쉽고 재미있는 교재로 만들어야겠다고 느꼈습니다.
기타 교재는 시중에 이미 많이 있지만 이 책은 독학으로 기타를 배우고자 하시는 분들을
비롯해서 학원 강의 교재로도 활용하실 수 있도록 구성했습니다.
초보자분들이 가려워하실만한 곳을 미리 찾아서 긁어드리고 무엇보다 쉽고 재미있게
연습하실 수 있도록 제가 가진 노하우를 모았습니다.
매주 한 시간 정도 분량의 내용에 하루 30분~1시간 정도의 연습이면 누구나 10주 만에
왕초보를 탈출할 수 있습니다.

이 책을 통해 많은 분들이 즐겁게 기타에 입문하실 수 있기를 바랍니다. 연습 중 생기는
의문이나 의견은 네이버 카페 '류주석의 통기타 때려잡기'에 올려주시면 성심껏 답변해
드리겠습니다.

성원해준 가족과 남주희 원장님, 행복한 BABO, 무적 채리와 식구들, 로그몰과
버드뮤직, 세광 식구들에게 감사합니다.
그리고 이 모든 것을 예비하신 하나님께 감사드립니다.

류주석

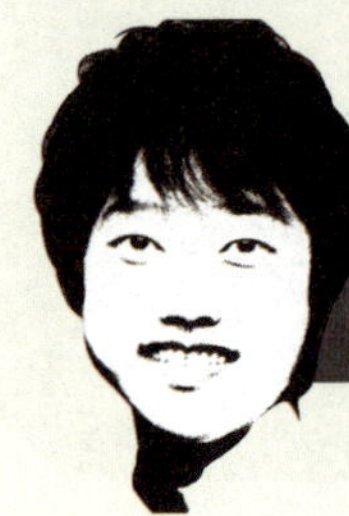

류주석의 통기타 때려잡기
차 례

기타와 인사하고 코드와 악수하기

1주

기타와 인사하기

준비물을 챙겨봅시다

기타줄의 음

튜닝

코드가 뭐예요?

코드와 악수하기

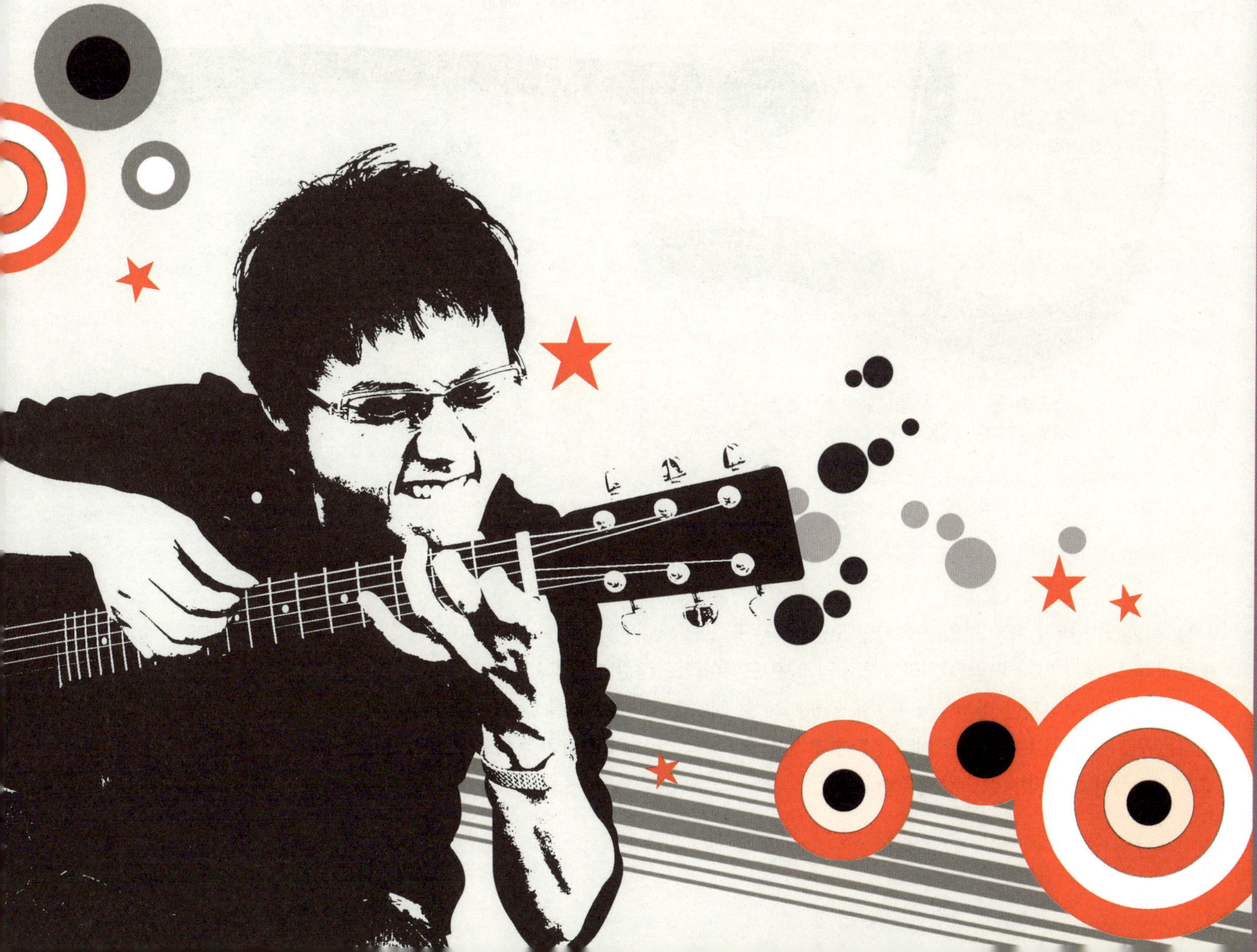

반갑습니다~ ^^

옛말에 '시작이 반이다'라는 말이 있지요?

여러분은 기타를 배워보기로 마음먹은 순간 이미 반쯤 와계신 것이나 마찬가지입니다.

그 나머지 반은 제가 도와드릴 테니 지금부터 같이 신나게 달려봅시다.

오늘은 그 첫 시간입니다.

우리가 앞으로 연습하게 될 기타라는 악기와 우선 인사를 해야겠죠?

기타는 다음과 같은 모양과 각 부분 명칭을 가지고 있습니다.

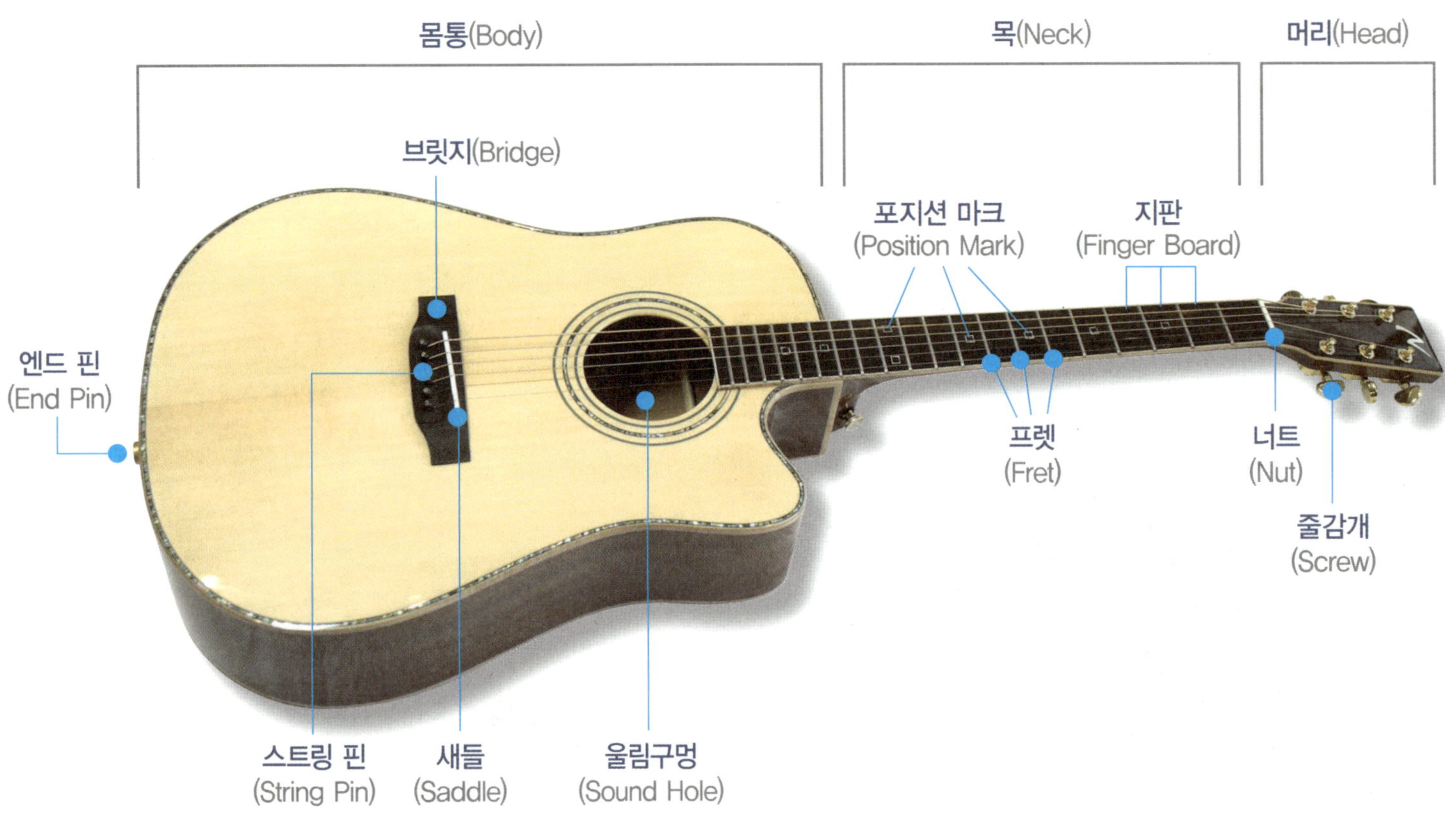

사진 속 기타가 내가 가지고 있는 기타와 모양이 다르다고요?

종류에 따라 여러 가지 모양의 기타가 있지만 어떤 모양이라도 상관없습니다.

명칭이 복잡해 보이지만 머지않아 저절로 익혀지게 될 테니 지금 애써 외울 필요는 없습니다.

지금은 단지 그림을 보며 '아~ 기타가 저렇게 생겼구나~', '아~ 기타는 여섯 줄로 만들어진 악기구나~', 혹은

'그래, 열심히 해보자!!' 정도만 생각하시면 끝!

기타를 연습하기 위해 필요한 준비물들을 점검해보겠습니다.

우선 기타는 말할 것도 없겠지요? ㅎㅎ

기타는 너무 비싸지 않은 가격에 적당한 줄 높이와 예쁜 모양을 가진 모델이면 됩니다.

■■ 튜너(조율기)

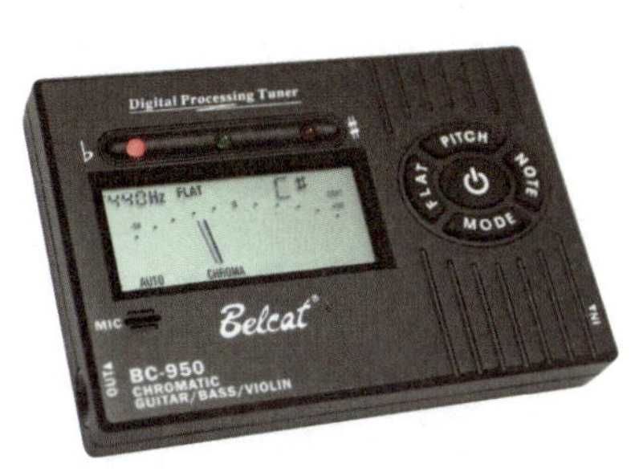

기타 외에 가장 필수적인 준비물입니다.

예전에는 튜닝을 하기 위해 소리굽쇠나 피리처럼 생긴 피치파이프 등을 이용하기도 했지만 요즘은 대부분 간편한 디지털 튜너를 이용합니다.

정확한 튜닝을 위해서는 위의 사진과 같은 튜너가 반드시 있어야 합니다.

튜너에는 위의 사진과 같이 마이크형과 진동형 튜너가 있으며 어떤 모델을 써도 괜찮습니다.

■■ 피크

피크는 사진과 같이 삼각형 모양으로 생긴 것도 있고 물방울 모양처럼 생긴 것도 있는데 어떤 모양의 피크라도 상관없습니다.

잡기 편한 모양으로 고르되 다만 너무 두껍지 않은 0.5mm 정도의(혹은 Thin이라고 쓰여 있는) 피크를 고르시는 것이 좋습니다.

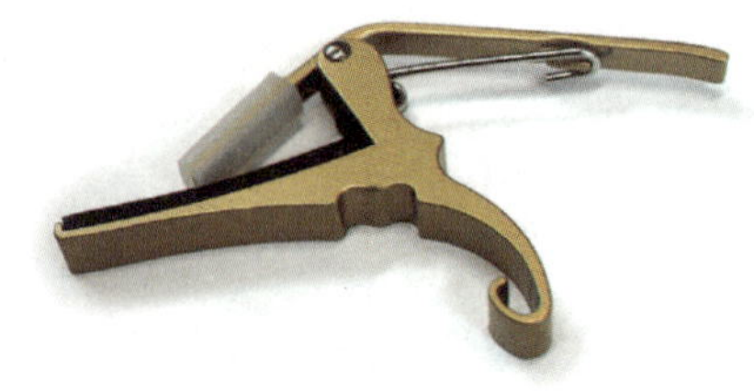 카포

지금 당장은 필요 없지만 앞으로 기타를 연습하다 보면 사진과 같이 집게처럼 생긴 카포라는 물건이 꼭 필요합니다.
카포는 조옮김 등을 편하게 할 수 있게 만들어주는 아주 고마운 친구입니다.

 스트랩

흔히 멜빵이라고 불리는 스트랩입니다.
많은 사람들 앞에서 기타를 메고 연주를 하는 나의 모습을 상상해보세요.

 렌치

기타에게 가장 중요한 넥은 안쪽에 사람의 척추와 같은 트러스 로드(Truss Rod)라는 것이 들어있습니다. 온도나 습도에 의
해 넥이 앞으로, 혹은 뒤로 휘었을 때는 이 렌치를 이용해서 조정을 할 수 있습니다. 지금은 렌치를 갖고 있는지 확인만 하시
면 됩니다.

▪▪ 메트로놈

악기를 연주하는데 있어서 정확한 박자에 맞추어 연습하는 것은 매우 중요합니다.
기타 못지않게 메트로놈과도 친하게 지내도록 합시다.

▪▪ 기타 관리용품

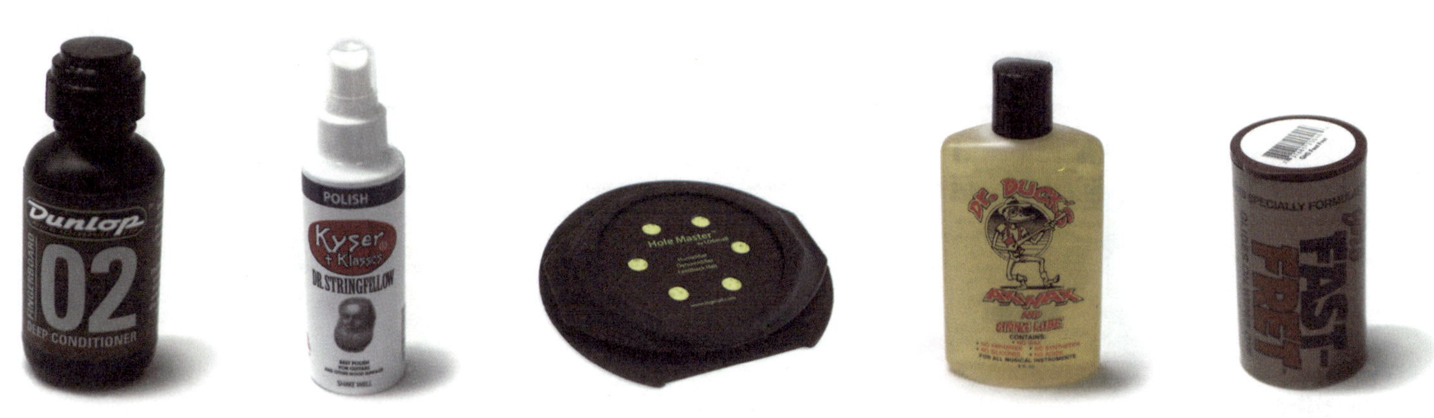

우리의 소중한 기타를 관리하는 용품들입니다.
있어도 되고 없어도 되지만 있으면 더 좋은 물건들입니다.
관리용품은 바디용과 지판용으로 나뉘며 고운 천을 이용해서 잘 닦아줍니다.
또한 기타는 얇은 나무판으로 만들어진 악기이기 때문에 적당한 온도와 습도를 유지해주는 것이 매우 중요합니다.
악기는 잘 관리 해준 만큼 좋은 소리를 내주며 가장 좋은 관리는 자주 쳐주는 것입니다.

이제 기타를 연습할 준비가 됐네요. 마지막으로 준비물이 한 가지 더 있습니다.
바로......
열심히 도전해보고자 하는 여러분의 마음입니다.
준비 되셨나요? 그럼 다음 장으로 고고싱~~ ^^

기타줄에는 각각의 음이 있겠죠?

기타 연주 전에는 항상 각 줄이 가지는 기본 음으로 만들어야 합니다.

그 작업을 바로 **튜닝(Tuning)**이라고 합니다.

튜닝은 프렛(Fret:지판의 한 칸)을 누르지 않은 상태에서 하며 이 상태를 **개방현**이라고 부릅니다.

개방현의 음은 6번 줄(제일 두꺼운 줄)부터

미(E) 라(A) 레(D) 솔(G) 시(B) 미(E) 입니다.
(6번 줄)　(5번 줄)　(4번 줄)　(3번 줄)　(2번 줄)　(1번 줄)

기타에 입문한 첫 시간에 처음으로 외워야 할 첫 내용이 나왔네요.

외우는 건 자신이 없다구요?

좋습니다. 그럼,

개방현의 음은 두꺼운 6번 줄부터 '미 · 라 · 레 · 솔 · 시 · 미'

개방현의 음은 두꺼운 6번 줄부터 '미 · 라 · 레 · 솔 · 시 · 미'

개방현의 음은 두꺼운 6번 줄부터 '미 · 라 · 레 · 솔 · 시 · 미'

개방현의 음은 두꺼운 6번 줄부터 '미 · 라 · 레 · 솔 · 시 · 미'

개방현의 음은 두꺼운 6번 줄부터 '미 · 라 · 레 · 솔 · 시 · 미'!!!

됐나요?? ^^

지금까지 알아왔던 음계의 이름은 '도 · 레 · 미 · 파 · 솔 · 라 · 시 · 도'지요?
이제부터는 그 이름을 알파벳으로 'C · D · E · F · G · A · B · C'와 같이 부릅니다.
이제부터는 'F'라고 하면 바로 '파'를 떠올리는 습관을 가져보세요. ^^

한 가지 더 기억합시다!!

'도 · 레 · 미 · 파 · 솔 · 라 · 시 · 도'에서 각 음 사이의 간격은 '온음'과 '반음'으로 이루어져 있는데,
'미~파(E~F)'와 '시~도(B~C)' 사이는 반음이고 나머지 음 사이의 간격은 온음입니다.
또한 기타의 한 프렛(칸)은 반음이라는 것을 기억합시다.
간단하지만 매우 중요한 내용입니다.
앞으로도 자주 다루게 될 테니 부담을 갖진 마시고 가볍게 세 번만 읽어주세요.

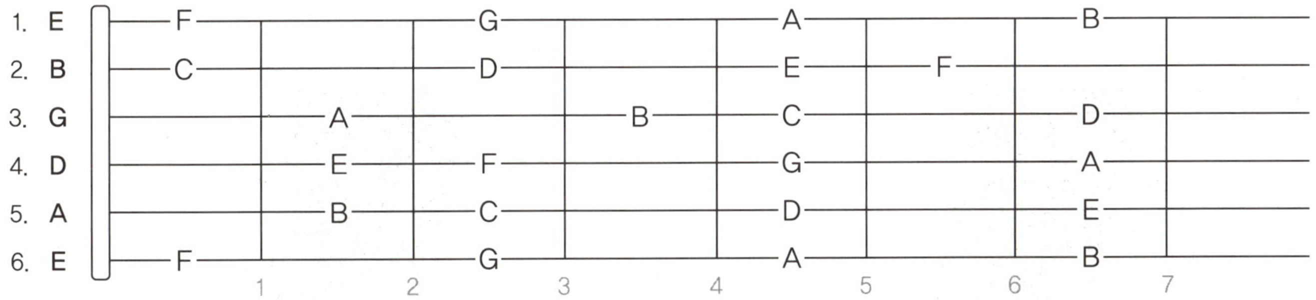

■ 반음 관계가 외우기 어렵다면 'EF소나타를 BC카드로 산다.'고 생각하세요.
'E~F'와 'B~C'사이는 반음입니다~!!

온음은 기타에서 두 프렛
반음은 기타에서 한 프렛

	1	2	3	4	5	6	7
1. E	F		G		A		B
2. B	C		D		E	F	
3. G		A		B	C		D
4. D		E	F		G		A
5. A		B	C		D		E
6. E	F		G		A		B

참 복잡해 보이지만 이 그림도 잘 보면 결국 온음은 두 프렛, 반음은 한 프렛으로 이뤄졌다는 뜻입니다.
사실 기타라는 악기의 원리는 그게 전부입니다.
건반에도 음이름이 있듯이 기타에도 이렇게 음이름이 있다는 정도로만 기억하세요.

참 고

Q '도 · 레 · 미 · 파 · 솔 · 라 · 시 · 도'를 우리말로는 왜 '다 · 라 · 마 · 바 · 사 · 가 · 나 · 다'와 같이 '다'부터 시작하지요?

A '도 · 레 · 미 · 파 · 솔 · 라 · 시 · 도'는 이탈리아어의 음이름이며 영어로는 'C · D · E · F · G · A · B · C'와 같이 표기합니다. 'C'는 알파벳 순서로 세 번째이고 우리말로는 '다'에 해당되기 때문에 '다(C) · 라(D) · 마(E) · 바(F) · 사(G) · 가(A) · 나(B) · 다(C)'와 같이 불렀던 것이죠. 우리말을 사랑해야 하지만 음을 읽을 때는 글로벌 시대에 맞게 알파벳으로 읽도록 하세요.

좋은 음악은 정확한 튜닝(조율)에서 시작됩니다.

기타는 피아노와 달리 연습하기 전에 반드시 튜닝을 해야 합니다.

튜닝을 귀찮게 생각하지 말고 자주 연습해서 우리 모두 튜닝의 왕이 됩시다!!

기타의 개방현은 6번 줄(가장 두꺼운 줄)부터

6번 줄 ： 미(E)
5번 줄 ： 라(A)
4번 줄 ： 레(D)
3번 줄 ： 솔(G)
2번 줄 ： 시(B)
1번 줄 ： 미(E)

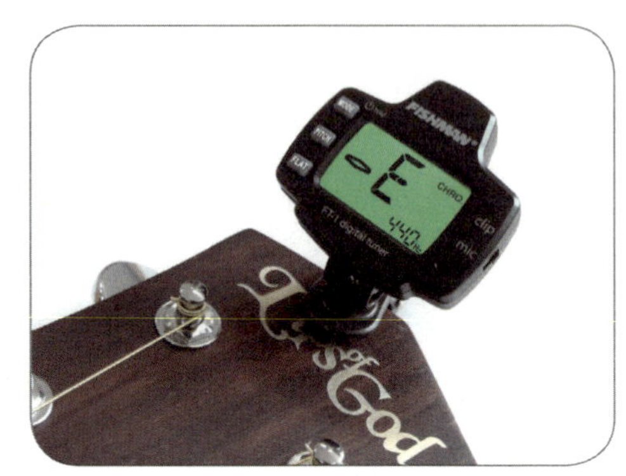

개방현의 음은 이제 완전히 외우셨죠?

이제 튜너를 이용해서 튜닝을 해보겠습니다.

각 줄의 음을 소리 내보았을 때 튜너에서 파란 불이 들어오도록 헤드의 줄감개를 돌려서 정확한 음을 맞춰보세요.

음을 높일 때

음을 낮출 때

낮은 음을 높일 때는 줄감개를 화살표 방향대로 돌려주면 되지만 높은 음을 낮출 때는 여유 있게 풀어준 후 다시 조이는 식으로 조절하는 것이 좋습니다.

튜닝 후에는 꼭! 전체적으로 다시 소리를 내어 확인해보세요.

이제부터는 기타를 잡을 때마다 습관적으로, 본능적으로 튜닝을 합시다. 약속~~!! ^^

기타는 양손으로 연주하는 악기입니다.
오른손은 리듬을, 왼손은 멜로디나 음정, 코드를 표현합니다.
이제는 실제로 왼손으로 코드를 잡고 소리를 내어보는 본격적인 연습을 해보겠습니다.

우선 코드(Chord)라는 단어의 의미를 알아볼까요?
하나의 음 위에 또 하나의 음이 쌓이면 '음정'이 됩니다.
보통 음정을 3도씩 쌓아 올려 세 개 이상의 음이 쌓이면 우리는 화음, 즉 코드라고 부릅니다.

음
(Note)

음정
(Interval)

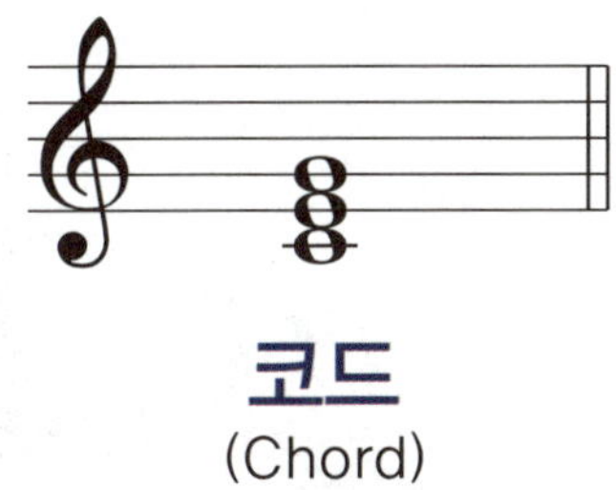

코드
(Chord)

피아노를 배우지 않은 분이라도 초등학교 음악 시간에 다장조의 으뜸화음은 '도, 미, 솔'이라고 배운 기억은 누구에게나 있을 것입니다. 취미로 기타에 입문하는데 있어서의 음악적 지식은 그 정도면 충~분합니다.

코드라는 것은 어떤 음 위에 어떤 음정을 쌓느냐에 따라 결정됩니다.
그 어떤 음을 '근음(Root)'이라고 하고 그 위에 어떤 음정이 쌓이는가에 따라서 메이저(Major), 마이너(minor), 세븐스(7th) 등의 코드가 만들어집니다.

복잡하다고 느껴지시면 Pass!! 다음번에 또 다루겠습니다.
이해가 되신다면 당신은 천재~~!! ^^

코드에 기본적인 코드와 기본적이지 않은 코드가 나눠져 있는 것은 아니지만 가장 쉽게 잡을 수 있는 코드들을 보통
기본 코드라고 부릅니다.

코드 안에는 앞에서 설명한 근음과 음정이 모두 들어있습니다.
구성 음들의 구체적인 이해는 나중으로 미루고 이제부터는 코드를 잡고 소리를 내보도록 할까요?

운동과 마찬가지로 악기도 올바른 자세가 중요합니다.
편안하게 허리를 세우고 앉은 상태에서 기타를 안아보세요.

사진과 같이 오른손 팔꿈치를 기타에 편안하게 얹는다는 기분으로 올려놓고 왼손은 반가운 친구와 악수를 하는 기분으로
잡아주세요.

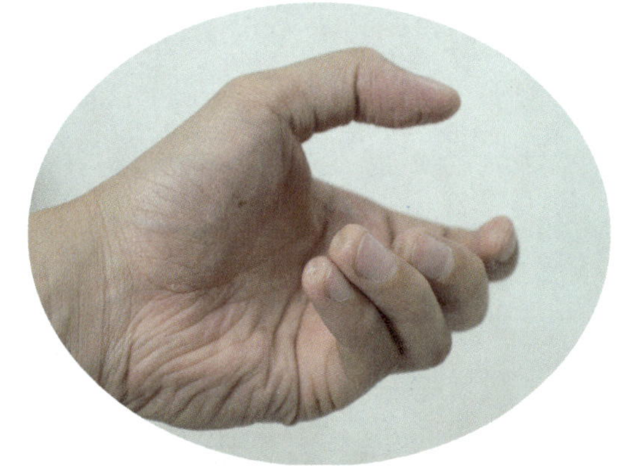

반가운 친구일수록 손에 힘을 주어 악수하겠지요?
마찬가지로 기타의 넥도 힘을 주어 악수하듯이 잡아주세요. 꼬옥~~ ^^

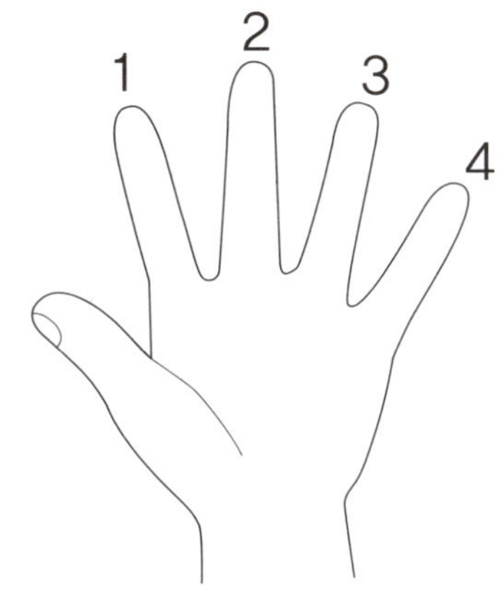

이제부터 각 코드마다 나오는 왼쪽의 그림은 지판을 위에서 바라본
모양을 그린 것이며 이를 코드 다이어그램이라고 합니다.
손가락의 번호는 검지부터 1~4번입니다.
코드를 잡을 때는 줄의 번호와 프렛의 위치를 확인하면서 잡아주세요.
그림의 검은 동그라미는 그 코드의 주인이 되는 음(Root)이기 때문에
강조해서 쳐줘야 하며 'X' 표시가 된 줄은 쳐서는 안 되는 줄입니다.
'(○)' 표시는 코드 구성음이지만, 될 수 있으면 치지 않도록 합니다.

자~ 이제 이 내용들을 참고해서 본격적으로 코드를 잡아봅시다~~
코드 다이어그램과 함께 오른쪽의 손 모양 사진을 참고해서 잡아보세요.

C

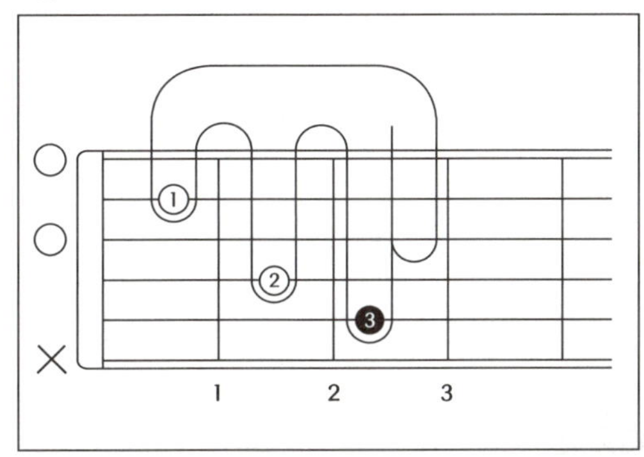

각 줄의 소리가 깨끗하게 날
수 있도록 잡아주세요.
6번 줄은 치지 않습니다.

D

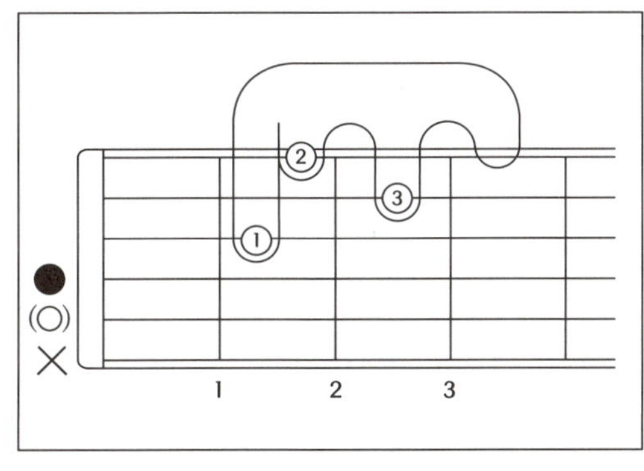

5,6번 줄은 치지 않습니다.

E

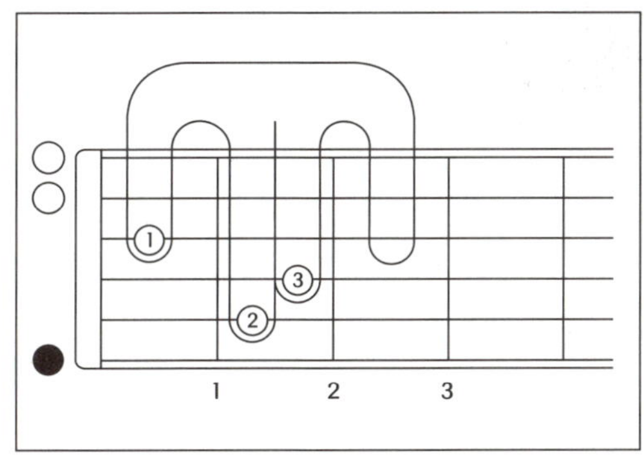

왼손은 악수하듯이.
잊지 않았죠?

F

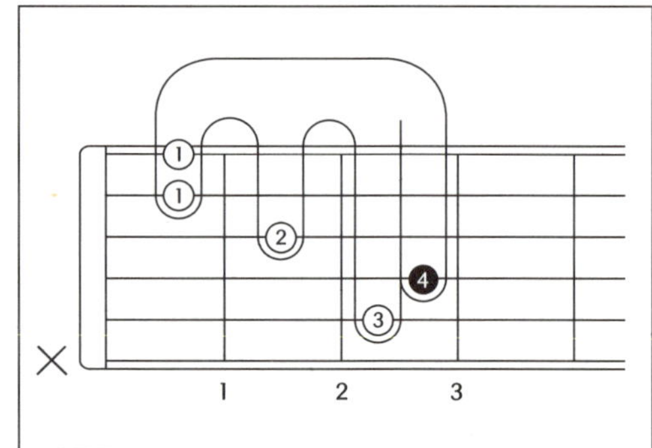

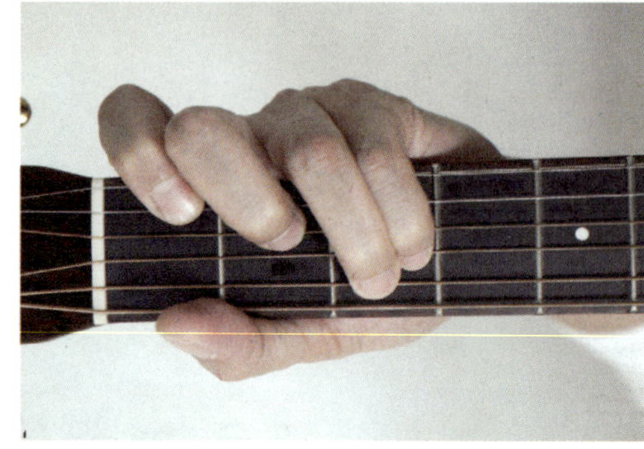

왕초보를 가장 힘들게 하는
코드입니다.
지금은 그림과 같이 잡으세요.
6번 줄은 치지 않습니다.

G

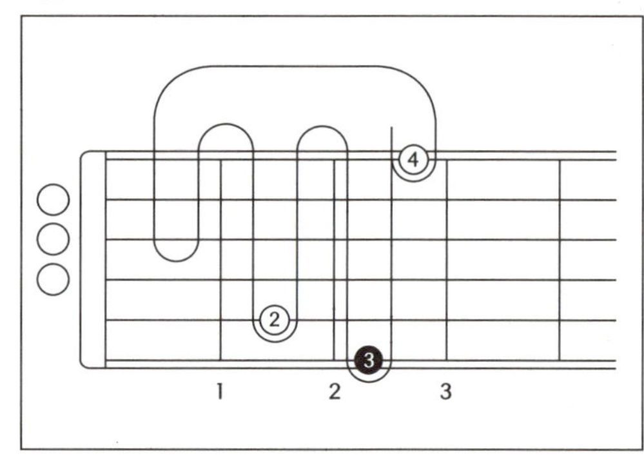

자주 만나게 될 코드이니
미리 미리 친하게 지냅시다.

A

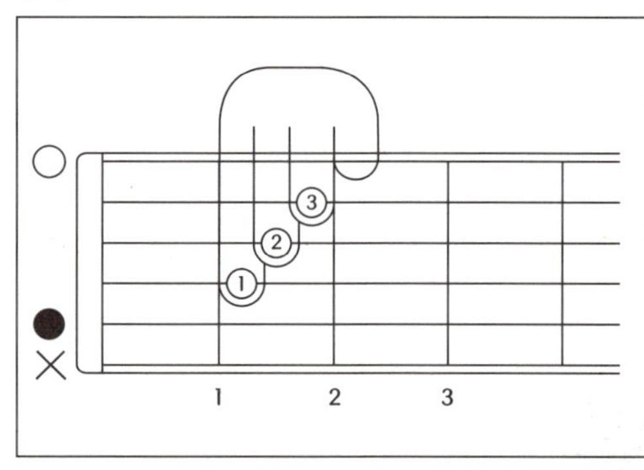

2번 프렛에 2,3,4번 줄을 다
잡아야 하네요.
손가락들이 프렛을 넘어가지
않도록 주의하세요.
6번 줄은 치지 않습니다.

이번에는 뒤에 꼬리가 붙은 코드들입니다.

'A'라는 코드는 '에이'라고 읽으며 'Am'라는 코드는 '에이 마이너'라고 읽습니다.

두 코드는 모두 A음, 즉 라를 근음으로 음정을 쌓아올려 만든 코드이며 음정을 어떻게 쌓느냐에 따라 코드의 이름과 성격이 바뀝니다.

더 구체적인 내용은 나중에 생각하기로 하고 지금은 이 코드들의 손 모양을 외우는데 집중합시다. ^^

Am

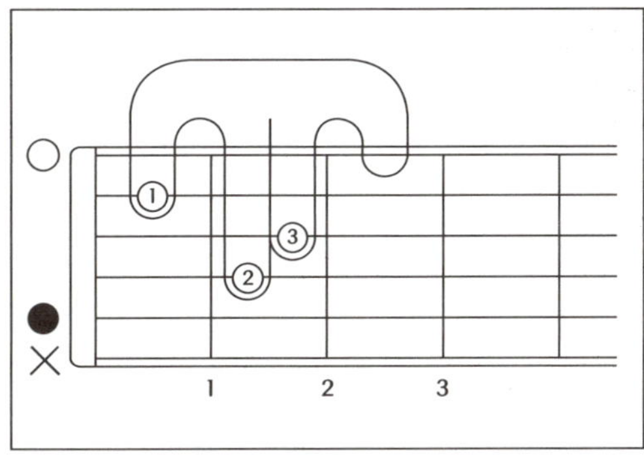

6번 줄은 치지 않습니다.

Dm

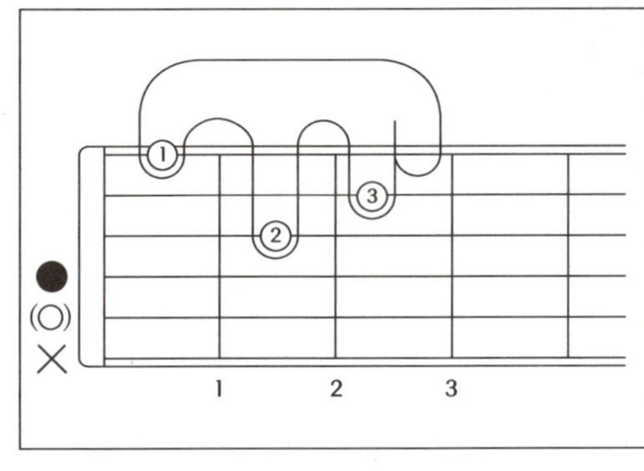

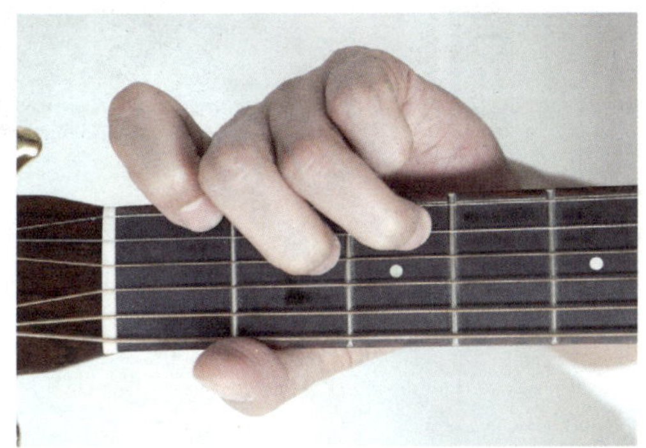

5,6번 줄은 치지 않습니다.

Em

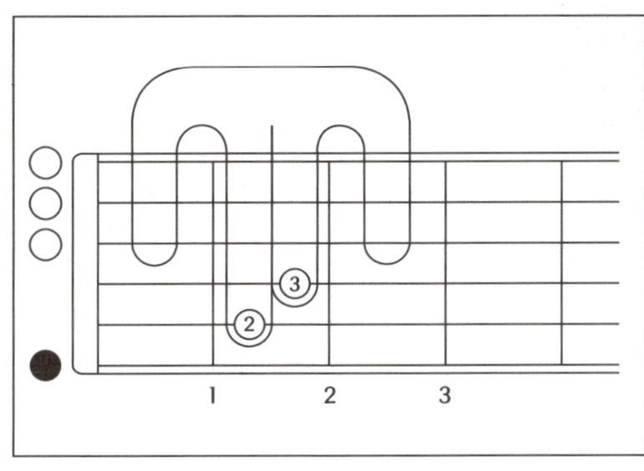

오늘 배우는 코드 중에서 제일 쉬운 코드네요.
신나게 외웁시다~!!

'C7'은 '시 세븐'이라고 읽습니다.
이제 얼마 안 남았네요. 힘냅시다. ^^

C7

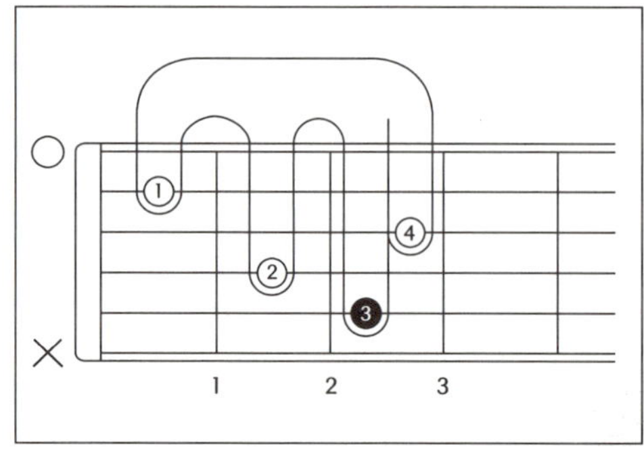

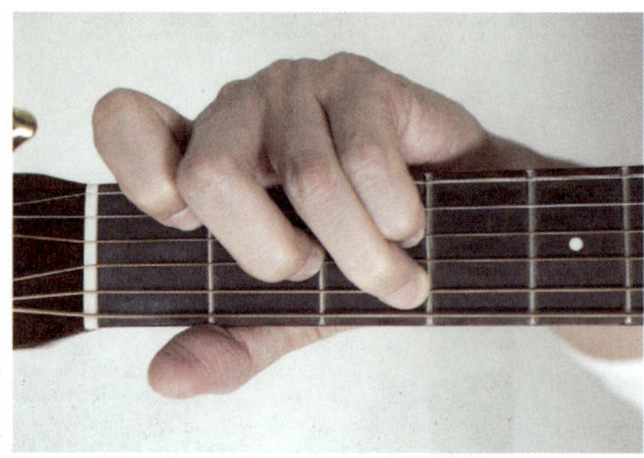

6번 줄은 치지 않습니다.

D7

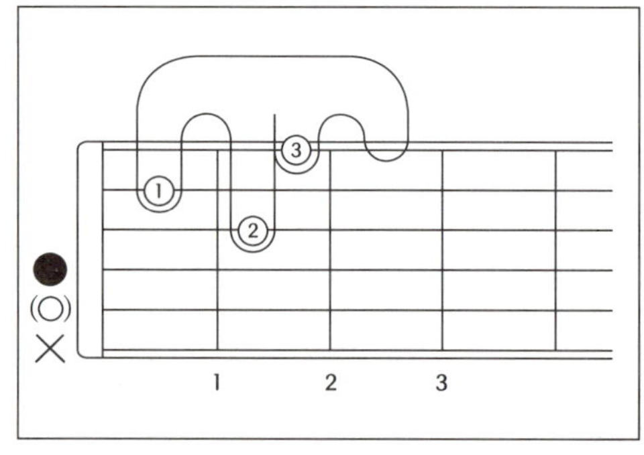

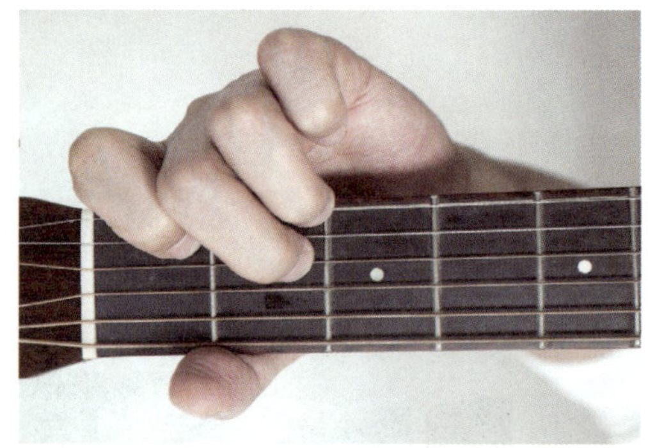

5,6번 줄은 치지 않습니다.

E7

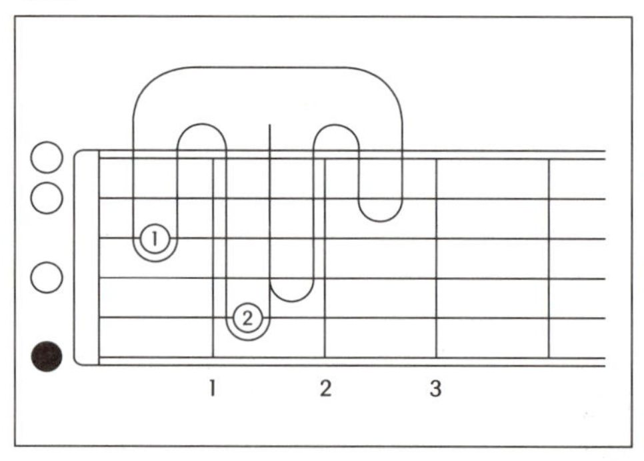

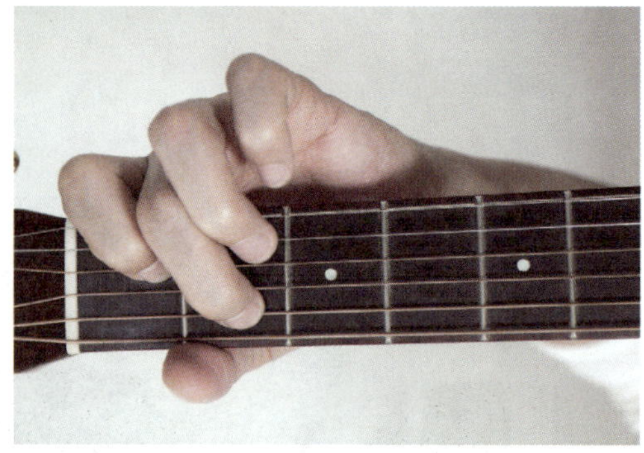

제일 쉬웠던 Em와 어떻게
다른 코드인지 비교해보세요.

G7

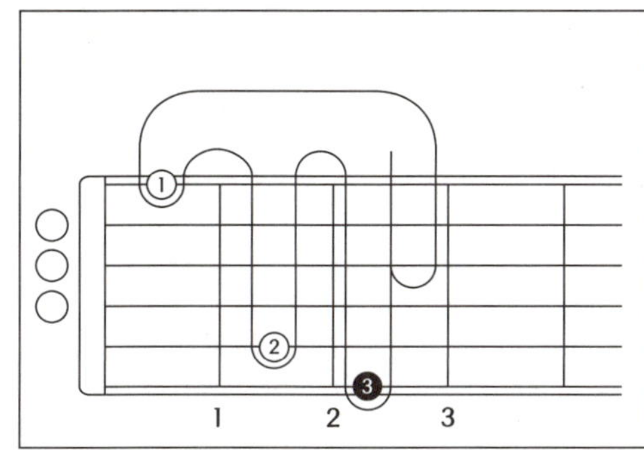

사진과 같이 왼손가락을
최대한 각 프렛에 가깝게
눌러줍니다.

A7

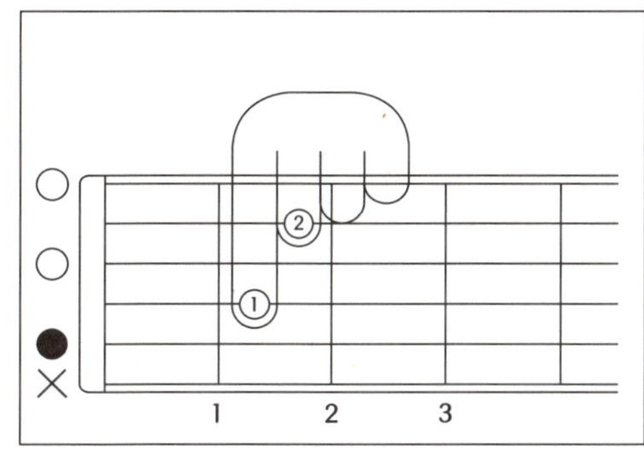

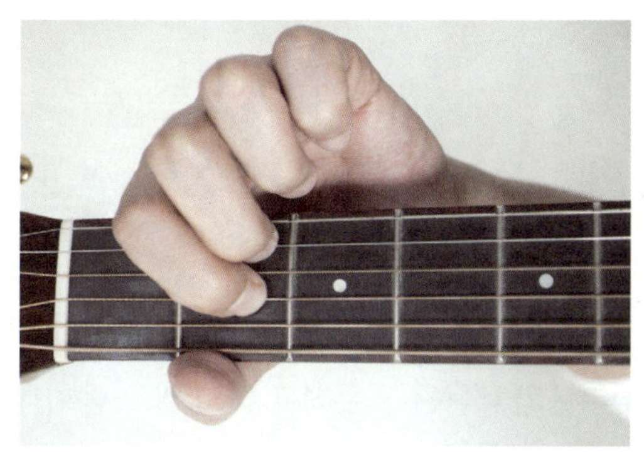

A 코드에서 3번 줄만
잡지 않은 모양이네요.
이런 식으로 연관을 지어
생각하면 더 쉽게 외울 수
있습니다.

B7

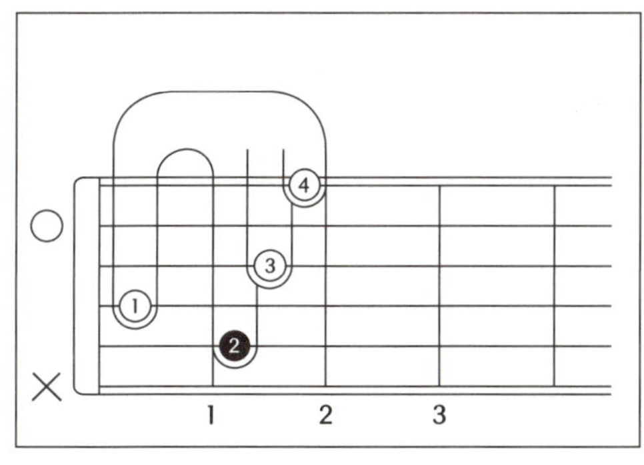

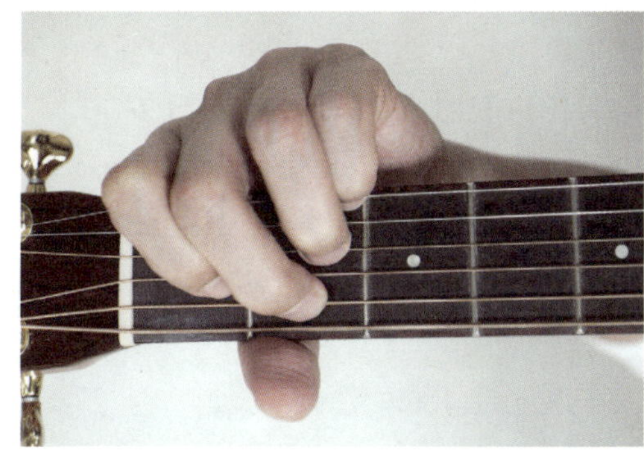

6번 줄은 치지 않습니다.
오늘의 마지막 코드네요.
수고하셨습니다~~ ^^

지금 여러분의 심정을 맞춰볼까요??
'잘할 수 있을 것 같았는데 도대체 생각처럼 소리가 안 나…' 맞습니까?? ^^
지금은 어렵게 느껴지지만 머지않아 '언제 그랬지?'라고 스스로 반문할 정도로 쉽게 코드를 잡고 소리도 깔끔하게 나게 될 것
입니다. 저를 믿어주세요.^^

첫 시간이 너무 어려웠나요?
이제 우리가 꿈꾸던 멋진 기타 연주를 할 수 있는 기본 준비를 마쳤으니
다음 시간에는 이 내용을 바탕으로 멋지게 연주해보겠습니다.

절대!! 다음 주의 내용을 미리 보지 마세요.
아무리 모범생이더라도 이 책은 예습보다는 복습을 위주로 연습하세요.

일주일동안 이 내용들을 보고 또 보고, 코드들을 잡고 외우고를 반복해서
다음주에는 왼손가락 끝이 얼얼~한 상태로 만납시다.

그럼 다음 주에 만나요~~ ^^

- 앞부분의 내용은 외우려고 하지 말고 동화책을 읽듯이 몇 차례 반복해서
  읽으며 내용을 이해합니다.

- 코드를 외울 때는 A, Am, A7과 같이 A 묶음으로 나누어서 각 코드
  모양의 공통점을 이해하면 더 쉽게 외울 수 있습니다.

- 손가락이 아프고 지루하게 느껴질 때마다 멋진 무대에서 기타를 연주
  하는 자신의 모습을 상상해보세요. ^^

2주 피크야 반갑다

피크를 제대로 잡아봅시다

다운 스트로크 & 업 스트로크

코드 바꾸기 권법

곰 세 마리

올챙이와 개구리

독도는 우리 땅

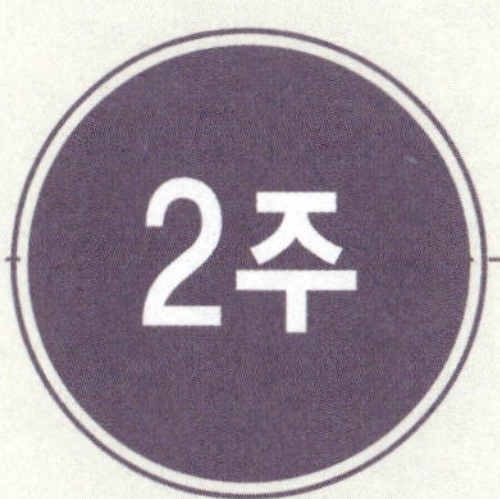

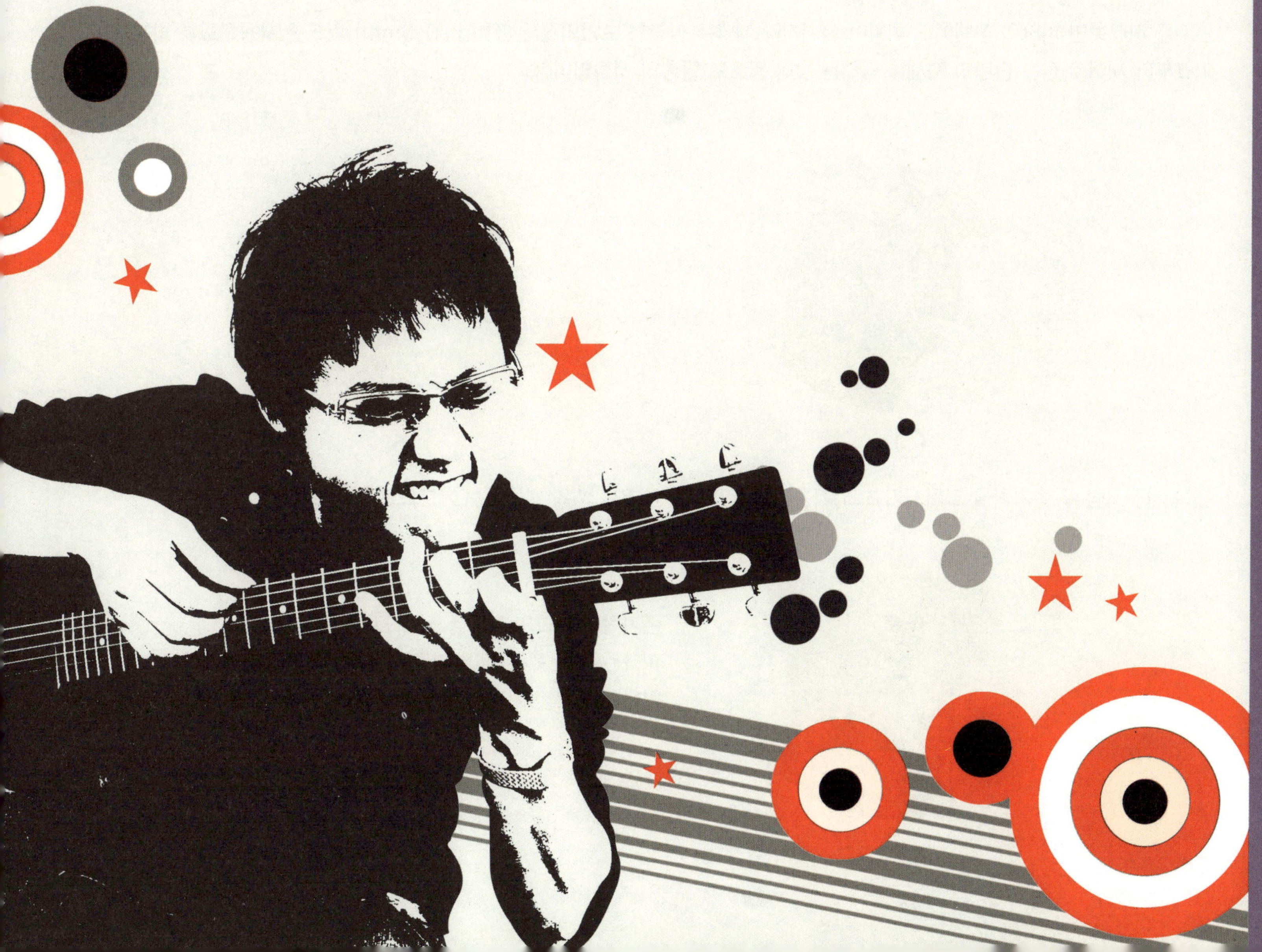

열심히 연습하셨나요?
왼손가락이 좀 얼얼한가요?
지금 손가락이 아픈 것은 1~2주 정도만 지나면 거짓말처럼 사라지니 걱정 마세요.
물론 매일 열심히 연습한다는 가정 하에 말입니다.^^
그럼 이제 2주차 연습을 해봅시다.

우선 우리가 연습할 스트로크를 하기 위해서는 피크를 사용하는 요령을 알아야 합니다.
피크는 연주의 스타일과 개인의 취향에 따라 모양과 두께별로 그 종류가 나뉩니다.

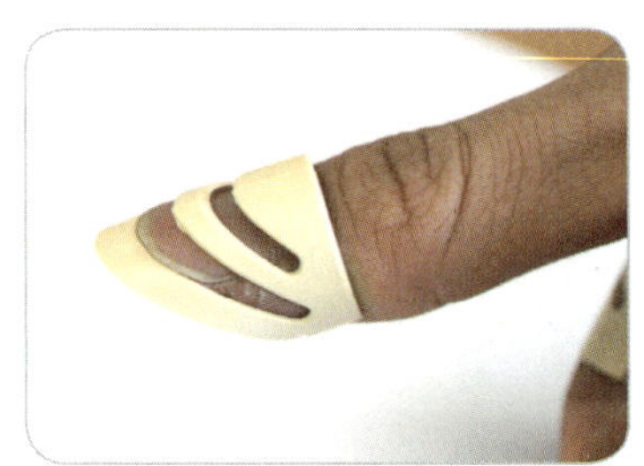

연주를 하다보면 피크의 선택에도 취향이 생기지만 지금은 삼각형 모양의 얇은(Thin, 0.5mm) 피크를 사용하도록 합시다.
피크부터 제대로 잡는 습관과 자세를 익히는 것이 왕초보 탈출의 시작입니다.

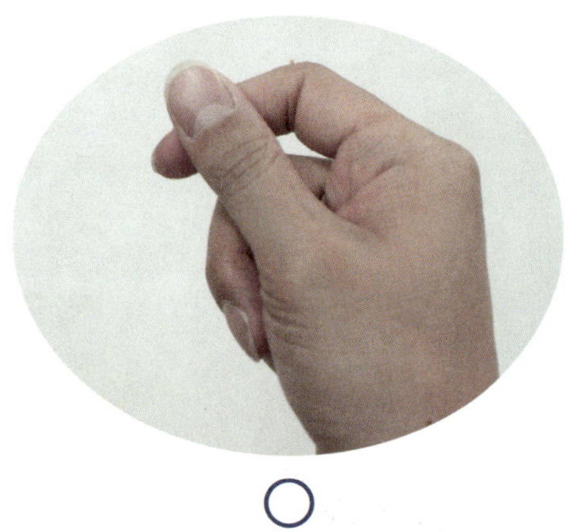

○

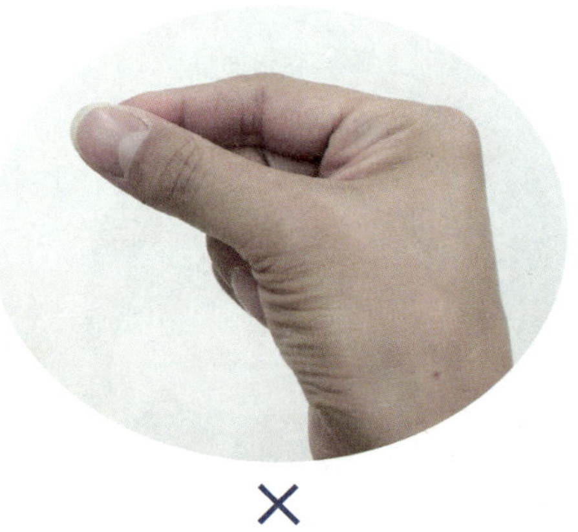

×

왼쪽 사진처럼 두 손가락을 교차시키고 그 가운데에 직각으로 피크를 끼워 넣는다는 기분으로 잡아보세요.

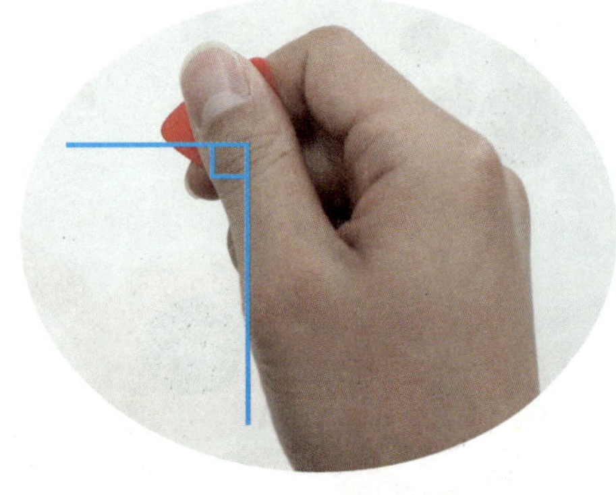

손가락과 피크의 각도를 직각으로 만들었나요?
피크는 너무 꽉 쥐지 말되 연주 중에 피크를 떨어뜨리지
않을 정도로 손가락의 끝부분에 힘을 주어 잡습니다.

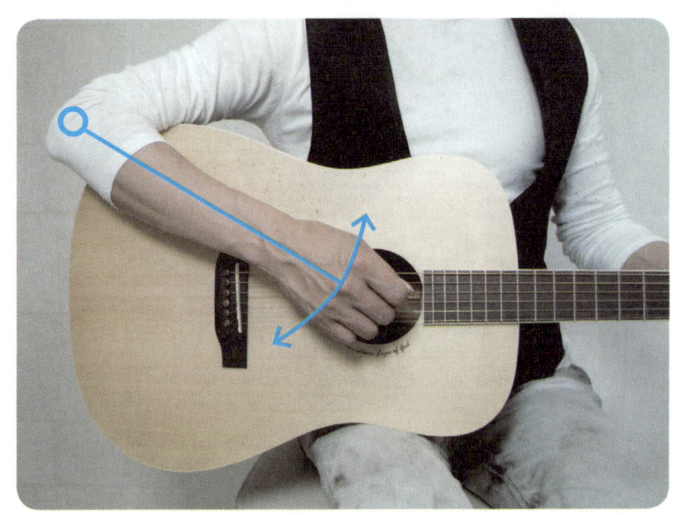

이제 피크를 이용해서 소리를 내봅시다.
아무리 어려워 보이는 연주도 결국은
다운 & 업(Down & Up) 스트로크로 이뤄집니다.

우선 가장 만만한 E 코드를 잡은 후 오른팔을 기타의 엉덩이 부분에 편하게 올리고 팔꿈치를 중심으로 원을 그려보세요.

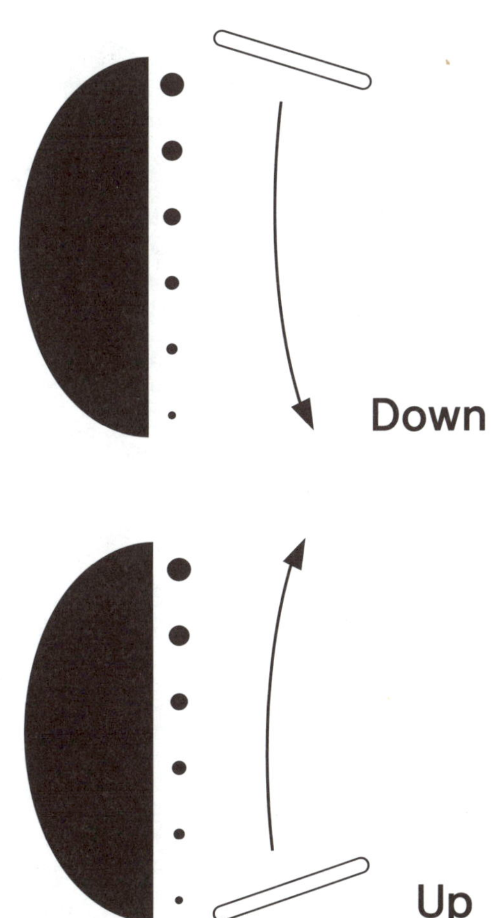

이때 피크가 너무 깊이 들어가서는 안 되고, 피크가 기타의 여섯 줄 위를 스쳐 지나간다는 느낌으로 연습을 해보세요.

다운 스트로크   업 스트로크

사진과 같이 팔꿈치를 80%, 손목을 20% 정도 사용한다는 기분으로 더운 여름에 시원한 그늘 아래서 부채질 하듯이 자연스럽게 연주합니다.

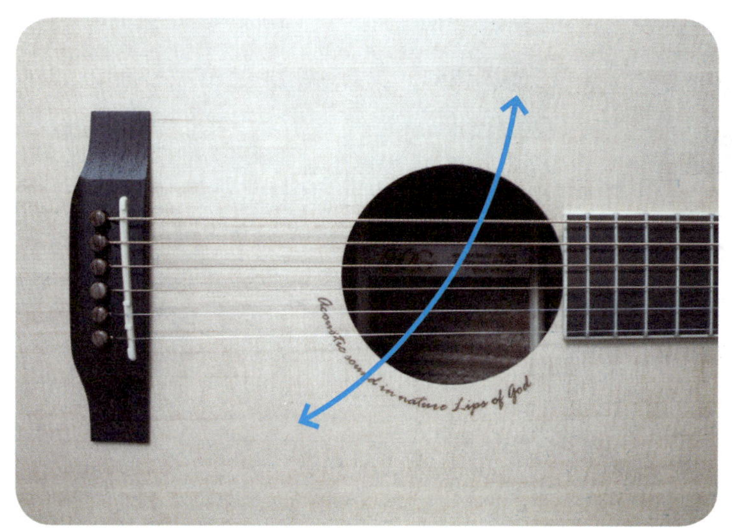

기타는 통의 울림을 통해 소리를 내는 악기이므로 스트로크를 할 때 피크가 사운드 홀 위를 왕복한다는 기분으로 쳐야 풍성한 사운드를 낼 수 있습니다.

깨끗한 소리가 나나요?
잘 안 난다구요?
걱정하지 마세요.
지금 깨끗하게 소리가 나면 제가 할 일이 없어집니다. 하하하~~

이러한 기본기가 잘 훈련되어 있어야 앞으로 우리가 함께 할 고난도의 테크닉도 어렵지 않게 자신의 것으로 만들 수 있습니다.

이제 지난주에 외운 코드들로 연주를 해보겠습니다.
'내가 벌써 연주를?' 하면서 놀라실 필요 없습니다.
기타는 양손으로 연주하는 악기라고 했죠? 왼손은 코드와 멜로디를, 오른손은 리듬을 표현한다고 했습니다.
왼손으로 코드를 외웠고 오른손으로 피크를 이용한 스트로크(Stroke)를 배웠으니 이제부터 실전 연습입니다.
물론 쉬운 곡부터요. ^^
좋은 연주를 하려면 악보에 나온 코드로 빠르게 바꾸어 잡는 기술이 필요합니다.
이른바 '코드 바꾸기 권법'입니다.

기본 코드는 악수하듯이 잡는다고 했습니다. 악수할 때 왼손 엄지손가락의 모양을 생각해봅시다.

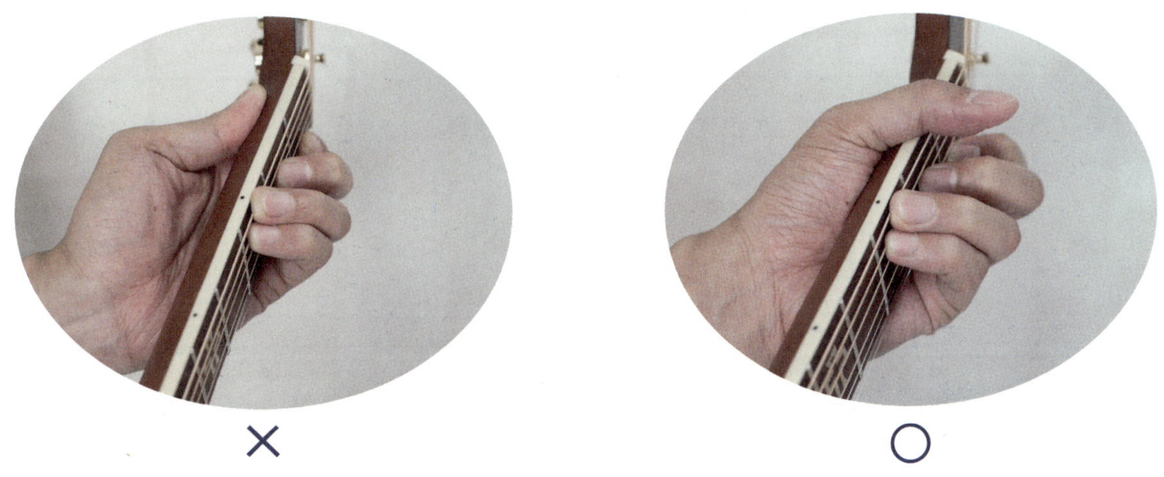

왼쪽 사진처럼 악수하지 않지요?
오른쪽 사진과 같이 엄지손가락을 기타의 넥에 걸어놓은 것처럼 코드를 잡습니다.
코드가 바뀌더라도 엄지손가락의 위치는 변하지 않습니다. 엄지손가락이 중심이 되어있으면 나머지 손가락으로 코드를
바꾸기가 쉬워집니다.

예) Am ▶ C로 바꾸는 경우

엄지손가락을 기준 축으로 삼아 C 코드의 5번 줄을 누르고 나머지 줄을 눌러주는 순서로 이동하면 더 빠른 시간 안에 코드를
바꿀 수 있습니다.
그럼 이러한 요령으로 실전 곡을 연주해보겠습니다.

오른손으로 피크를 바르게 잡고 다운 스트로크만으로 연주합니다. 다운 스트로크는 ⊓로 표기합니다.

곰 세 마리

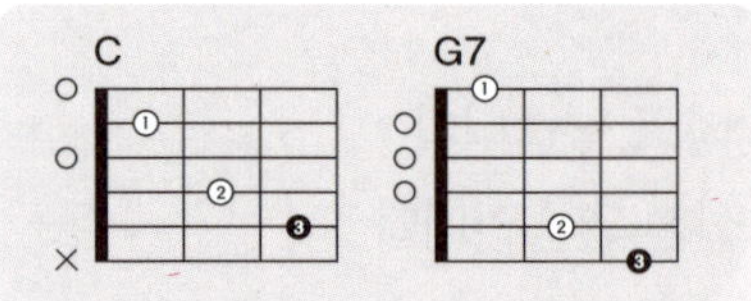

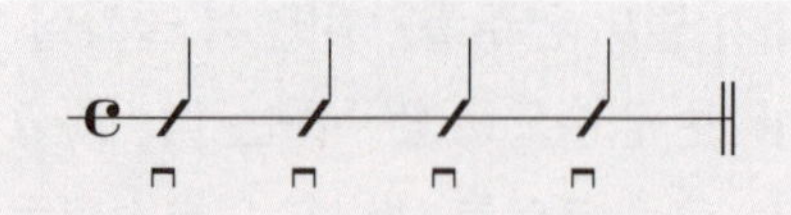

작자 미상

축하합니다!!! 생애 처음으로 기타를 연주해본 소감이 어떠신가요?

이제 첫 단추를 끼웠으니 더 열심히 연습해서 친구와 가족들에게 멋진 모습 보여주세요.^^

몇 곡 더 연습해봅시다.

올챙이와 개구리

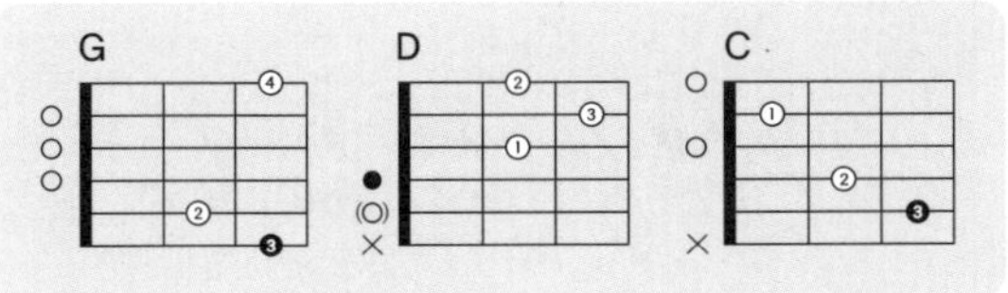

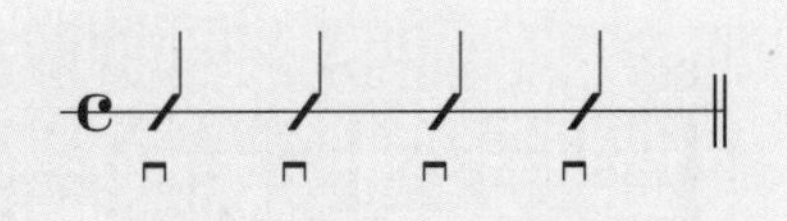

윤현진 작사 · 작곡

G D G C D
개 울 가 - 에   올챙이 한 마 리   꼬 물 꼬 물   헤 엄 치 다

G D G D G
뒷 다 리 가 쑥   앞 다 리 가 쑥   팔 딱 팔 딱   개 구 리 됐 네

G C G C D
꼬 물 꼬 물   꼬 물 꼬 물   꼬 물 꼬 물   올 챙 이 가

G D G D G
뒷 다 리 가 쑥   앞 다 리 가 쑥   팔 딱 팔 딱   개 구 리 됐 네

독도는 우리 땅

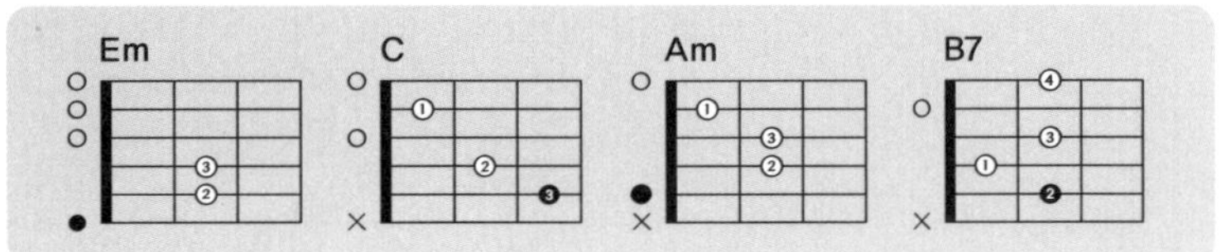

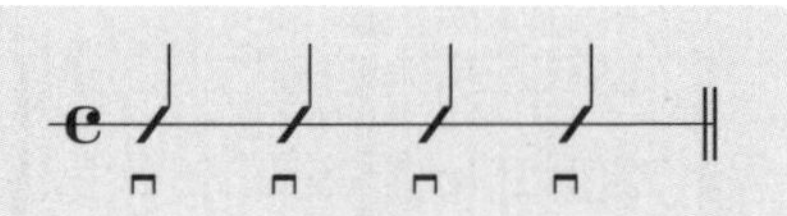

박문영 작사 · 작곡

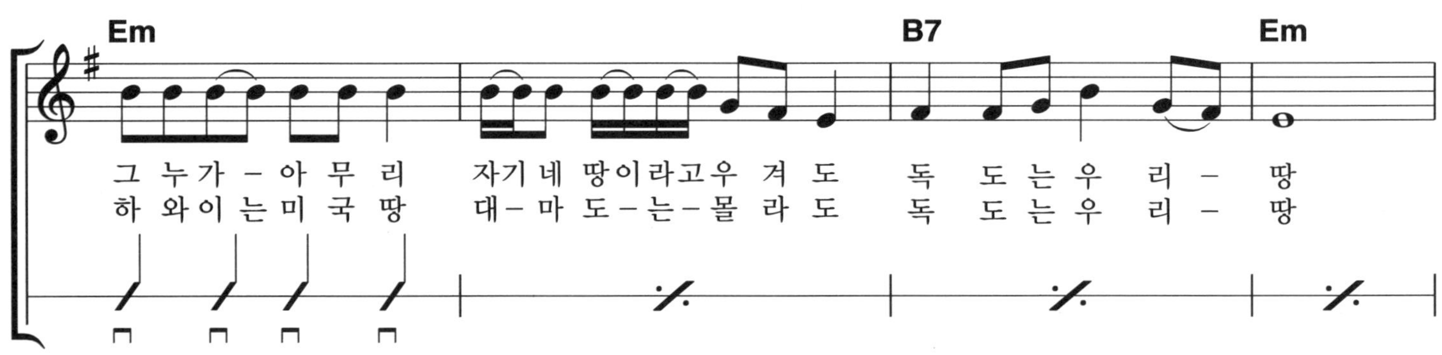

연습의 노하우

이번 주의 연습 포인트는 노래에 맞춰서 코드를 바꾸는 연습을 하는 것입니다. 연습은 하루에 많은 시간을 몰아서 하는 것보다 짧은 시간이라도 매일 꾸준히 하는 것이 중요합니다. 이제 점점 기타에 재미가 생기나요?
앞으로의 시간이 기대되시죠? 더 큰 즐거움을 기대하며 다음 주에 또 만나요~~ ^^

■■ 악보 Master Tip ❶

악보에는 음표 이외에도 여러 가지 기호가 있습니다.

악보 기호라고는 도돌이표밖에 모른다고 한숨짓는 분들이 계실 것 같아 도움이 될만한 몇 가지 내용을 알려드리겠습니다.

연주를 하기 전에 악보의 진행 순서를 파악하는 것은 매우 당연한 일입니다.

이와 같은 경우 연주의 순서는 어떻게 될까요?

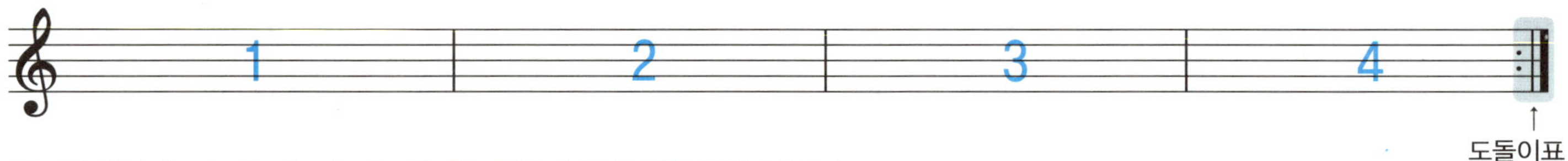

네, 맞습니다. 1-2-3-4-1-2-3-4의 순으로 연주하면 됩니다.

이런 곡이 있다면 연주 순서는?

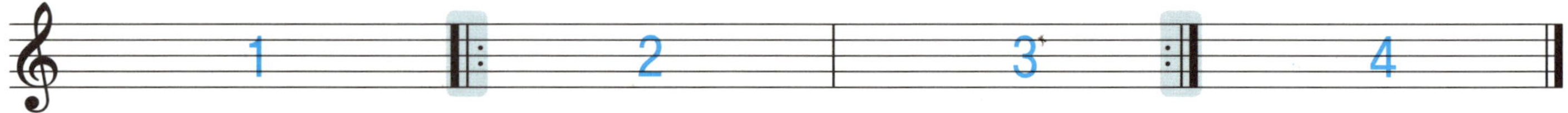

1-2-3-2-3-4의 순서가 되겠네요.

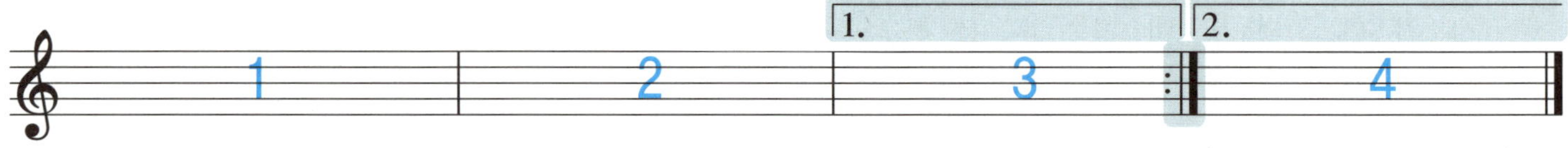

이와 같은 진행이 있다면 연주 순서는 1-2-3-1-2-4가 되겠지요?

처음에는 1번으로, 도돌이 후에는 2번으로 가라는 뜻입니다.

악보 기호 중 *D.C.*를 본 적이 있지요? 이 기호는 '처음으로 돌아가라'는 뜻이며 '다 카포(*Da Capo*)'라고 읽습니다.

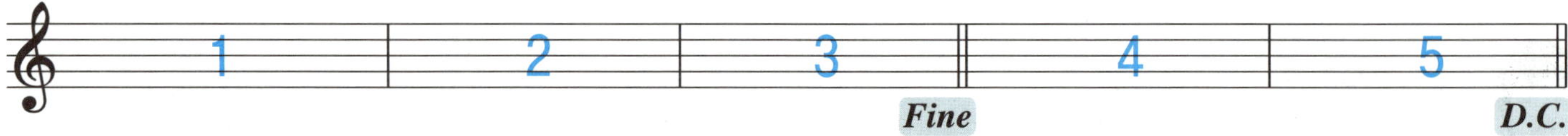

위의 진행은 *D.C.*에서 처음으로 갔다가 *Fine*(피네)에서 마치라는 뜻입니다.

따라서 연주 순서는 1-2-3-4-5-1-2-3이 되겠네요.

피가 되고 살이 되는 내용이었습니다. ^^

4/4박자로 달려보기(고고, 칼립소)

3주

지난 시간에는 코드를 바꾸는 왼손 연습이었다면 이번 시간에는 본격적인 오른손 리듬 연습을 해봅시다.
박자의 종류는 어떤 것들이 있나요?
4/4, 3/4, 6/8 … 이런 박자들이 쉽게 떠오르죠?
그런 박자에 맞춰 연주할 수 있게끔 연주 패턴을 만들어 놓은 것을 '주법'이라고 합니다.

따라서 주법은 4/4박자에 쓸 수 있는 주법, 3/4박자에 쓸 수 있는 주법 등으로 나뉩니다.
그런데 4/4박자란 무엇을 의미할까요? 네, 한 마디 안에 4분음표가 4개 들어있다는 뜻입니다.

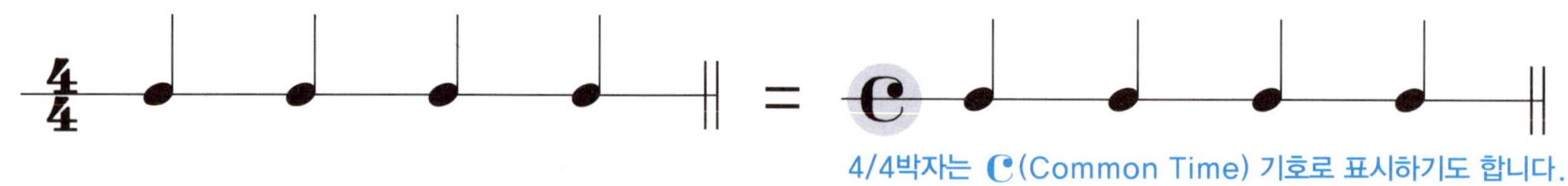

같은 4/4박자라 하더라도 4분음표 하나를 어떻게 나누느냐에 따라 리듬과 그에 따른 주법의 종류가 바뀝니다.

예를 들어

4분음표를 둘로 나누면

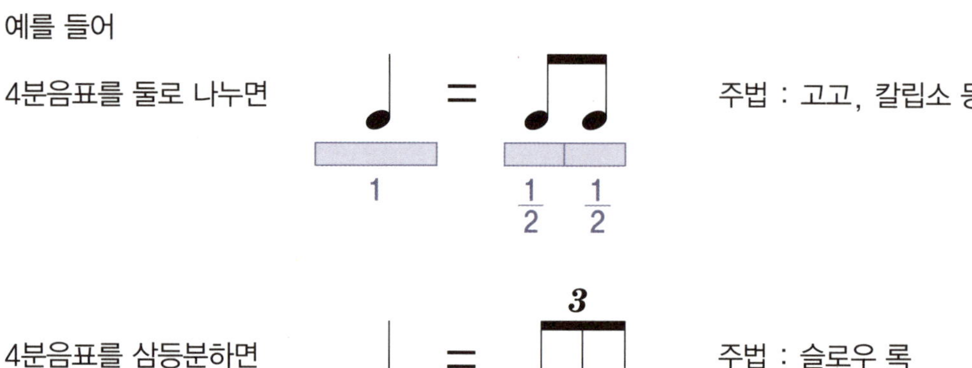

4분음표를 삼등분하면

그 유명한 '셋잇단음표'가 나오는군요. ^^

4분음표를 사등분하면

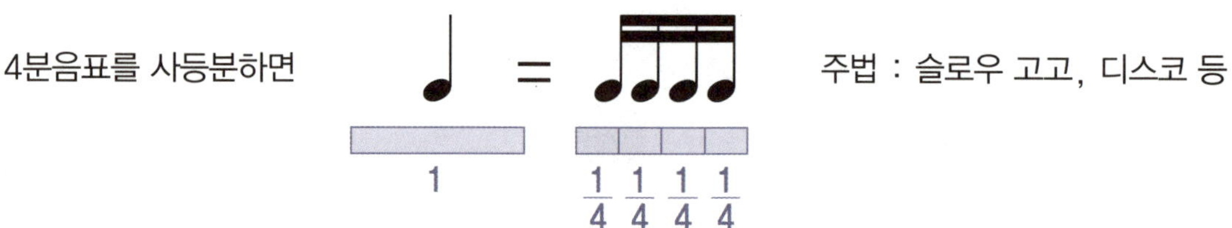

이외에도 4분음표를 어떻게 나누고 해석하느냐에 따라 많은 종류의 리듬과 주법이 있습니다.
그 중에 먼저 4/4박자에서 4분음표를 둘로 나눈 주법을 익혀봅시다.

2

가장 먼저 배워볼 고고(Go Go) 주법은 위에서 설명한 대로 4/4박자에서 4분음표를 둘로 나눈 모양의 리듬입니다.

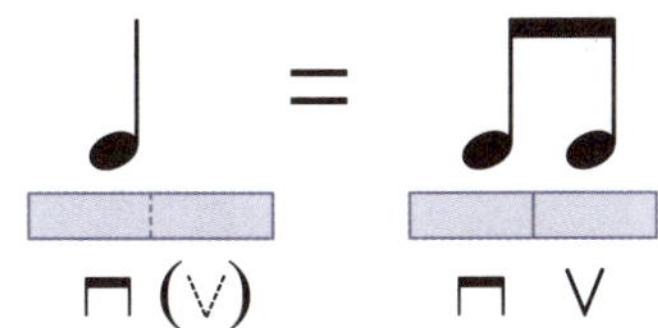

이 내용을 항상 기억하세요.

앞으로 새로운 주법이 나올 때마다

우선 눈으로 리듬을 읽어보세요.

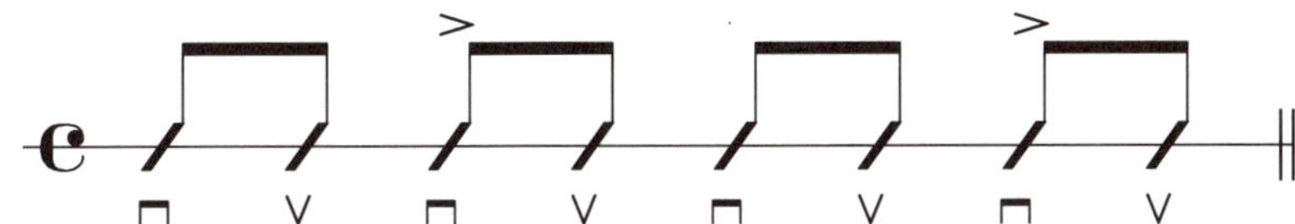

┌ 표시는 **다운 스트로크**
∨ 표시는 **업 스트로크**

다음은 입으로 읽어볼까요?

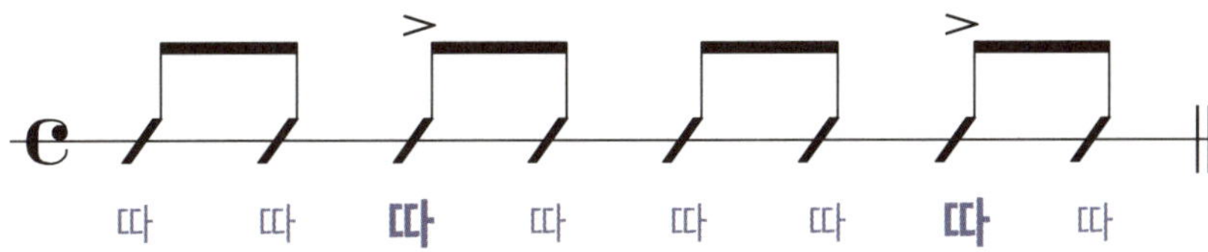

>표시는 악센트이며, 표기된 부분을 강하게 쳐주라는 뜻입니다.
드럼 연주로 비유하자면 스네어 드럼의 역할입니다. '기타는 작은 오케스트라'라는 말이 실감이 가지요?
강약을 주의해서 여덟 번 반복해서 읽어보세요.

다음은 기타로 연주하면서 리듬을 익혀보세요. 마찬가지로 여덟 마디 반복입니다.

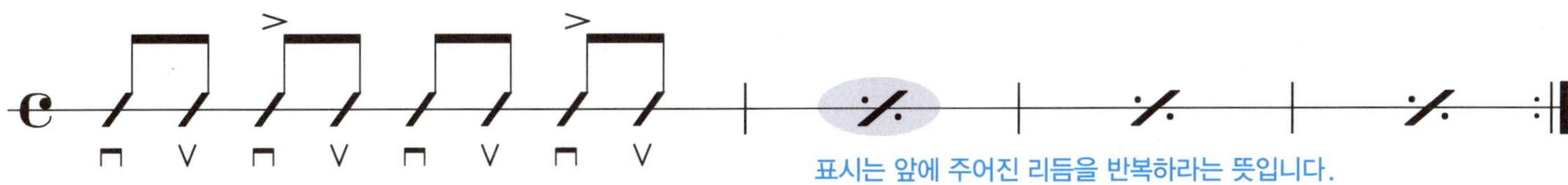

표시는 앞에 주어진 리듬을 반복하라는 뜻입니다.

지난주에 다운 스트로크만으로 연습했던 곡들을 고고 주법으로 연주하면 훨씬 완성도 높은 연주를 할 수 있습니다.

고래사냥

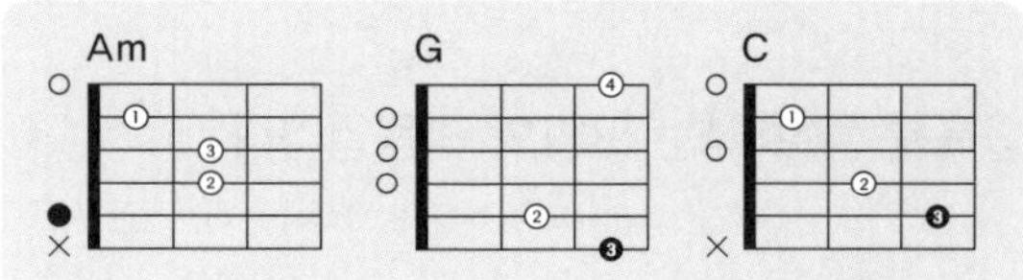

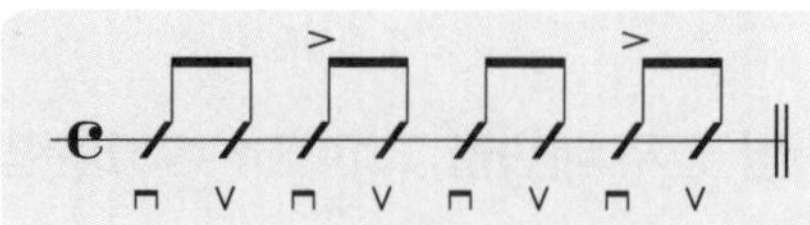

최인호 작사
송창식 작곡

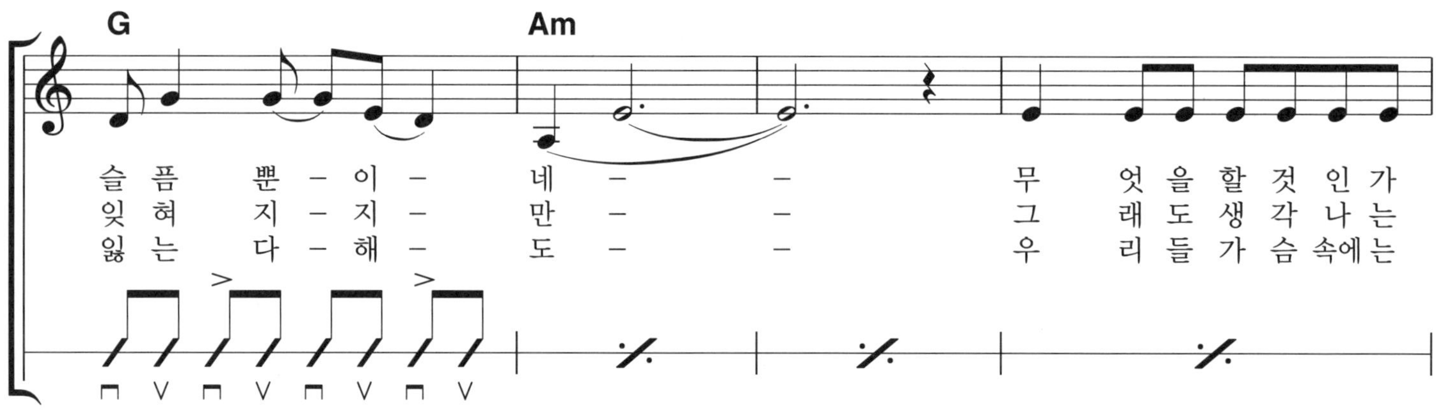

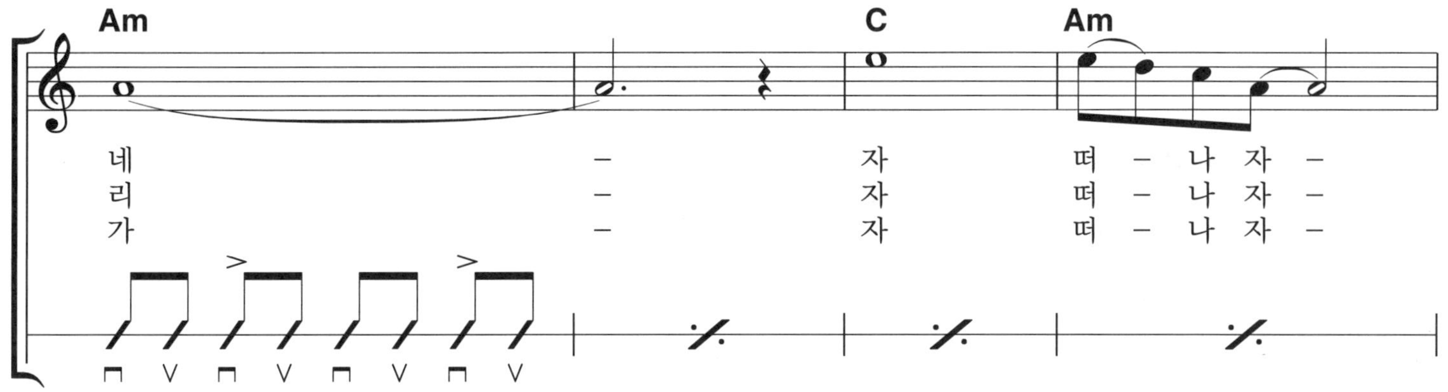
Am
C
Am
네 리 가
자
자
자
떠 — 나 자 —
떠 — 나 자 —
떠 — 나 자 —
ㄇ V ㄇ V ㄇ V ㄇ V

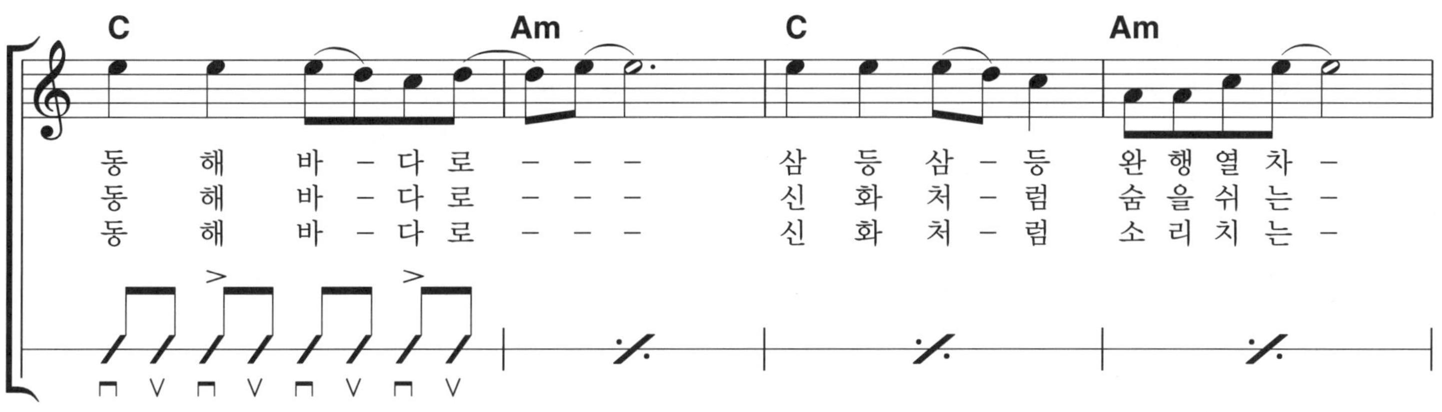
C
Am
C
Am
동 해 바 — 다 로 — — —
동 해 바 — 다 로 — — —
동 해 바 — 다 로 — — —
삼 등 삼 — 등
신 화 처 — 럼
신 화 처 — 럼
완 행 열 차 —
숨 을 쉬 는 —
소 리 치 는 —
ㄇ V ㄇ V ㄇ V ㄇ V

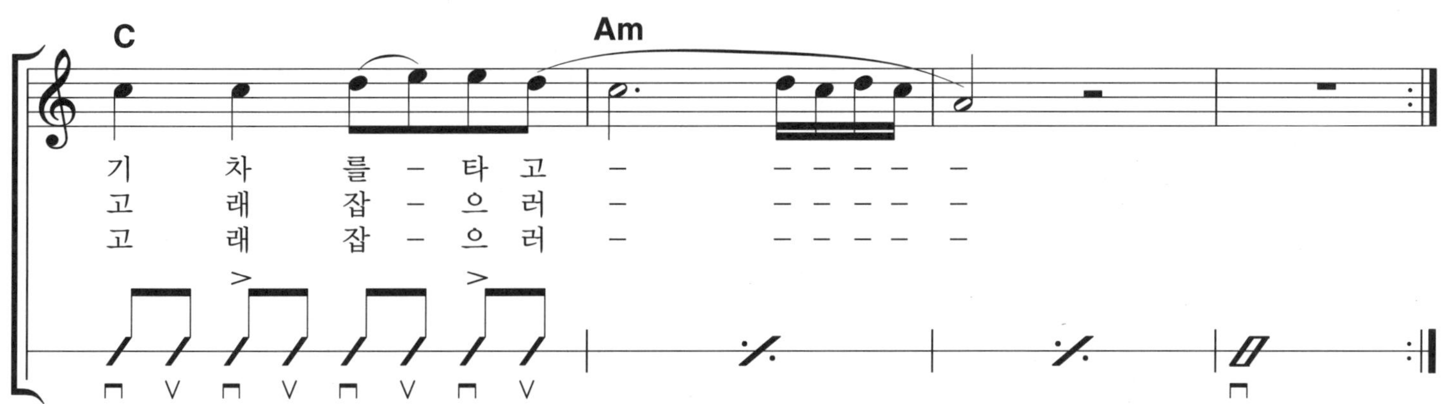
C
Am
기 차 를 — 타 고 —
고 래 잡 — 으 러 —
고 래 잡 — 으 러 —
— — — —
— — — — —
— — — — —
ㄇ V ㄇ V ㄇ V ㄇ V
ㄇ

정주나요

스윗 콧소로우 작사
성진환 작곡

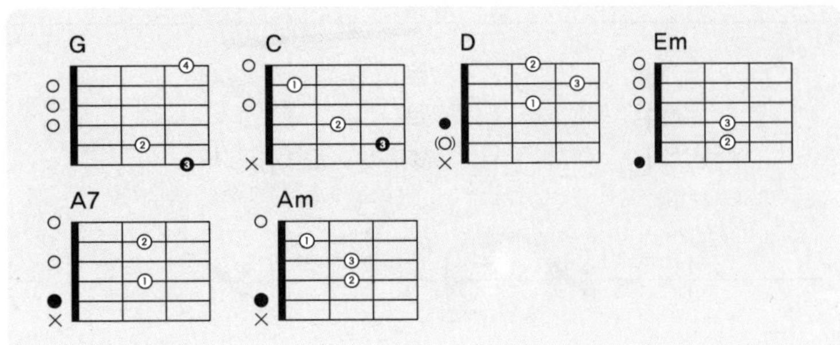

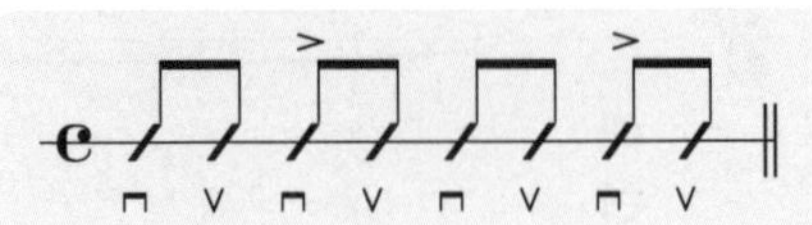

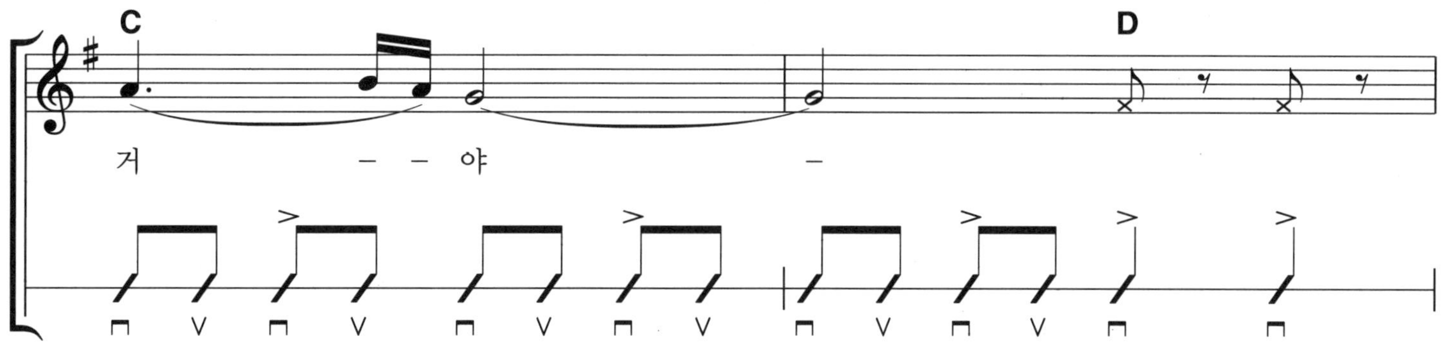

C
D
거 - - 야 -

G
Em
Am
D
G
Em
Am
D
정 주 나 요 안 - 정 주 나 요 늘 정 주 는 날 - 알 아 줘

G
Em
Am
D
C
G
정 주 나 요 안 - 정 주 나 요 아 - - - 후 후

어머나

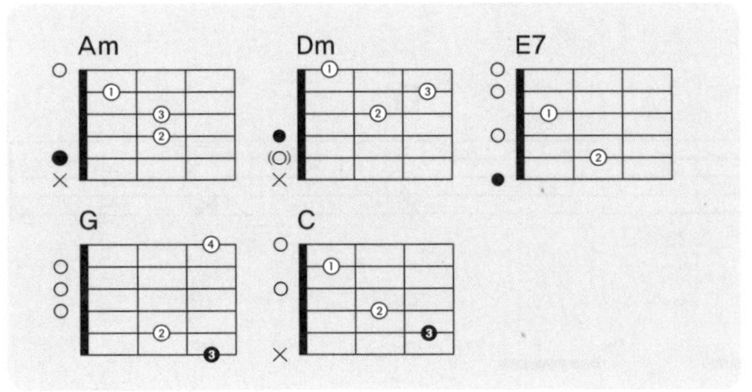

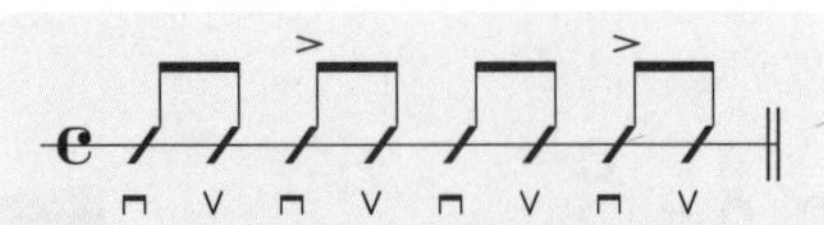

리듬에 맞추어 노래를 함께
부르면서 연주해 보세요.
여러분이 바로 '가수'입니다.

윤명선 작사 · 작곡

D.C. al Coda 는 곡의 처음으로 되돌아가서 반복한 뒤 ⊕가 표시된 곳에서 그 다음 ⊕ 표시로 건너뛰라는 뜻입니다.

속 의 -   영화 속의 -   멋진 주인 공은   아 니 지 - 만 괜찮

아요 -   말해 봐요 -   당신 위해서라면   다 줄게

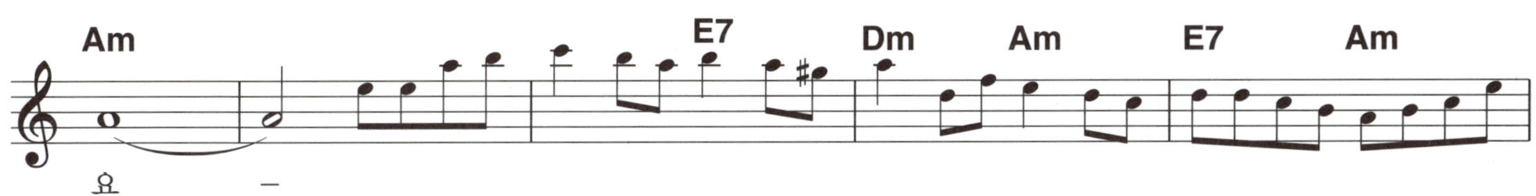
요   -

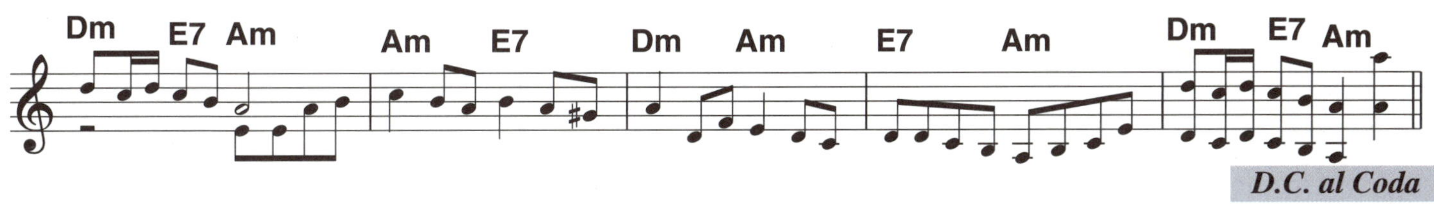
D.C. al Coda

위 해 서 라 면   다 줄 게 - 요 소 설 속의 -   영 화 속의 -   멋진
우 우 -   우 우 -

주 인 공 은   아 니 지 - 만 괜찮 아요 -   말해 봐요 -   당신
우 우 -   우 우 -

위 해 서 라 면   다 줄 게 요   -

다음은 칼립소(Calypso)라는 주법입니다.

고고 주법과는 형제와도 같은 비슷한 느낌의 주법으로 주로 빠른 4/4박자의 곡에 쓰입니다.

먼저 눈으로 읽어봅시다.

1분 동안 '이 녀석을 어떻게 쳐줄까~'하며 쳐다보세요. ^^

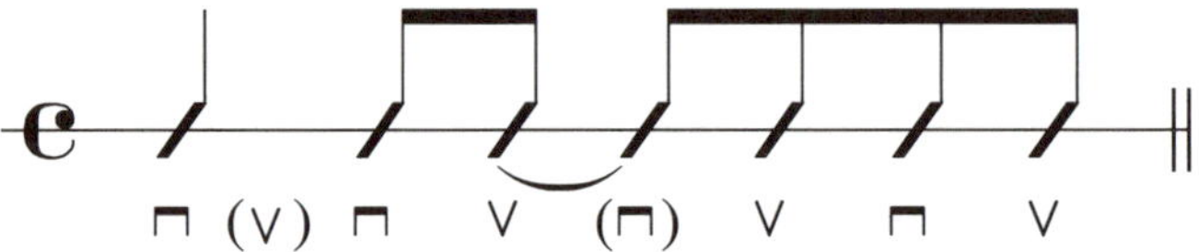

다음은 입으로 소리 내어 읽어봅시다.

(⊓)는 '웃~'으로 읽으며 연주할 때 기타줄은 치지 않습니다.

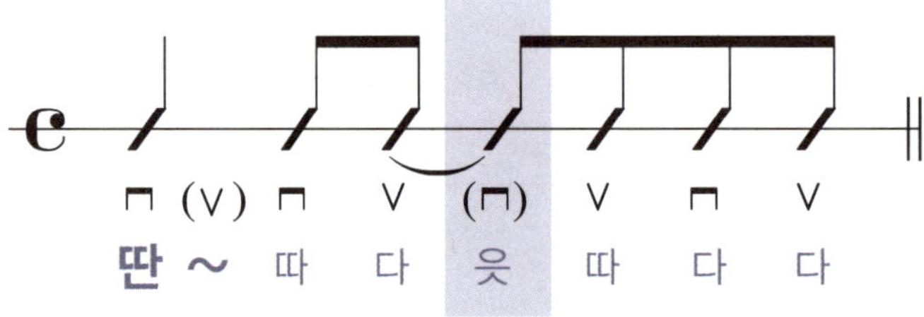

여덟 번 반복해서 읽어보세요. 꼭!! 소리를 내서 읽어야 합니다. 꼭!!

그 다음은 기타로 ⊓, V 표시에 유의하여 E 코드를 잡고 반복해서 여덟 마디를 쳐봅시다.

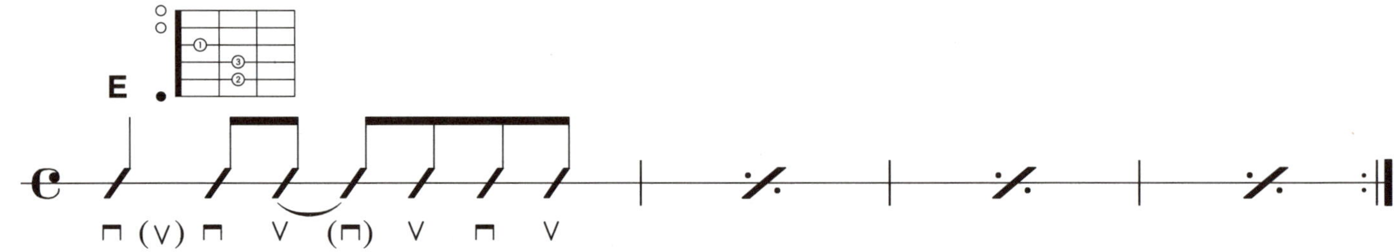

이번엔 조금씩 더 빠르게 연습해서 주법의 패턴이 손에 완전히 익도록 연습합니다.

리듬 연습은 메트로놈과 함께 하는 것이 좋습니다.

빠르기(BPM: 1분당 박자 수)는 90 정도에서 출발, 익숙해지면 조금씩 높여서 160까지 연습해봅시다.

오 필승 코리아

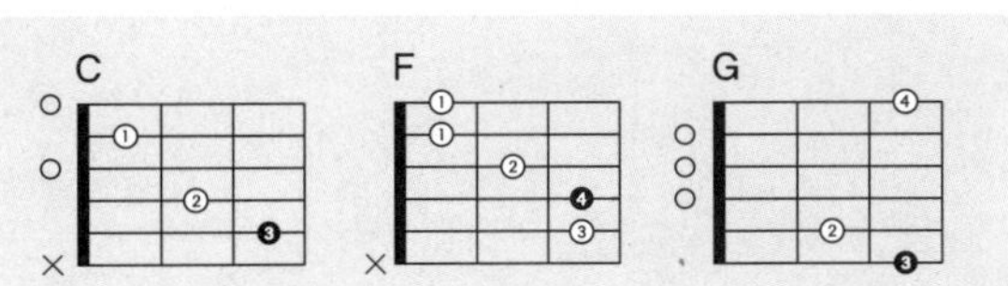

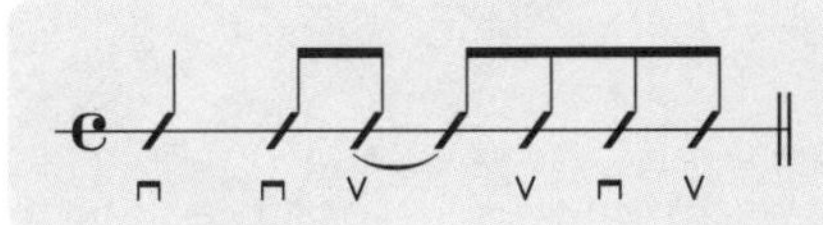

이근상, 붉은악마 작사 · 작곡

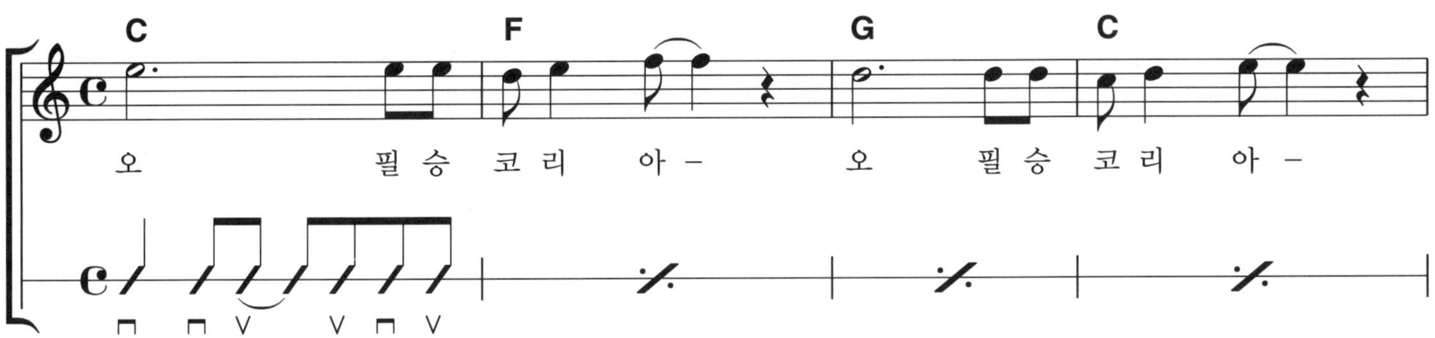

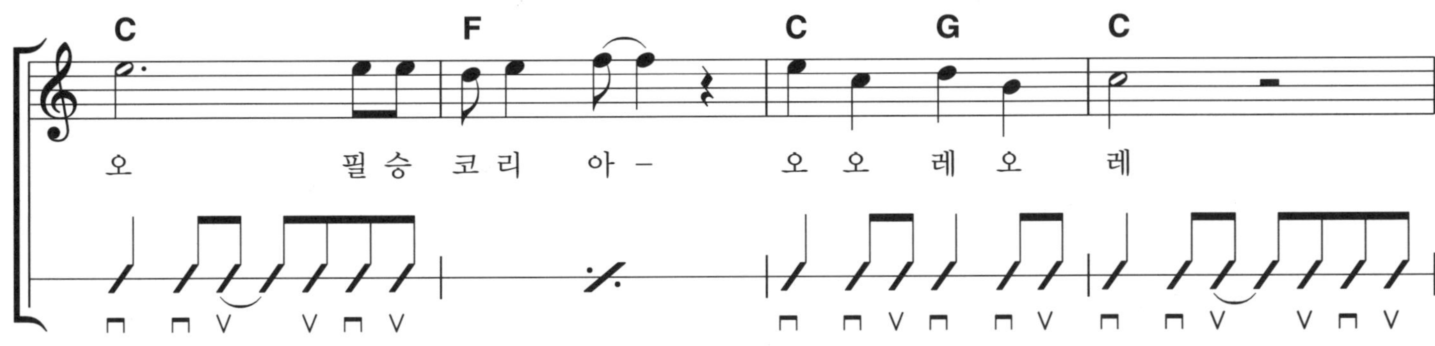

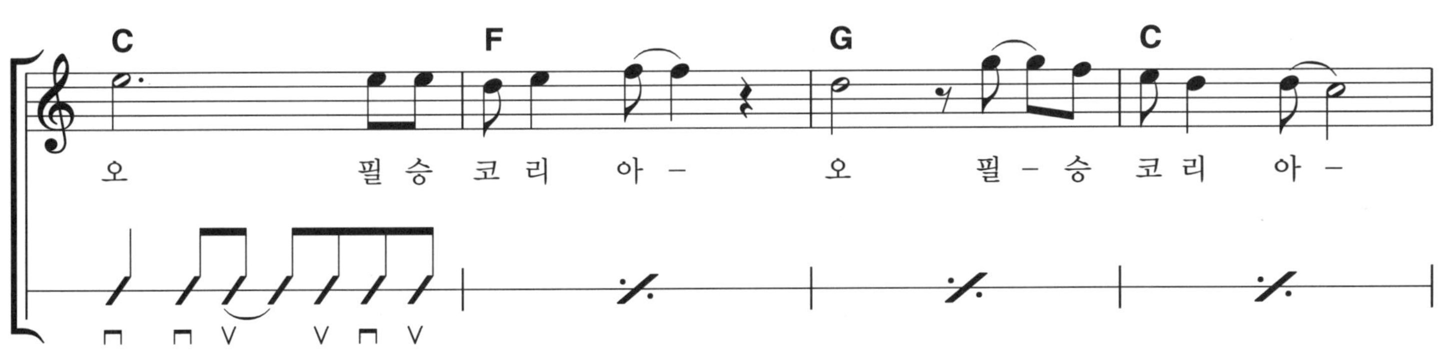

코드가 바뀌면 주법은 처음부터!!

구호라고 생각하고 세 번만 외쳐주세요.
즉, 한 마디 안에 코드가 두 개, 혹은 세 개가 있다고 하더라도 코드가 바뀌면 주법은
무조건 처음부터 쳐야 한다는 뜻입니다.

중요한 내용이기 때문에 예를 들어보겠습니다.

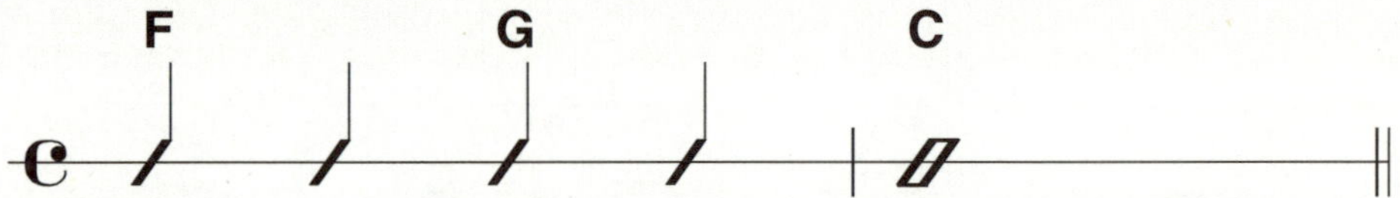

우선 눈으로 살짝 째려본 다음 입으로 소리 내어 읽어봅시다.
코드가 바뀔 때마다 주법은 처음부터라고 했으니 다음과 같이 읽어야겠네요.

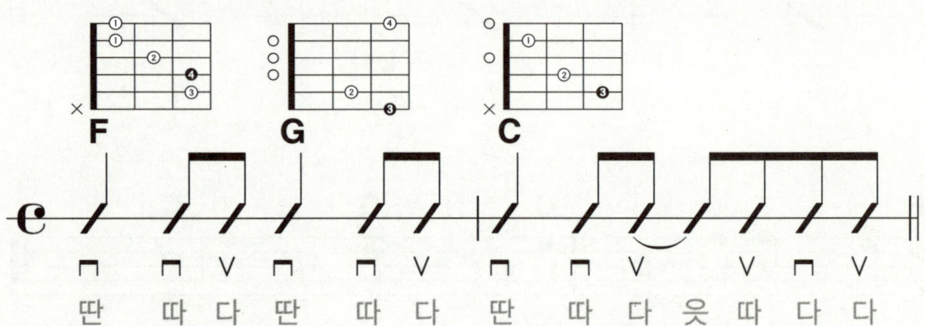

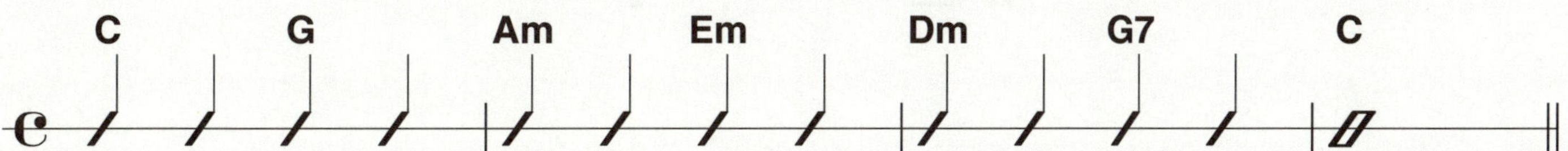

이런 경우가 있을 수도 있겠지요?

전혀 당황할 것 없이 마찬가지로 살짝 째려본 후~ 입으로 소리 내어 읽어봅니다.

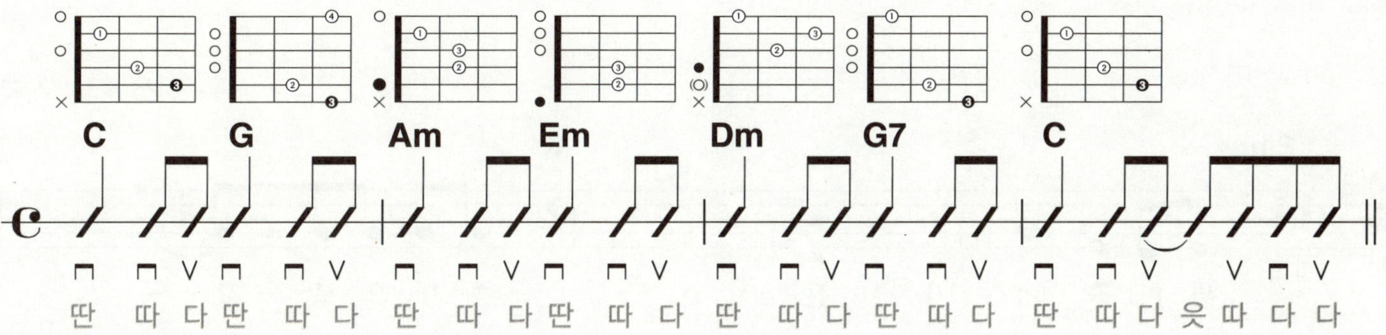

재미있지요? 계속해서 다음 연습곡에 도전해볼까요?

해변으로 가요

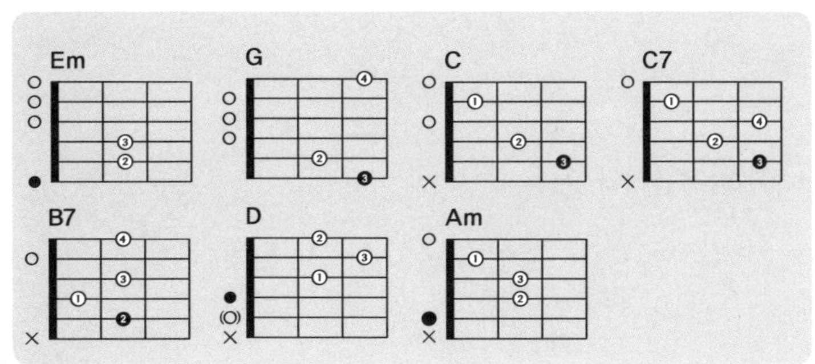

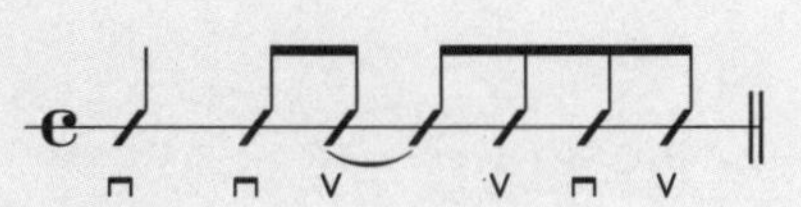

이철 작사 · 작곡

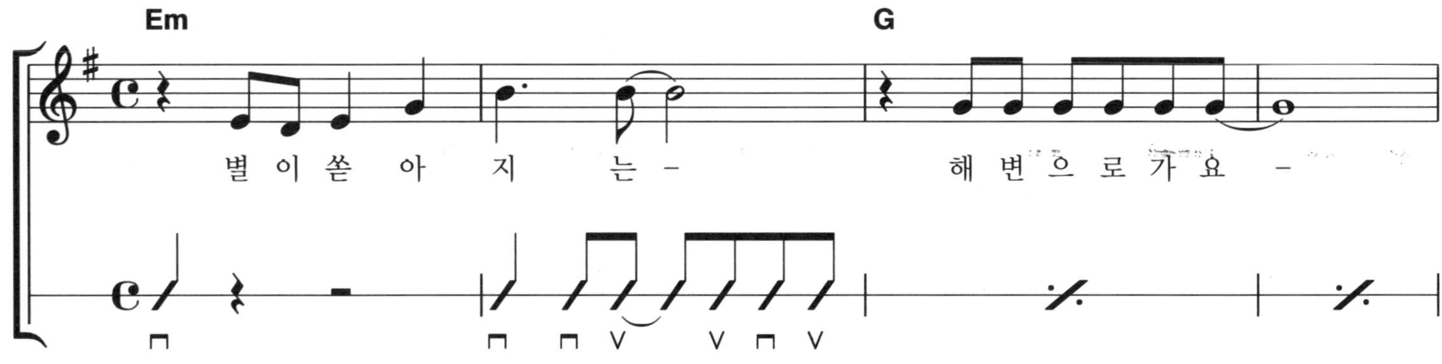

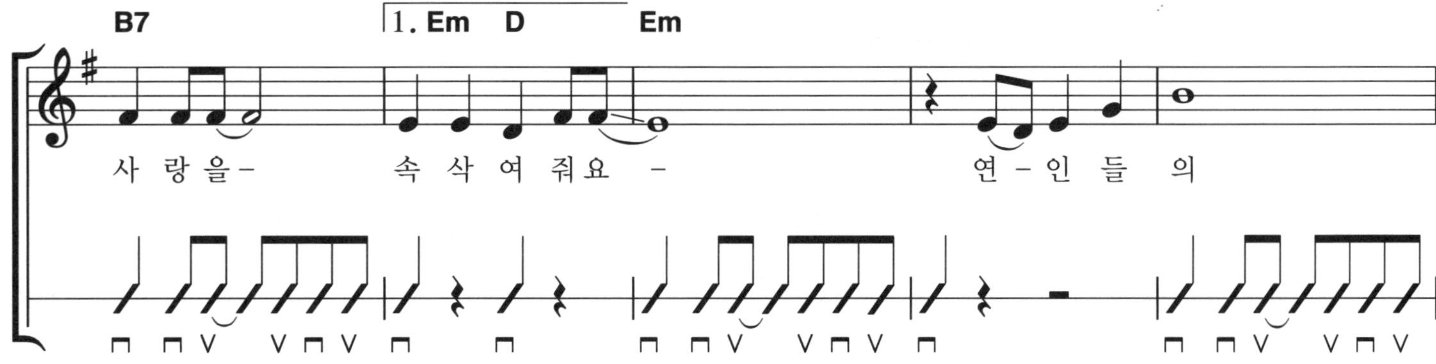

G   Em   G
해 변 으 로 가 요 -   사 - 랑 한 다 는 -   말 은 안 해 도 -

C   B7   Em   D   Em
나 는 - 나 는 행 복 에 - 묻 힐 거 예 요 -   불 타 는

Am   Em   B7   Em   Am
그 입 술 -   처 음 으 로 느 꼈 네   사 랑 의 발 자 국 -

B7   C7   B7   2. Em   D   Em
끝 없 이 남 기 며   속 삭 여 줘 요 -   -

밥만 잘 먹더라

Hitman Bang 작사 · 작곡
사 랑이떠나 가 도 - 가 슴에멍이 들 - 어도 - 한순간뿐이더
라 밥만잘먹더 라 죽는것도아 니더 라 - 눈 물은묻어
뒤 라 - 당분간은일만 하 - 자 - 죽을만큼사랑
한 그 녀를알았 단 그사실에감사 하 - 자 - - -
이 미지난일 말하면뭐 해 - 돌 릴수없는 데 - 괜히
아 주가끔네 생각이나 서 - 슬 퍼지려하 면 - - - - 친구

아픈가슴만 다 - 시 들 춰 내 - 서 뭐 - 해 쓸 데 없 - 게
들 과 술 한 잔 정 - 신 없 이 취 하 련 - 다 다 잊 - 게
태 어 나 서 딱 세 번 만 울 게 - 허 락 된 다 는 데 - 괜 히
미 워 한 다 고 뭐 달 라 지 나 - 그 냥 사 랑 할 게 - - 단 지
허 튼 일 들 에 아 까 - 운 눈 물 낭 - 비 말 - 자 오 - - 사 랑 이 떠 나
볼 수 없 단 걸 견 딜 - 만 큼 만 생 - 각 할 - 게 - -
가 도 - 가 슴 에 멍 이 들 - 어 도 - 한 순 간 뿐 이 더
라 밥 만 잘 먹 더 라 죽 는 것 도 아 니 더 라 - 눈 물 은 묻 어
뒤 라 - 당 분 간 은 일 만 하 - 자 - 죽 을 만 큼 사 랑
한 그 녀 를 알 았 단 그 사 실 에 감 사 하 - 자 - -

매직 카펫 라이드

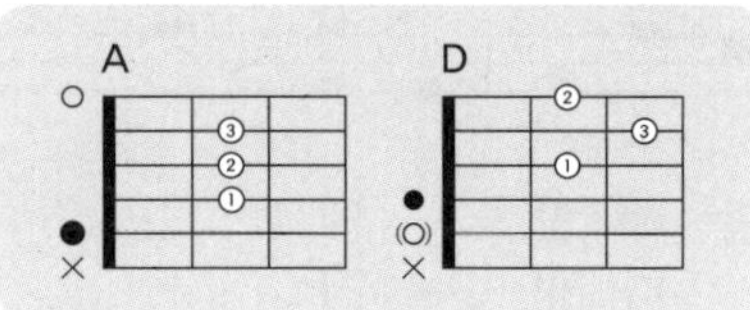

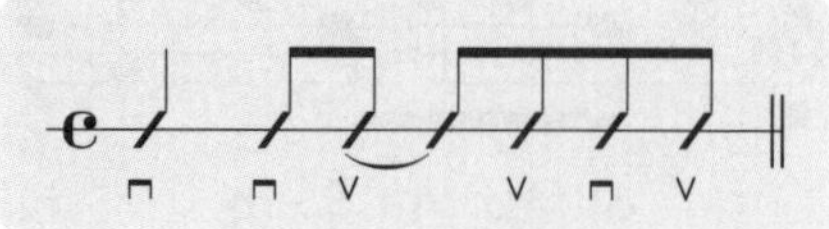

김윤아 작사 · 작곡

A   D   A   D
이렇게 멋 진 파란하 -늘위로 날으는 마법 융 단 -을타고 이렇게

A   D   A   D
멋 진 푸른세 -상속을 날으는 우 리 두사 람 -

A   D   A   D

A   D   A   D
신 경

A   D   A   D
쓰 지 마요 그 -렇고그 -런얘 기 들
웬 일 인 지 인 -생이재 -미없 다 면
골 치

아 픈 일 은 내 -일 로 미 -뤄 버 려 요   인 생 은
지 난 일 은 모 -두 다 잊 -어 버 려 요   기 회 는

1. D
-한 번 뿐 후 회 하 -지 마 요 -진 짜 로 -가 지 고 -싶 은 걸 -가 져 요 이 렇 게
-한 번 뿐 실 수 하 -지 마 요 -진 짜 로 -해 내 고 -싶 은 걸

멋 진 파 란 하 -늘 위 에 지 어 진 마 법 정 원 으 -로 와 요 색 색 의

2. 3. D
보 석 꽃 과 노 -루 비 단 달 콤 한 우 리 두 사 람 -   -찾 아 요
-가 져 요

용 감 하 게 씩 -씩 하 게 -오 늘 의 당 신 을 버 -려 봐 요 이 렇 게

멋 진 파 란 하 -늘 위 로 날 으 는 마 법 융 단 -을 타 고 이 렇 게

A   D   A   D
멋 진   장 미 빛 –인 생 을   당 신 과 나 와   우 리 둘   –이 함 께 – –
멋 진   초 록 바 –닷 속 을   달 리 는 빨 간   자 동 차

7   D
인 생 은
D.S. al Coda
D
–를 타 고   이 렇 게

A   D   A   D
멋 진   푸 른 세 –상 속 을   날 으 는 마 법   융 단   –을 타 고   이 렇 게

A   D   A   D
멋 진   장 미 빛 –인 생 을   당 신 과 나 와   우 리 둘   –이 함 께 – –

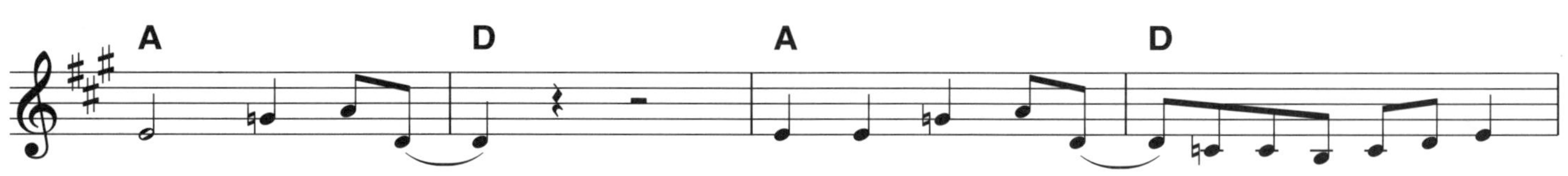

A   D   A   D

A   D   A   D

발라드의 황제 되기(슬로우 고고)

4주

슬로우 고고

즐거운 나의 집

Let It Be

사랑을 할거야

그런 사람 또 없습니다

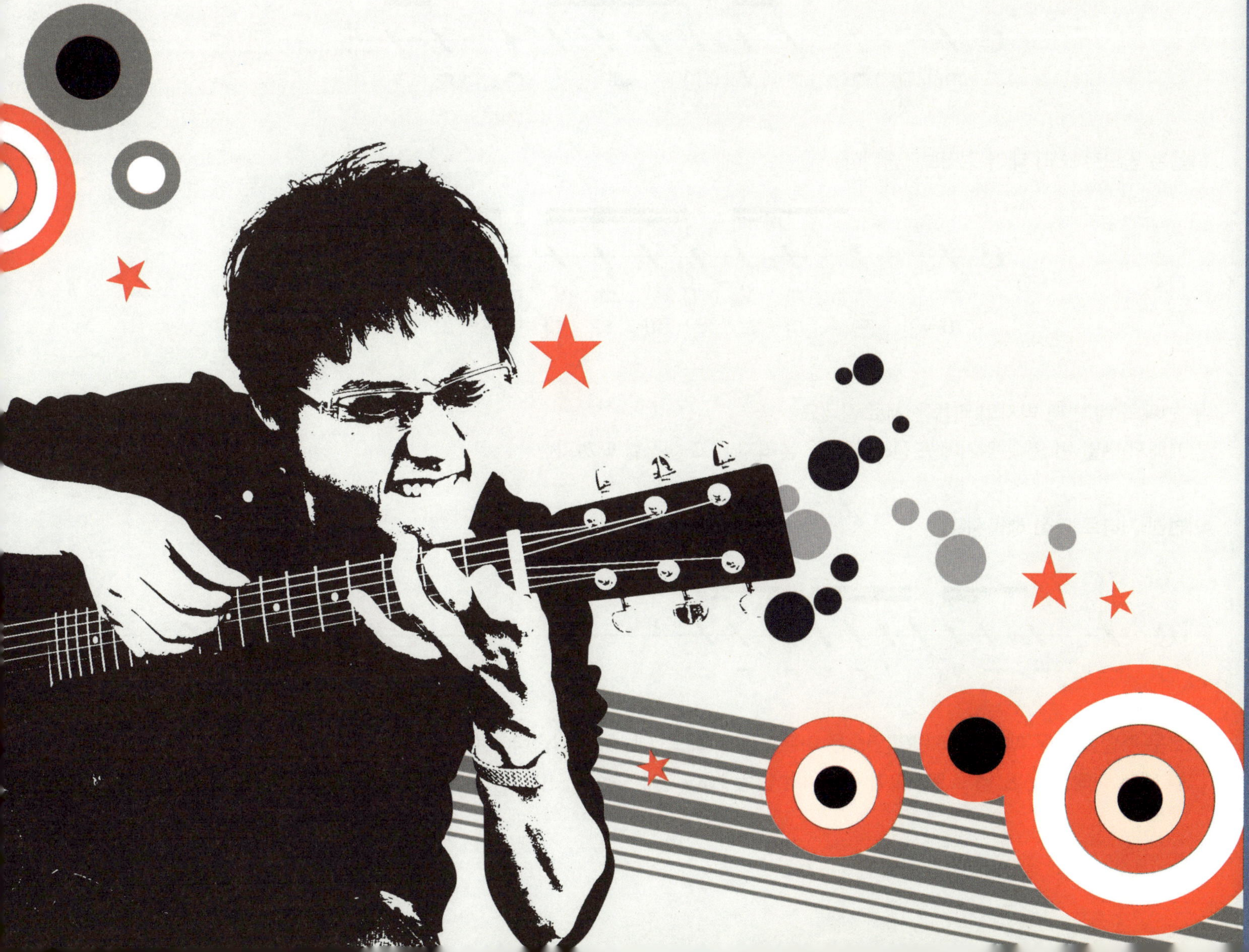

열심히 연습하고 계신가요?
연습은 생략하고 내용만 보시는 분은 없겠죠?
오늘은 4/4박자 리듬 가운데 가장 재미있는 시간입니다.
오늘도 열심히 달려봅시다.

지난주에 연습한 고고와 칼립소가 빠른 4/4박자의 대표선수였다면 느린 4/4박자의 곡들은 대부분 오늘 배울 **슬로우 고고 (Slow Go Go)** 주법으로 해결됩니다.

멋진 연주를 하는 내 모습을 상상하며 눈으로 읽어봅시다.

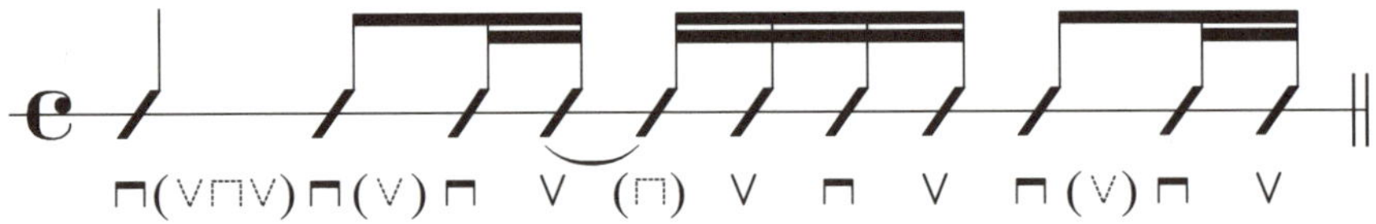

다음은 입으로 소리 내어 읽어보겠습니다.

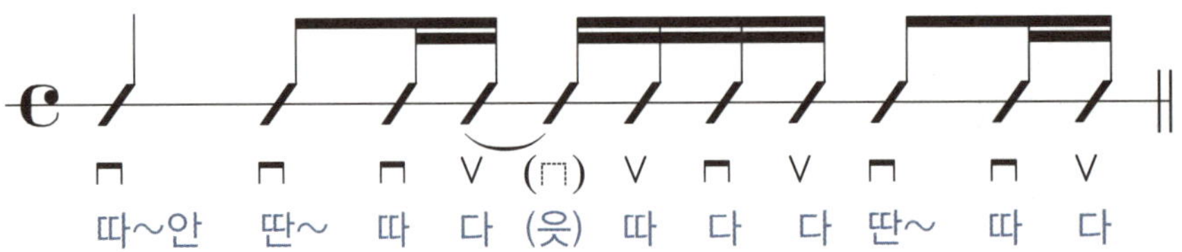

두 번째와 네 번째 박자의 리듬은 서로 같네요.
참고해서 여덟 번 연속 읽기에 도전해봅시다. 틀리지 않고 성공할 때까지~~

이번엔 기타로 도전 해봅시다.

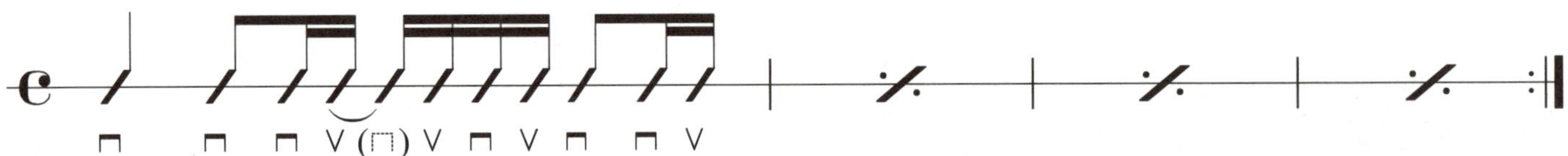

새로운 주법을 배울 때 기본 패턴의 연습은 아무리 많이 해도 지나치지 않습니다. ^^
그럼 내친 김에 다운 & 업 스트로크에 주의해서 연속 16마디에 도전~~!!

즐거운 나의 집

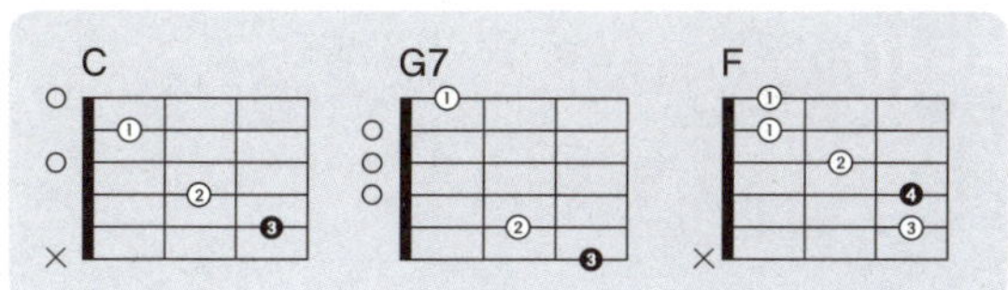

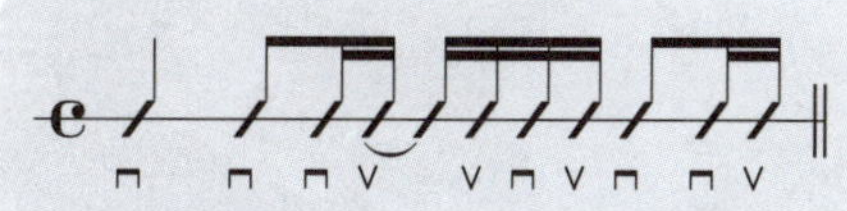

김재인 역사
H. R. Bishop 작곡

눈으로 먼저 읽어봅시다~

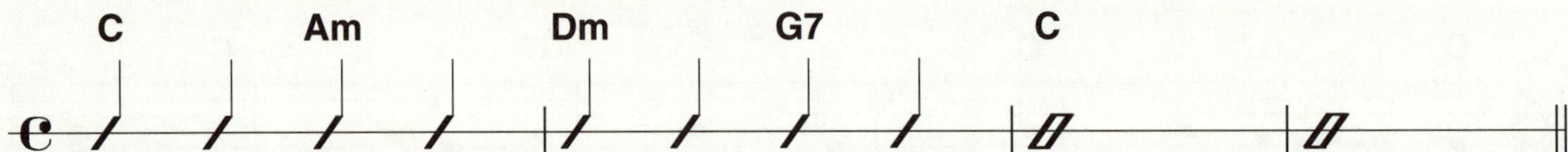

다음은 소리 내어 읽어봅시다.

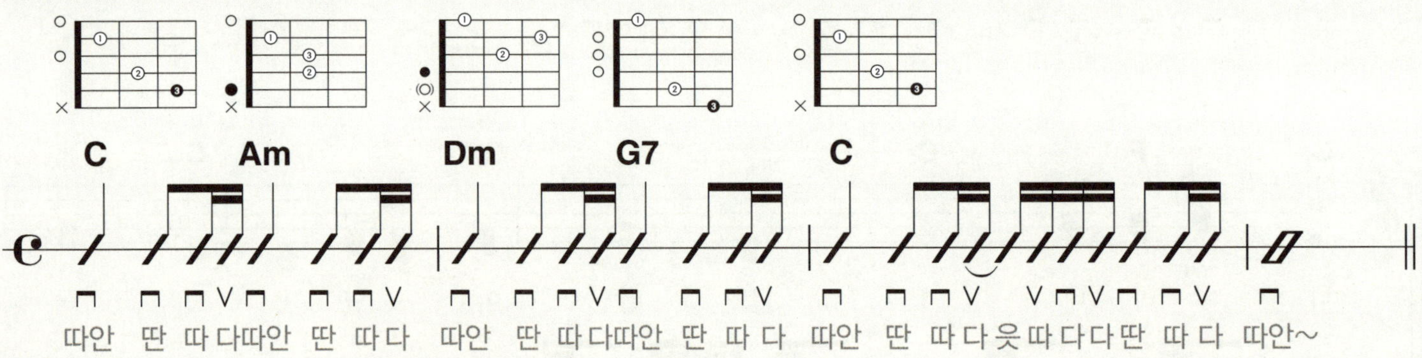

아직은 익숙하지 않더라도 이런 연습들이 실제 연주에는 큰 도움이 됩니다.
새로운 곡이나 악보, 주법 등을 대할 때의 순서를 잊지 마세요.

1. 눈으로
2. 입으로
3. 기타로

기억하시죠?^^

계속해서 연습곡을 통해 슬로우 고고를 완벽한 자신의 주법으로 만듭시다.

Let It Be

John Lennon, Paul McCartney 작사 · 작곡

사랑을 할거야

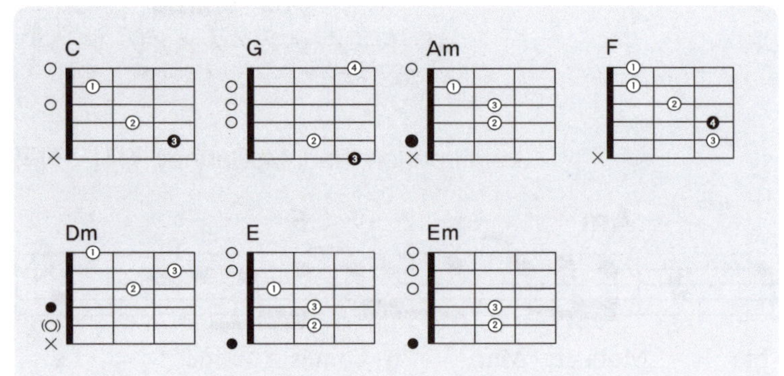

이성환 작사 · 작곡

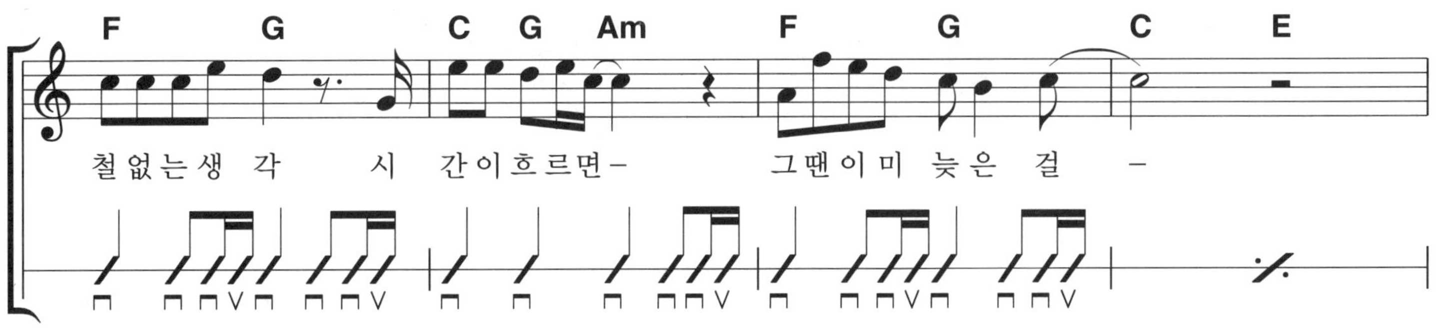
철없는생 각 시 간이흐르면- 그땐이미 늦은 걸 -

모든 것을주- 는 - 그런 사랑을해봐- 받으려-고 만하는 그런 사랑말고 - -

너 도알 고 있잖아 - 끝 이 없-는걸- 서로참아야- 만하는걸 -

사랑을할--거야--- 사랑을할--거야- 아무 도 모르게- 너 만을위-하 여-

나를지켜--봐줘--- 나를지켜-봐 줘 아무 도 모르는사랑을 -

그런 사람 또 없습니다

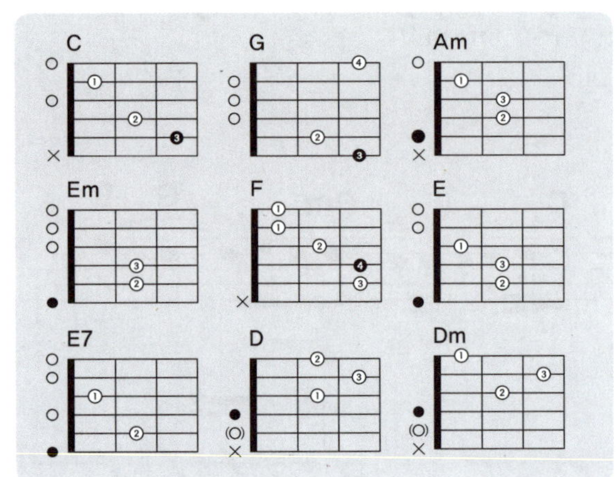

강은경 작사
조영수 작곡

Am   E7   F   C   D   G
그 댈위 – 해서 –   나의 심장 쯤 이야 –   얼마든 – 아파 – 도 좋은 – – 데 –   사 랑이란
그 댈위 – 해서 –   아픈 눈물 쯤 이야 –   얼마든 – 참을 – 수 있는 – – 데 –

C   G   Am   Em
– 그말 – 은못 – 해 – 도   먼곳에 서 이렇게 –   바라 만 보아 – 도 – – –   모든걸줄

F   G   Em   E7   Am   1.Dm   G
– 수 있 어서 – –   사랑 할 수 있 – 어서 – –   난 슬퍼도 행복 합 – – 니다
3

C   G   Am   F   G
– – – – 오 –   음 – –

2.Dm   G   C
난 슬퍼도 행 – – 복 합 – 니 다 – – –

■ 악보 Master Tip ❷

이번에는 조금 난이도가 있는 악보 기호에 도전해보겠습니다.

악보의 끝이나 중간에 ***D.S.***(달 세뇨), 혹은 ***D.S. al Coda***(달 세뇨 알 코다)라고 적힌 기호를 본 적이 있지요?

또 ❊(세뇨) 혹은 ⊕(코다)도 본 적이 있을 겁니다.

D.S.는 ***D.C.***처럼 처음으로 가는 것이 아니라 ❊ 표시가 있는 마디로 가라는 뜻입니다.

따라서 ***D.S.***는 ❊와 짝을 이룹니다.

또한 ***D.S al Coda***는 ❊가 표시된 마디로 갔다가 ⊕에서 그 다음 ⊕로 건너뛰라는 의미입니다.

무슨 말인지 잘 모르겠다구요?

도돌이표를 간단히 곁들여서 예를 들어보겠습니다.

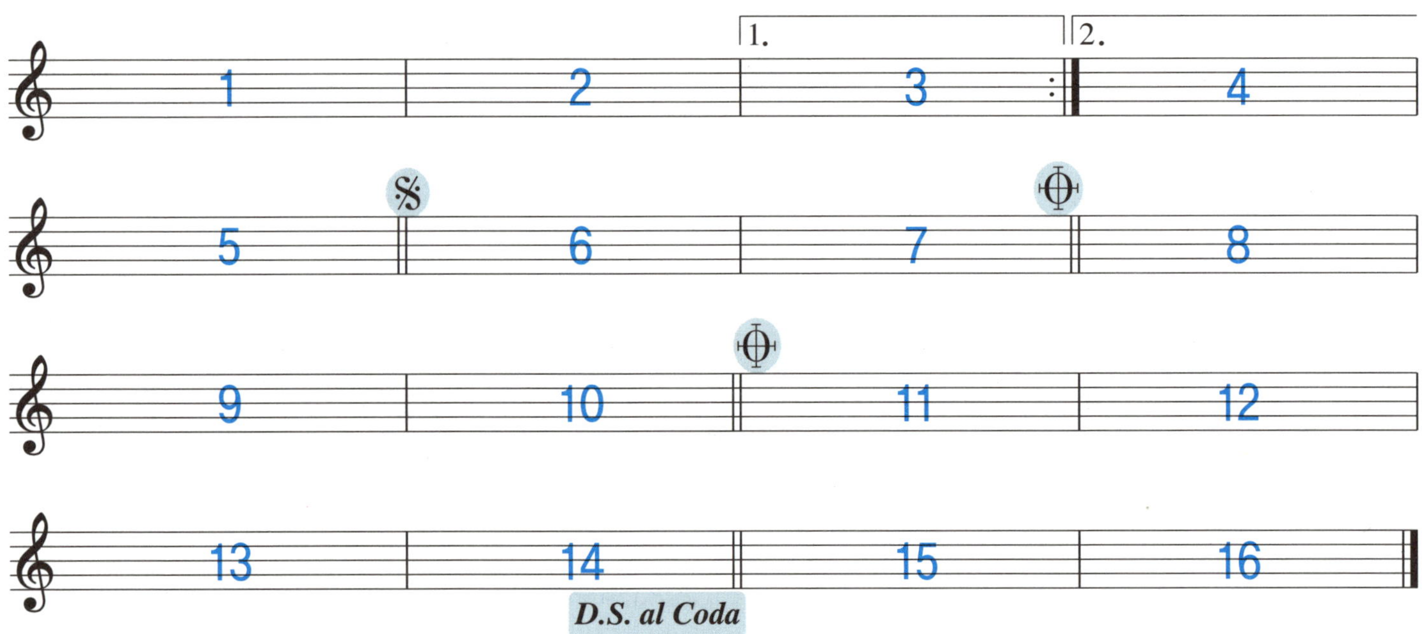

이런 진행이 있다면 연주의 순서는 어떻게 될까요?

좀 복잡해 보이지만 위에서 설명한 내용을 떠올리면서 잘 생각해보세요.

1-2-3(도돌이표)-1-2-4-5-6-7-8-9-10-11-12-13-14(***D.S. al Coda***)-6(❊)-7(⊕)-11(⊕)-12-13-14-15-16 이런 순서로 진행이 됩니다.

잊지 마세요. ***D.S. al Coda*** → ❊ → ⊕ → ⊕

스트로크 완성하기(셔플, 왈츠)

5주

셔플

연가

개똥벌레

별빛 달빛

왈츠

모닥불

긴 머리 소녀

재미있게 연습하고 계시죠? 이번 주 연습을 통해서 가장 기본적인 스트로크를 완성해보겠습니다.

지금까지 배운 4/4박자의 주법 중 고고나 칼립소는 빠른 곡에, 슬로우 고고는 발라드처럼 느린 곡에 사용했습니다.

그런데 분명히 신나고 빠른 곡이지만 고고나 칼립소로는 뭔가 어색하고 느낌이 나지 않는 곡들이 있습니다.

그 곡의 리듬은 셔플(Shuffle)일 가능성이 높습니다.

4분음표를 어떻게 나누느냐에 따라서 리듬은 고고가 될 수도 있고 셔플이 될 수도 있습니다.

한 박자를 이등분하면 고고, 3 : 1로 나누면 셔플이 됩니다.

악센트에 주의하며 먼저 눈으로 읽은 다음 입으로 읽어보세요.

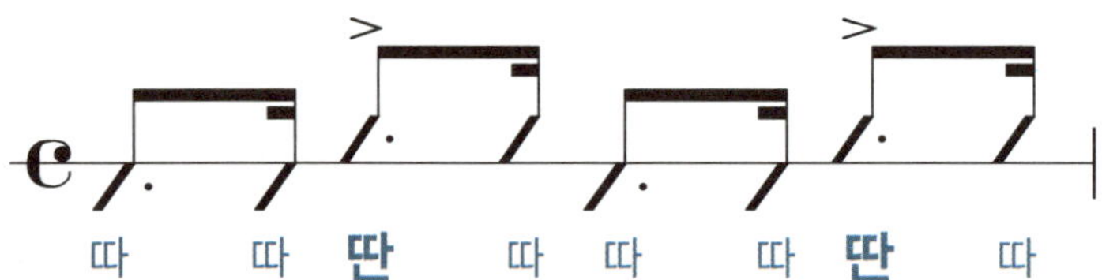

음표의 위치가 1, 3박은 낮고 2, 4박은 높죠?

낮은 음표는 저음부(4~6번)를 중심으로 치고, 높은 음표는 높은 줄(1~3번)을 치라는 뜻 입니다.

어렵나요? 셔플은 위와 같이 표기하지만 리듬을 연주할 때의 느낌은 셋잇단 음표에서 가운데 박자를 뺀다고 생각하면 훨씬 리듬감 있는 연주를 할 수 있습니다.

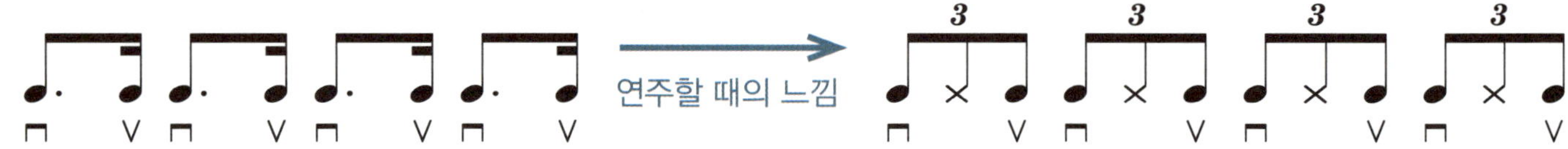

이제 기타로 쳐보세요. 리듬과 주법만 다를 뿐 피크를 잡고 스트로크를 하는 요령은 모두 동일합니다.

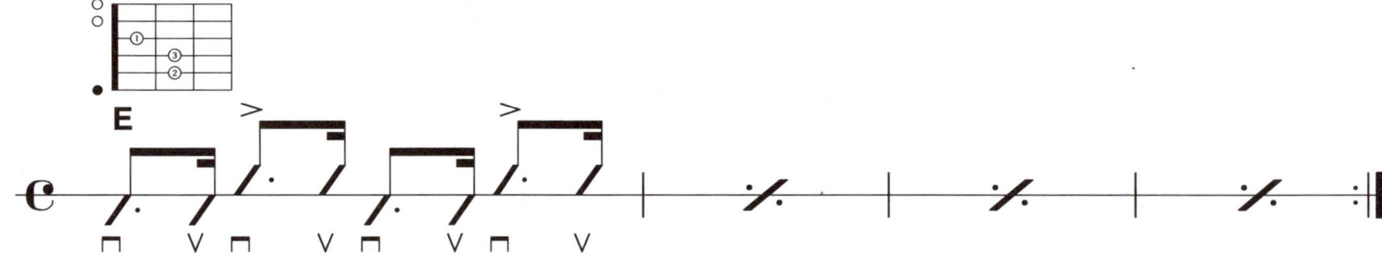

셔플 리듬을 연주할 때 연주자의 어깨가 들썩거리지 않으면 가짜입니다.

그루브(Groove)라고도 하는 리듬감은 결국 연주자가 그 리듬을 몸으로 타면서 연주하는가의 문제입니다.

셔플과 같은 리듬을 연주할 때는 특별히 리듬감에 주의하세요.

연가

개똥벌레

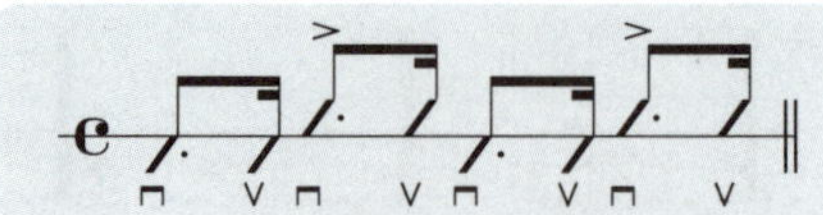

한돌 작사 · 작곡

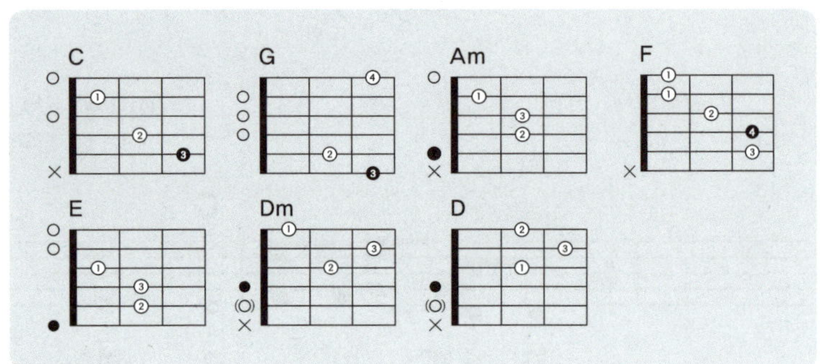

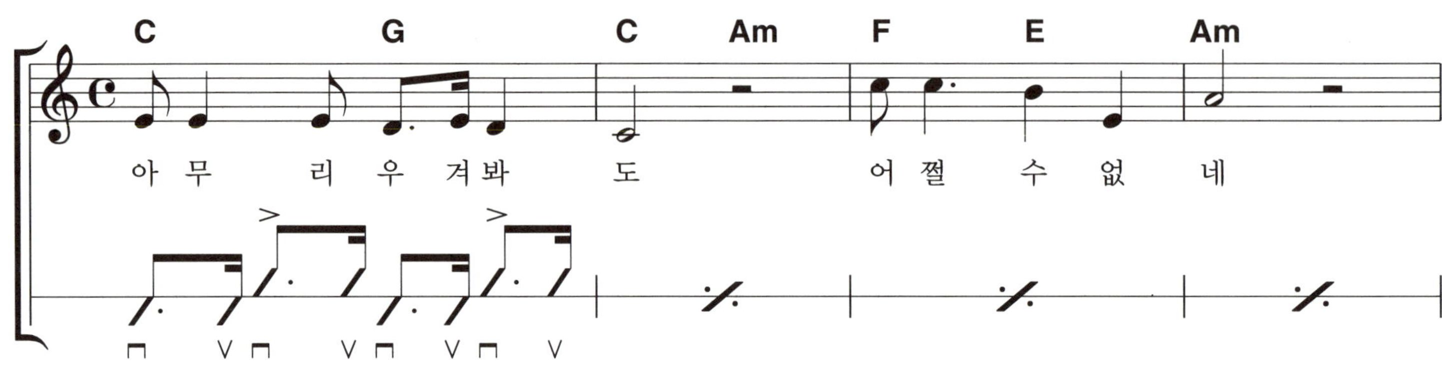

C   G   C   Am   F   E   Am
아 무 리 우 겨 봐 도   어 쩔 수 없 네

F   G   C   Am   F   G   C   G
저 기 개 똥 무 덤 이 내 집 인 걸 ―

C   G   C   Am   F   E   Am
가 슴 을 내 밀 어 도   친 구 가 없 네

노래 하던 새 들도 멀리 날아가 네
가 지마 라 - 가 지마 라 - 가 지 말 아 라
나를 위해 한 번 만 노 래 를 해 주 렴 나
나 나 나 나 - 쓰 라 린 가 슴안 고
오 늘 밤 도 그 렇게 울다 잠 이든 다

별빛 달빛

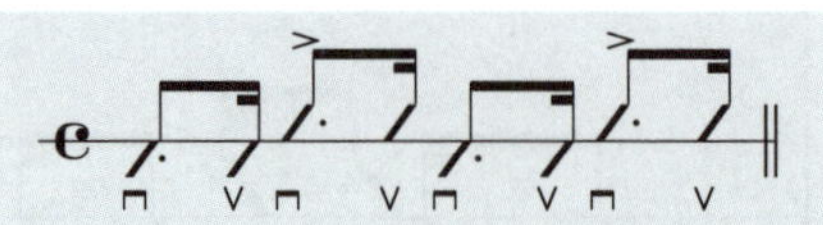

강지원, 김기범 작사 · 작곡

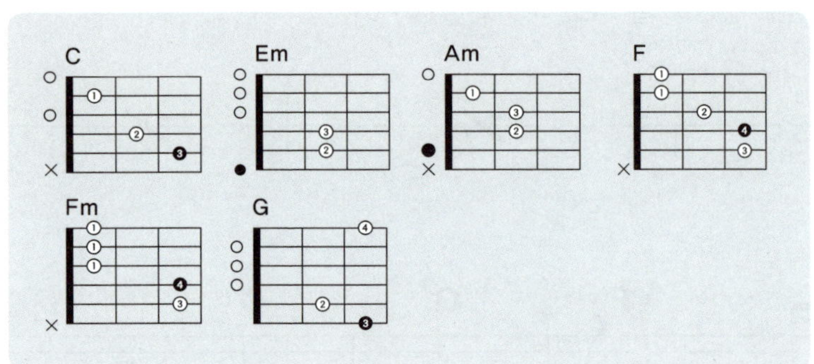

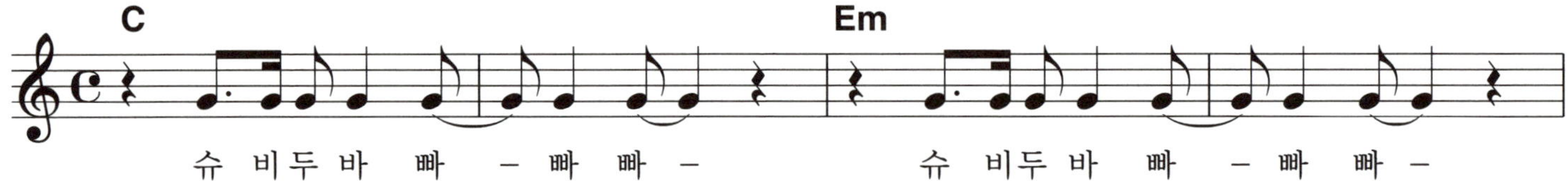

어 디 가 좋 아 -   나 는 네 모 든 게 좋 아 - -   네 맘 도
우 릴 가 려 도 -   두 둥 실 흘 러 가 듯 이 - -   언 제 나

샤 랄 라 - 라 라   샤 랄 라 - 라 라 이 세 상 모 든 게 다 아 - 름 다 - 워
샤 랄 라 - 라 라   샤 랄 라 - 라 라   오 내 사 랑 사 랑 오 - 내 사 - 랑

자 꾸 생 각 나 -   몰 래 가 슴 떨 려 와 -   어 쩌 면

좋 아   어 쩌 면 좋 아   정 말 이 런 기 분 처 음 이 야 -   너 는 내

별 빛 내 - 마 음 의 별 빛 넌 - 나 만 의 달 빛 소 - 중 한 내 달 빛   그 저

바 라 만 보 고   나 를 위 해 비 춰 주 - 는   그 런 사 - 람   너 는 내

C   Em
하늘 하 – 나뿐인 하늘 넌 – 나만의 바다 소 – 중한 내 바다   서로
별빛 내 – 마음의 별빛 넌 – 나만의 달빛 소 – 중한 내 달빛   그저

Am   F
바 라만 봐도   변 함없 이미소 짓 – 는   그런 사 – 람 oh__ my love
바 라만 보고   나 를위 해비 쳐 주 – 는   그런 사 – 람 oh__ my love

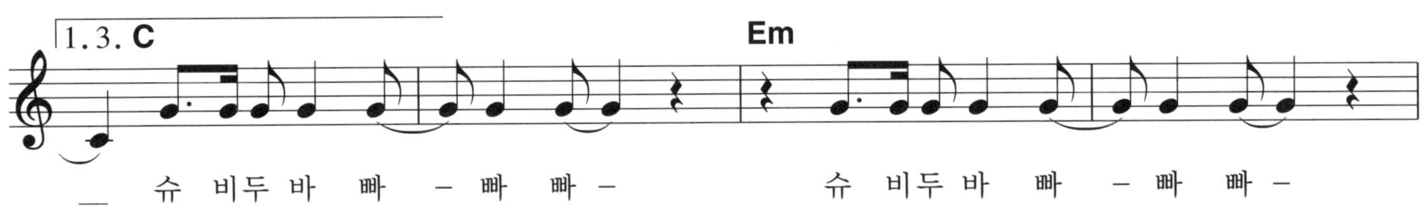

1. 3. C   Em
__ 슈 비두바 빠 – 빠빠 –   슈 비두바 빠 – 빠빠 –

Am   F
랄 랄랄 라 라 – 라라 리 라   구 름이

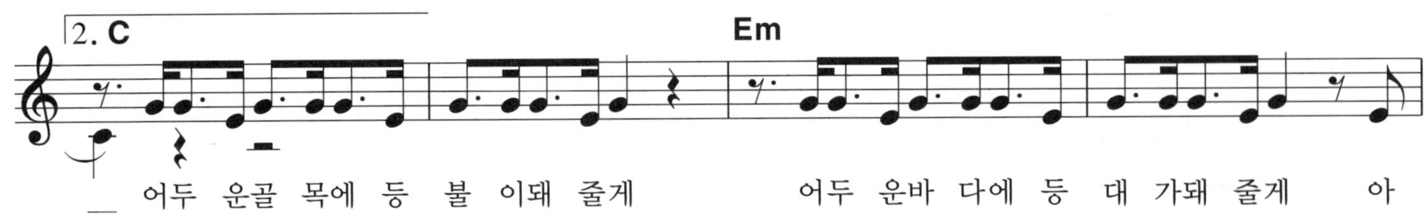

2. C   Em
__ 어두 운골 목에 등 불 이돼 줄게   어두 운바 다에 등 대 가돼 줄게   아

침 이올 때까지 햇 빛 이들 때까지 내 곁에서날 비 춰 줘 내 맘 속 에 있 어 줘 ah

너는 내 사 랑 하 – 나뿐 인 사 랑 넌 – 나만 의
one ah two ah one twothree go oh________________ 널 – 사

태 양 하 – 나뿐 인 태 양   그 저 서 로를 위해   아 낌없 이줄 수 있
랑 해 –   my__ on – ly love___   oh__________

– 는   그런 사 – 람   너는 내
—
D.S. al Coda

"모닥불 피워 놓고 마주 앉아서~" 노래하면서 다리 한 번, 손뼉 두 번..
'쿵짝짝 쿵짝짝' 이 리듬이 바로 3/4박자 왈츠(Waltz)입니다.

너무나 익숙한 '쿵짝짝' 왈츠 리듬을 볼까요?

기본 패턴의 주법은 다운 스트로크만을 사용하지만 저음과 고음으로 왈츠의 느낌을 표현합니다.

음표가 첫 박은 낮고 2,3박은 높죠?
세 박자 중 첫 박은 낮은 줄(4~6번)을 중심으로 강하게 쳐주고 두 번째, 세 번째 박자는 높은 줄(1~3번)을 약하게 쳐주세요.

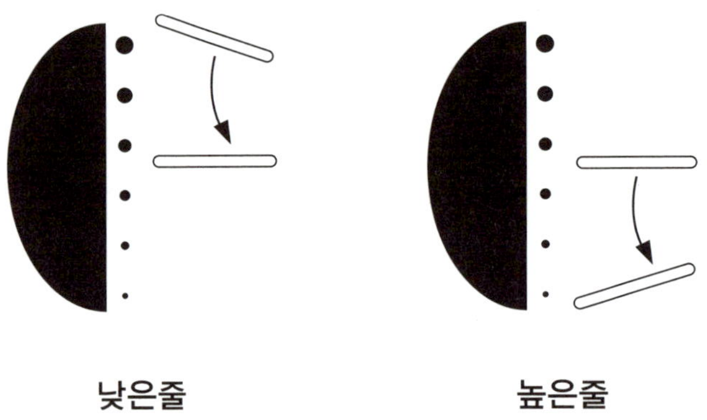

입으로 읽어보겠습니다.

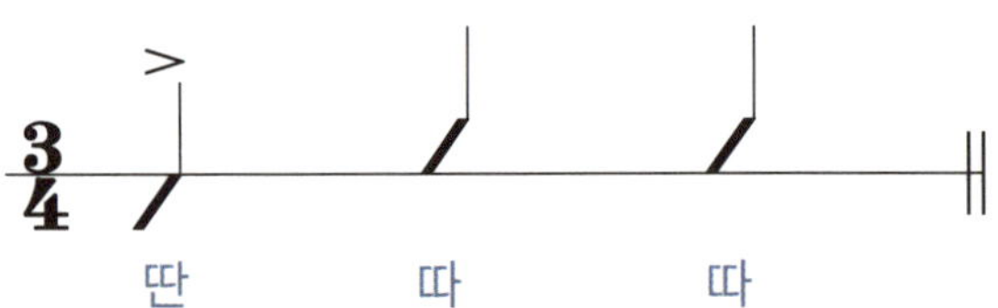

기타로 쳐보겠습니다.

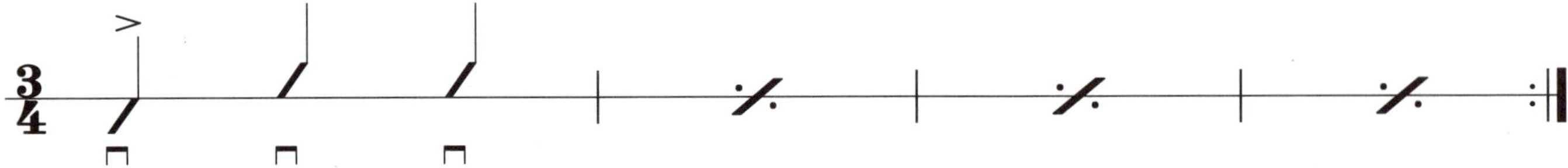

연습한 기본 패턴 이외에 변형된 패턴들도 연습해볼까요?

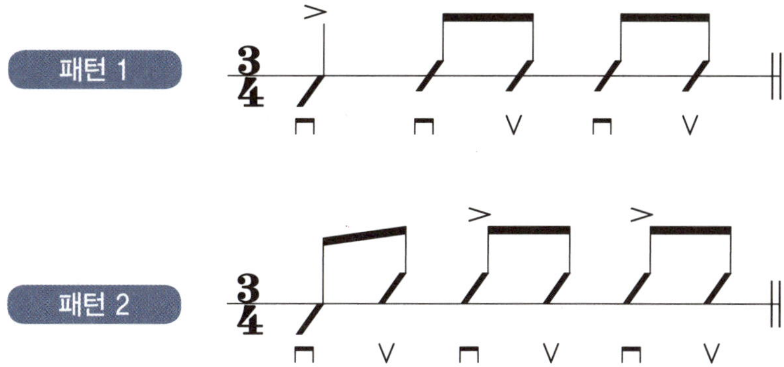

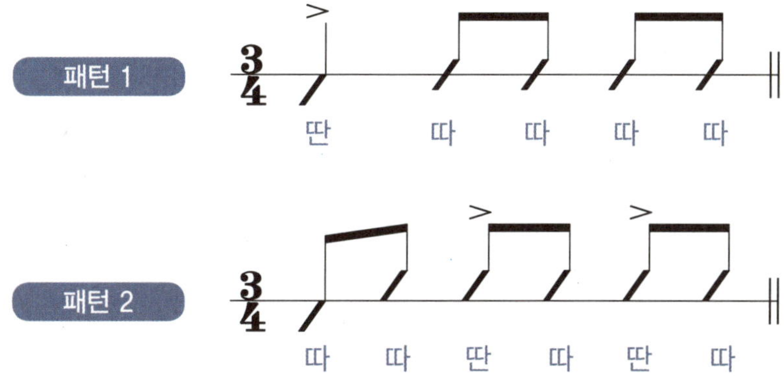

입으로 읽어볼 시간입니다.

기타로도 쳐봐야죠?

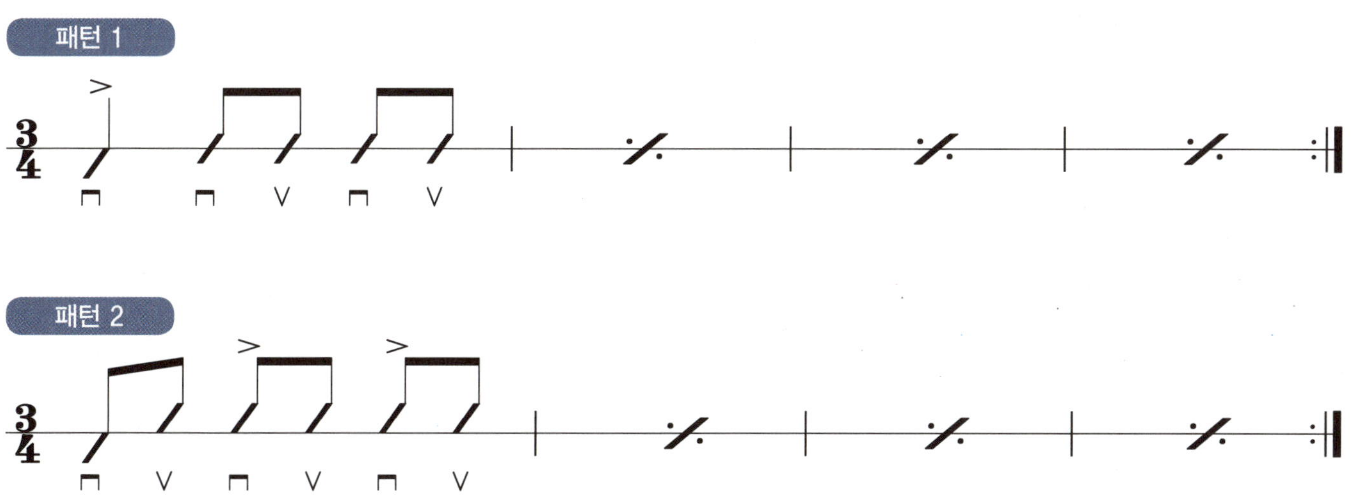

주법의 패턴은 주어진 리듬을 깨지 않는 범위 내에서는 자유롭게 연주해도 상관없지만 지금은 연습을 하는 단계이기 때문에 기본 패턴과 변형된 패턴들을 중심으로 연습해보세요.

모닥불

박건호 작사
박인희 작곡

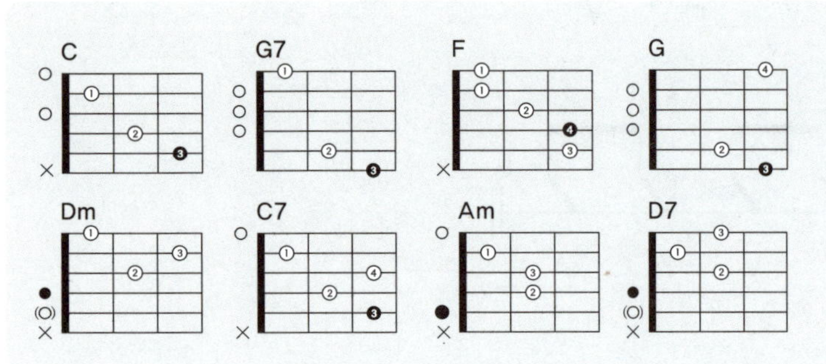

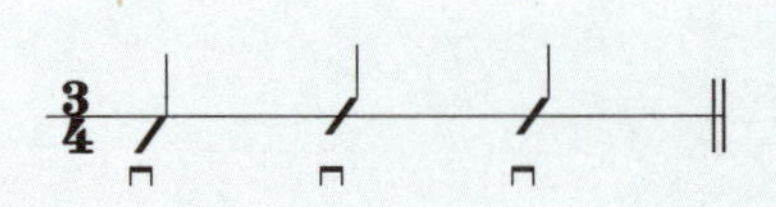

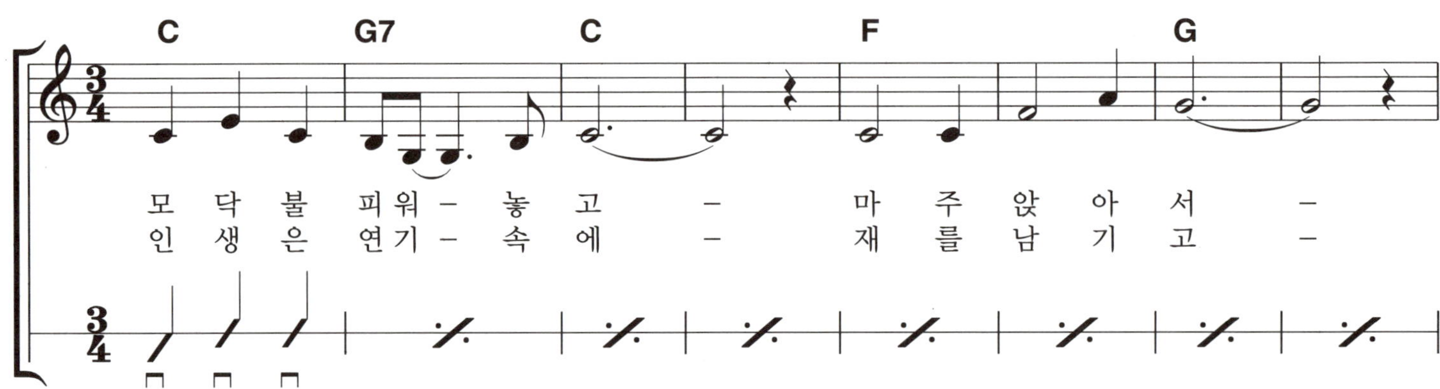

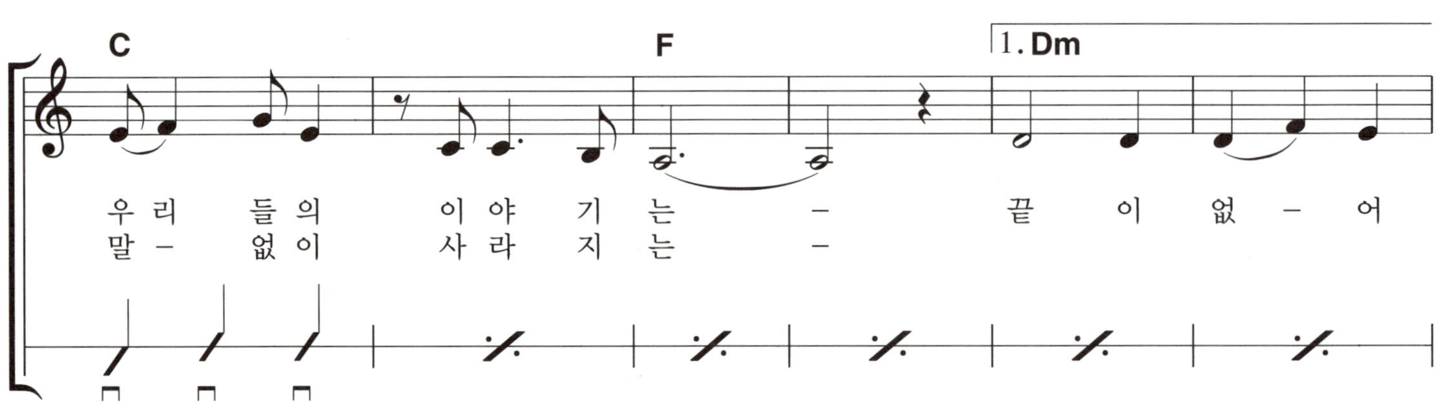

G7
2. G
C
C7
라 － 모 닥 불 같 은 － 것 －

Am
G
Dm
D7
G7
타 － 다 가 꺼 － 지 는 그 순 간 － 까 지 －

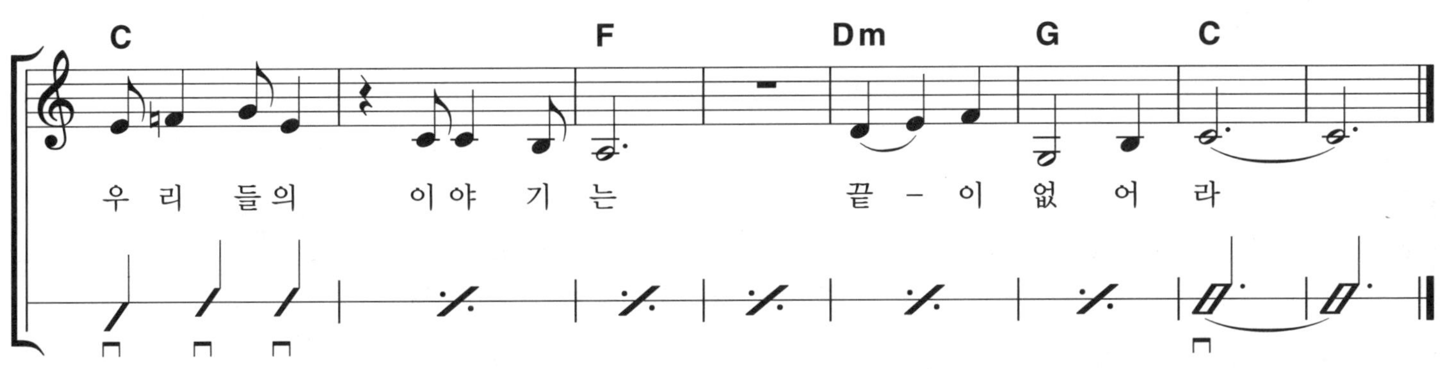

C
F
Dm
G
C
우 리 들 의 이 야 기 는 끝 － 이 없 어 라

긴 머리 소녀

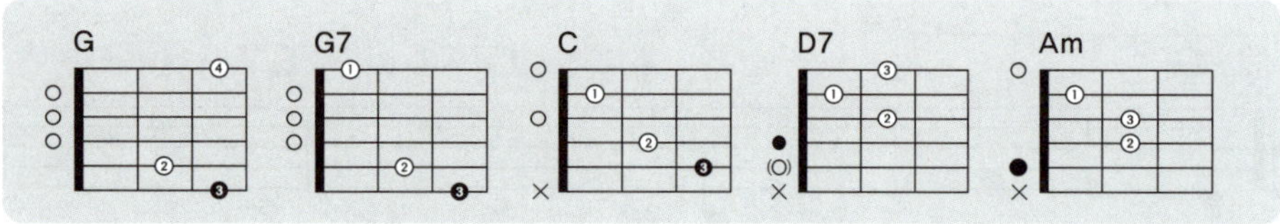

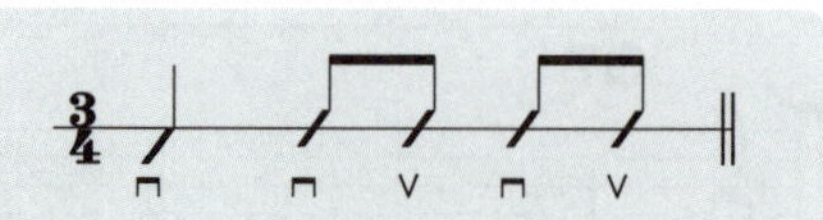

G   G7   C   Am
먼   아 이 처 럼 — 귀   먼   아 이 처

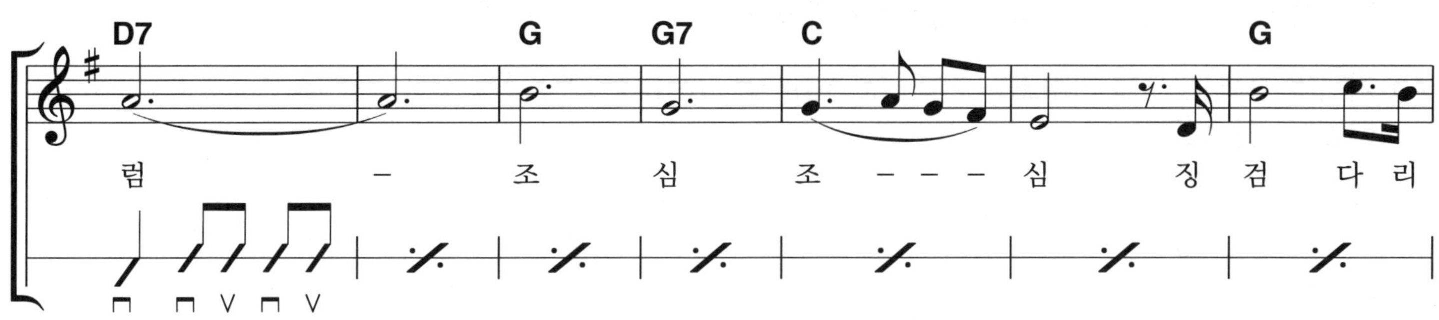

D7   G   G7   C   G
럼 —   조 심 조 — — — 심   징 검 다 리

D7   G   G7   C
건 너 던 — 개 울 — 건 너 작 은 집 — — 에 긴

G   D7   G   G7   C
머 리 소 녀 야 — 눈 감 고 두 — 손 모 — —

C   G   D7   G
아   널 위 해 기 도 하 리 라 —

아하~ 기타상식 Q&A ①

Q) 통기타? 어쿠스틱 기타? 뭐가 다르죠? 궁금해요.

A) 기타의 종류는 크게 어쿠스틱 기타(Acoustic Guitar)와 일렉트릭 기타(Electric Guitar)로 나눌 수 있습니다.

어쿠스틱 기타란 전기 플러그를 꽂지 않은(Unplugged) 기타, 즉 울림통에서 나오는 소리만으로 연주하는 기타를 말합니다. 대표적인 어쿠스틱 기타로는 우리가 연습하고 있는 통기타와 클래식 기타가 있겠네요. 우리가 연주하는 통기타는 스틸 스트링을 사용하기 때문에 스틸 기타(Steel Guitar)라고도 불리며, 시원하고 밝은 음색을 갖고 있습니다. 또한 포크 음악에 주로 사용되었기 때문에 포크 기타(Folk Guitar)라고도 불립니다. 반면 클래식 기타는 나일론 재질로 만들어진 스트링을 사용하기 때문에 나일론 기타(Nylon Guitar)라고도 불리며 부드러운 사운드를 갖고 있습니다. 지판의 폭이 넓어 운지가 편하지만 손이 작은 분에게는 어렵게 느껴질 수도 있습니다.

일렉트릭 기타는 말 그대로 전기를 사용하는 기타입니다. 기타의 사운드를 픽업(Pick Up) 장치를 통해 전기 신호로 바꾸어 앰프에 연결하며 이펙터(Effector)를 통해 다양한 효과를 줄 수 있습니다.

요즘은 통기타에도 픽업 장치가 장착된 악기가 많지만 이러한 악기를 일렉트릭 기타라고 부르지는 않으며, 굳이 구분하자면 세미 어쿠스틱 기타(Semi-acoustic Guitar)라고 할 수 있겠네요. 픽업이 장착된 통기타를 통틀어 오베이션 기타라고 부르는 분들도 계시지만 오베이션(Ovation)이란 미국의 기타 브랜드일 뿐 정확한 명칭이 아닙니다. 마치 우리나라 모 회사의 '초X 파이'나 '대X 밴드'처럼요...

자 그럼 정리해볼까요?

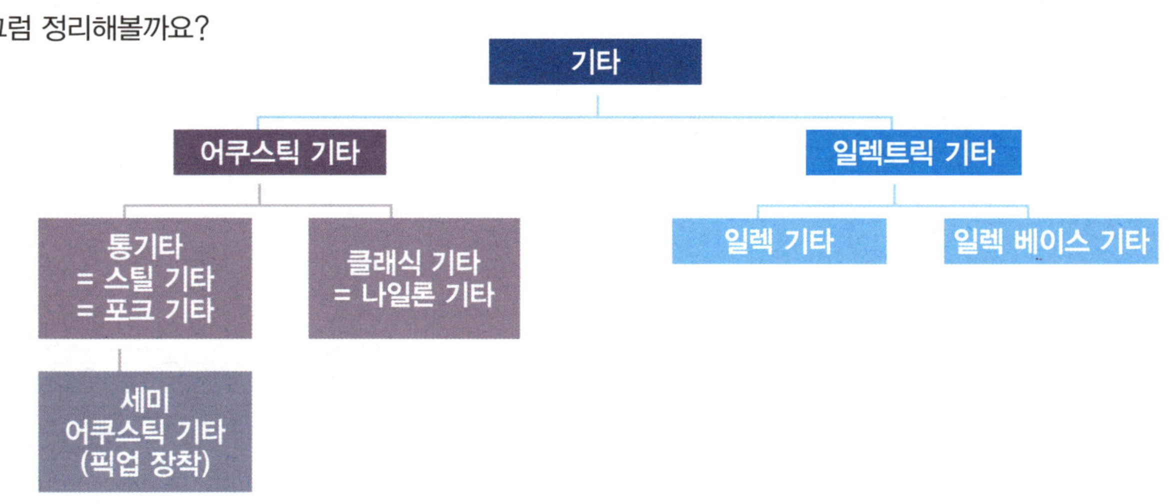

기타의 가족 관계를 알고 나니 더 열심히 연습하고 싶다구요?
굳이 말리지는 않겠습니다.

부록 1 멜로디를 연주해봅시다

 멜로디를 연주해봅시다

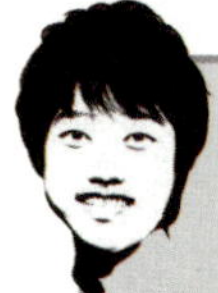

기타라는 악기에 입문해서 지금까지 5주 동안 연습하느라 고생하셨습니다.
수고하신 여러분께 이 교재를 통해 두 가지의 선물을 준비했습니다.
이미 눈치 채셨겠지만, 기타와 관련된 선물입니다.

그 첫 번째 선물은 반환점을 통과한 지금, 두 번째 선물은 10주 과정의 모든 진도를 마친 후에 드리도록
하겠습니다.

먼저, 첫 번째 선물을 풀어볼까요?
선물은 선물답게 진도와는 상관없이 틈나는 대로 즐기시기 바랍니다.
또 하나의 연습이라고 생각하지 말고 말 그대로 즐겁게 연주해보세요.

첫 번째 부록을 통해 기타로 명곡의 멜로디를 연주하는 멋진 모습을 가족과 친구들에게 자랑스럽게 보여
줍시다.

1. 멜로디 연주와 타브 악보

리듬에 맞춰 기타로 멜로디를 연주하는 모습을 꿈꿔본 적이 있지요?
첫 번째 이 부록을 통해 멜로디 연주를 해봅시다.
멜로디를 연주하기 위해서는 음계(Scale)를 알아야 하지만 우선은 기타와 친해지는 의미에서 타브(TAB) 악보를 참고해서
간단한 멜로디부터 도전해보겠습니다.
모든 멜로디 연주는 피크를 이용하는 것이 좋습니다.
'Tablature'의 줄임말인 타브 악보를 잘 활용하면 짧은 시간에 다양한 연습을 할 수 있습니다.
특히 기타 선생님이나 친구와 둘이 연주하면서 한 명은 리듬을, 다른 한 명은 멜로디를 연주하면 그것만으로도 훌륭한 합주
가 됩니다.

물론 나 혼자서도 합주는 가능합니다.
1. 먼저 메트로놈에 맞춰 리듬을 녹음하고
2. 녹음된 연주에 맞춰 멜로디 연주를 반복해보세요.
이러한 방법으로 연주하는 것은 어떤 합주보다도 좋은 연습이 된답니다.

타브 악보의 기본적인 원리는 다음과 같습니다.

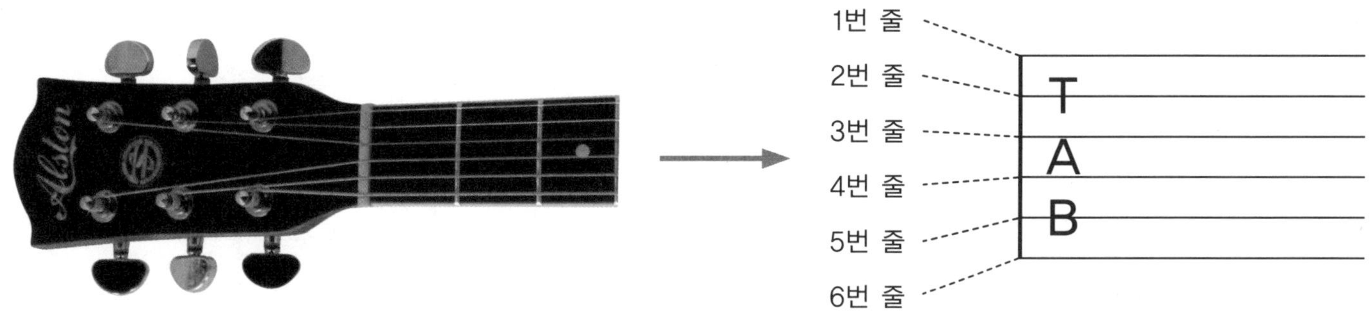

기타와 타브 악보는 똑같이 여섯 줄로 기타 줄의 모양을 그대로 그려놨다고 생각하면 됩니다.
기타의 프렛은 타브 악보에서는 숫자로 표시합니다.
예를 들면~

곰 세 마 리

작자 미상

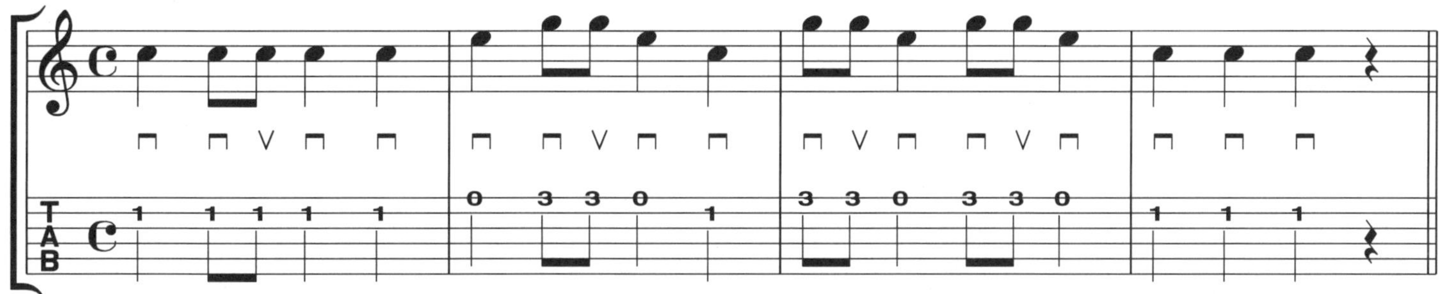

멜로디에서의 업(∨), 다운(⊓)도 스트로크 주법과 마찬가지로 각 줄을 위에서 아래로, 혹은 아래에서 위로 쳐주면 됩니다.
참 쉽죠?
이 내용들을 토대로 멜로디를 연주해볼까요?

즐거운 나의 집

김재인 역사
H. R. Bishop 작곡

피 － 고 새 우 는 내 집 － 뿐 이 리

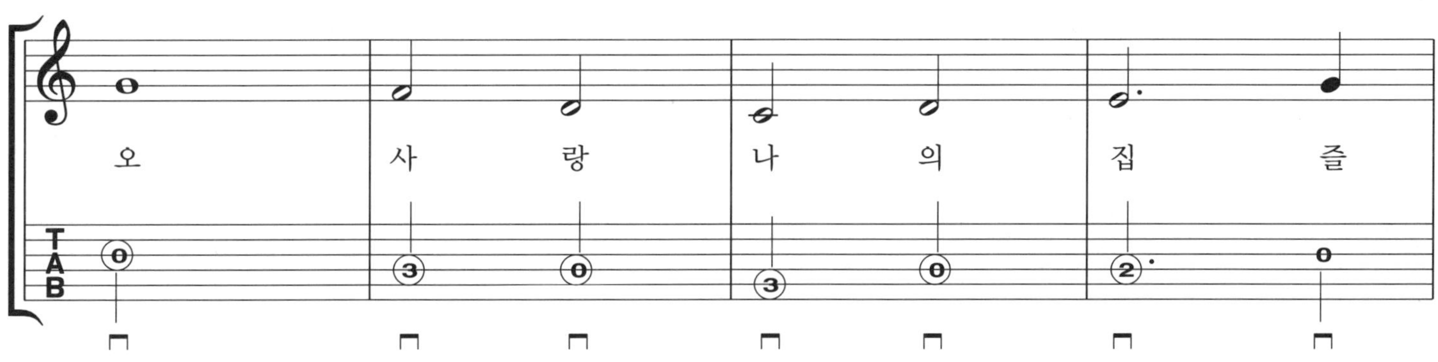

오 사 랑 나 의 집 즐

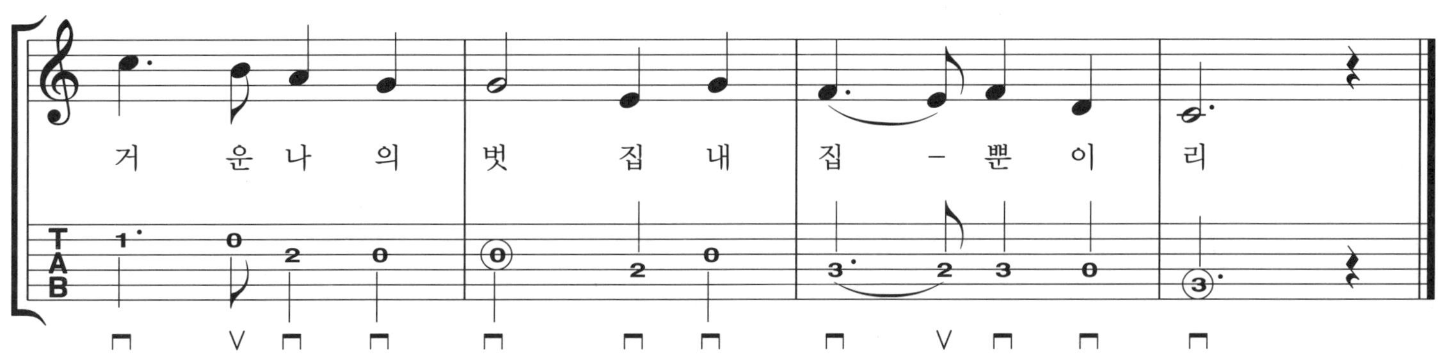

거 운 나 의 벗 집 내 집 － 뿐 이 리

애국가

작사 미상
안익태 작곡

Let It Be

John Lennon, Paul McCartney 작사 · 작곡

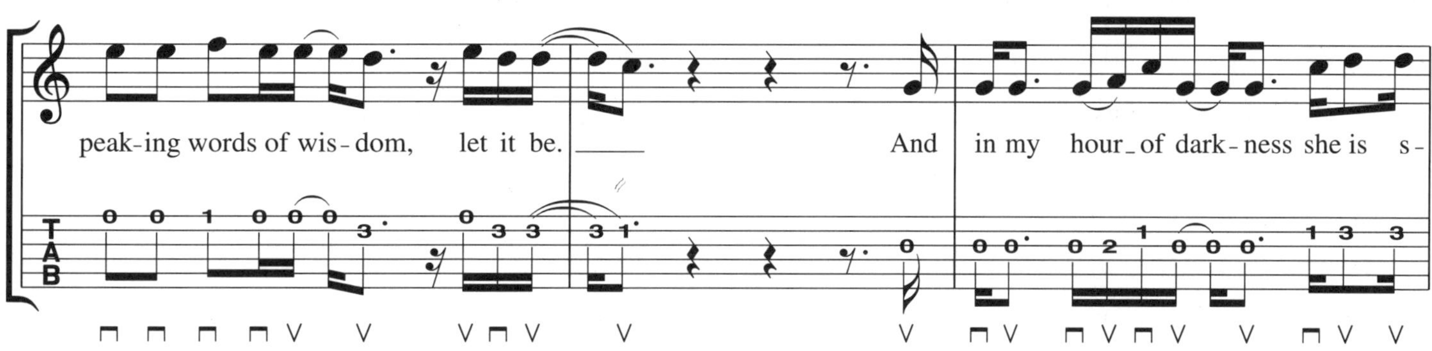

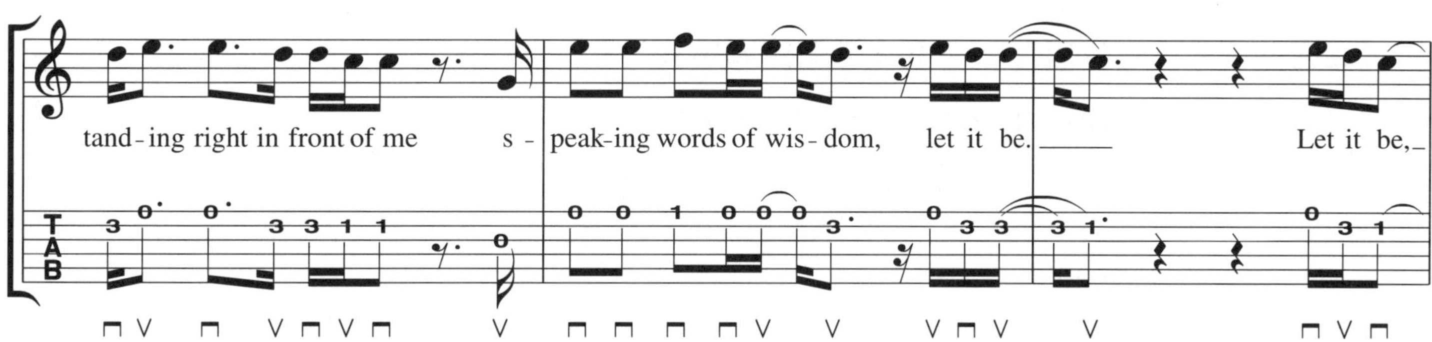

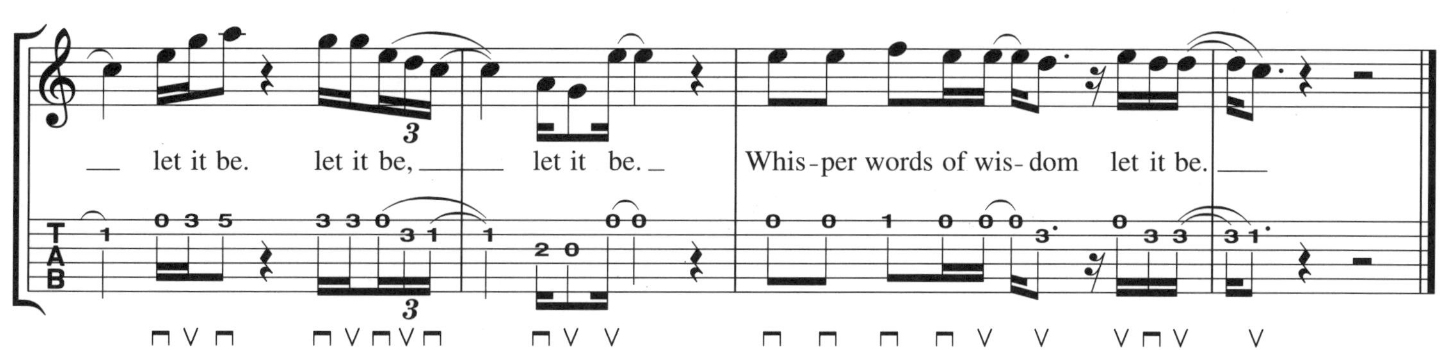

Q) 12현 기타는 어떻게 연주하나요?

**A) 12현 기타의 1, 2번 줄은 각각 같은 음의 줄이 하나씩 더 있고,
3~6번 줄은 한 옥타브(Octave) 높은 음의 줄이 하나씩 더 있습니다.**

연주 방법은 6현 기타와 동일하지만 각 줄이 두 개씩이기 때문에 지판의 폭도 더 넓고 한 손가락이 각각 두 줄씩 눌러야
하기 때문에 힘도 더 많이 필요합니다.

하지만 그만큼 보람도 있습니다. 12현 기타의 사운드는 마치 두 대의 기타를 연주하는 것처럼 풍성하답니다.

Eagles의 〈Hotel California〉를 들어보시면 그 진가를 느낄 수 있습니다.

Q) 스트링의 종류가 너무 많아요. 어떤 스트링을 사야 하나요?

A) 스트링은 재질과 두께에 따라 여러 종류로 구분됩니다.

스트링의 케이스에는 '80/20', 혹은 'Phosphor Bronze'라는 문구가 쓰여 있습니다.

80/20이란 구리와 아연의 비율이 8:2로 만들어졌다는 뜻이며 Phosphor Bronze는 구리와 인, 청동의 합금으로 만
들어진 제품이라는 의미입니다.

대게 Phosphor Bronze라고 쓰인 제품이 더 고가이며 80/20에 비해 사운드 또한 깊고 따뜻한 것이 특징입니다.

두께에 따라서는 Extra Light, Custom Light, Light, Medium 등이 있습니다.

1번 줄을 기준으로 각각 0.010, 0.011, 0.012, 0.013(단위: inch)의 굵기를 가집니다.

다양한 종류의 스트링을 사용해보고 내 취향에 맞는 재질, 두께, 브랜드의 스트링을 찾는 것이 좋지만 지금은 80/20,
그리고 라이트 게이지의 스트링이면 무난합니다.

6주

집게 코드 맛보기

온음과 반음

악수 코드와 집게 코드

하이 코드에 밥 말아먹기

소리 잘 나게 잡는 요령

사랑으로

붉은 노을

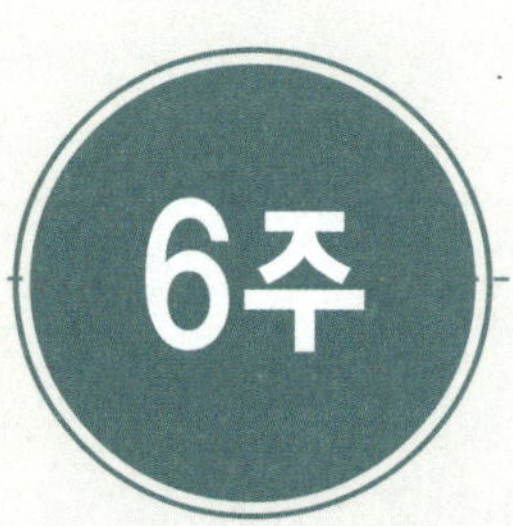

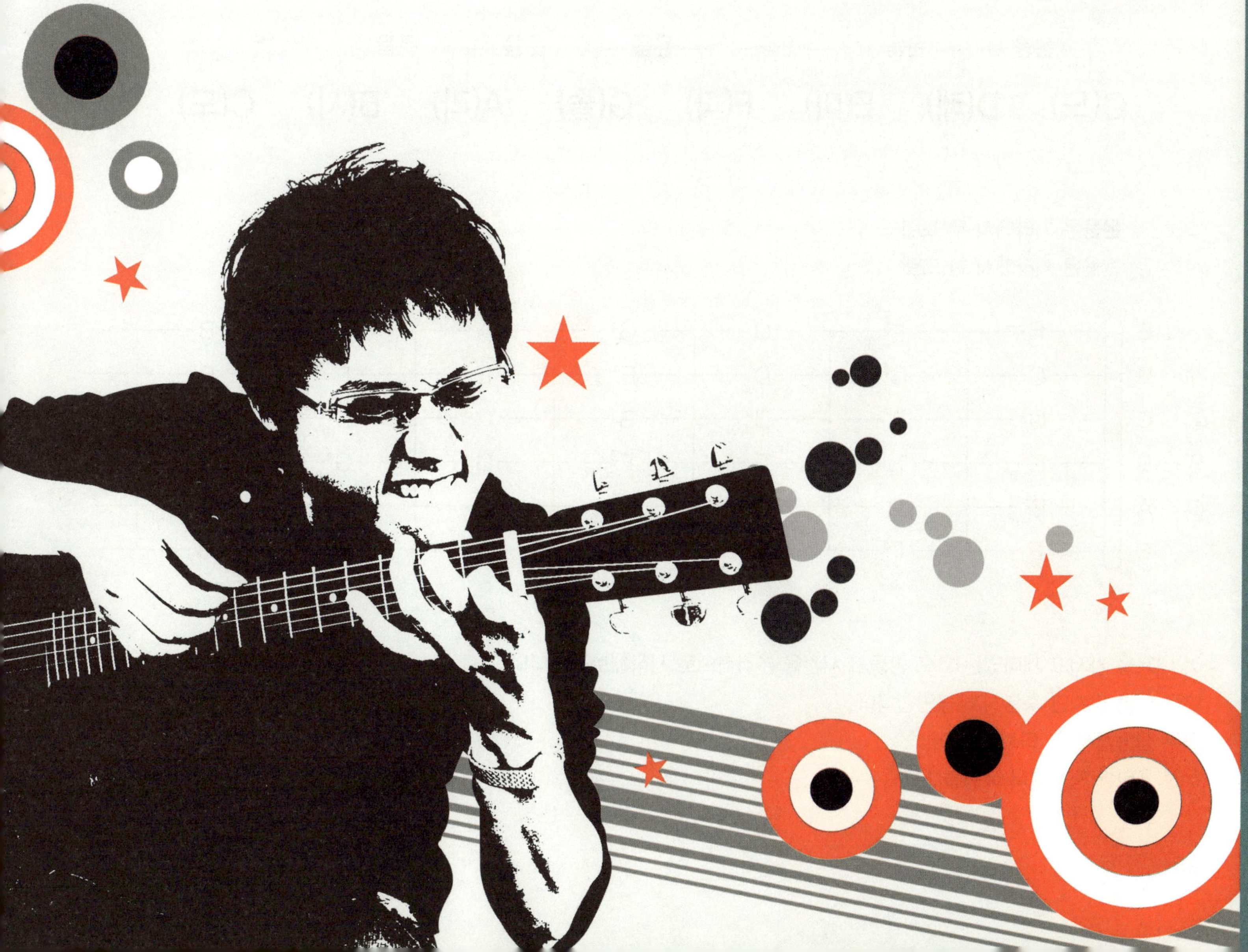

기타라는 악기에 점점 재미가 느껴지시나요?

어느덧 우리는 6주차를 맞고 있습니다.

공부를 하는 것도 마찬가지이지만 악기를 연습하는데 있어서도 지금 내가 어떤 연습을 하고 있는지 정확하게 알고 있는 것은 매우 중요합니다.

지금까지 우리는 왼손 기본 코드 연습에 이어서 오른손으로 몇 가지의 주법을 배웠고 더불어 코드를 바꾸는 연습을 했습니다.

이번 시간은 또 다시 왼손 연습입니다.

악수하듯이 잡는 기본 코드 이외에 집게처럼 잡는 하이 코드를 이해함으로써 왼손으로 더 다양한 코드들을 알아보도록 하겠습니다.

피아노에 흰 건반, 검은 건반이 있다면 기타에는 프렛이 있습니다.

프렛 한 칸은 반음이라고 했죠?

우리가 첫 시간에 잠깐 다루었던 온음과 반음 관계를 기억해 봅시다.

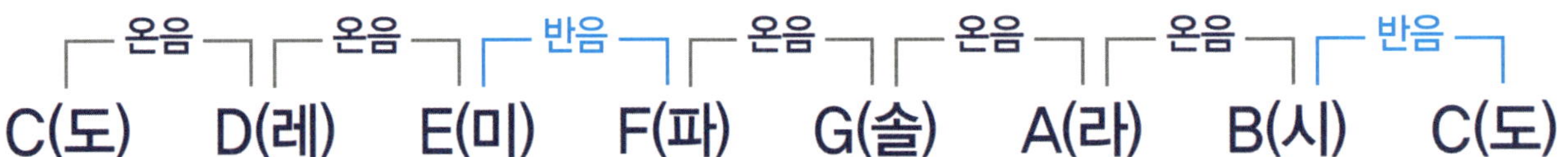

온음은 기타에서 두 프렛

반음은 기타에서 한 프렛

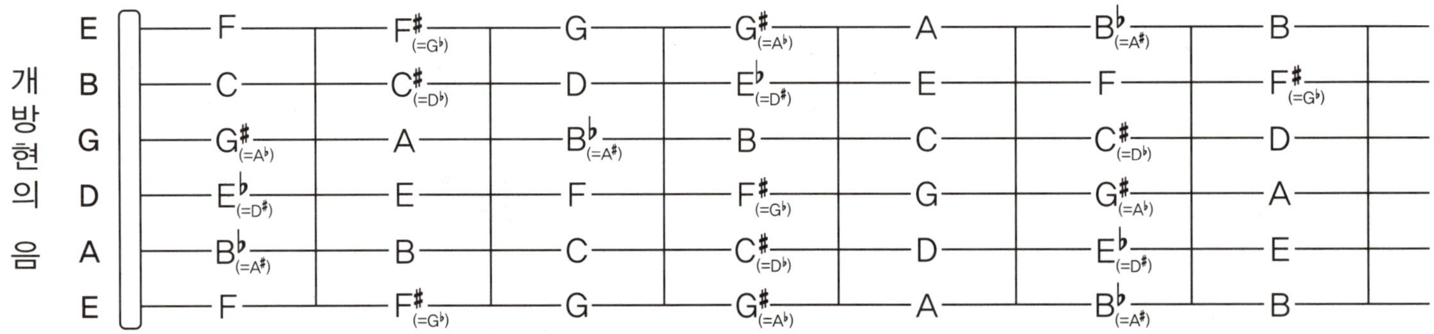

이 내용을 가지고 재미있는 코드 만들기 시간을 본격적으로 시작해보겠습니다.

분량이 좀 많지만 충분히 해볼만합니다.

모두 집중합시다. 아자!! 아자!! ^^

우선 올바른 자세부터 배워볼까요?

기타의 코드를 잡는 자세는 '악수와 집게' 두 가지 입니다.
기본 코드는 악수하듯이, 하이 코드(바 코드 또는 바레 코드라고도 합니다)는 집게처럼 잡습니다.
무슨 말일까요? 사진으로 비교해보겠습니다.

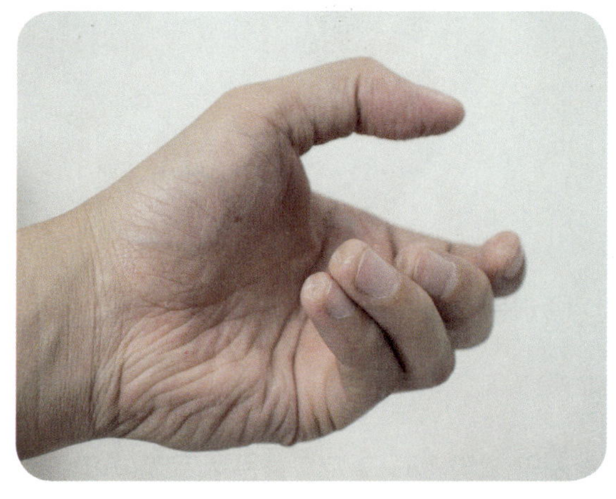

반가운 친구와 악수하듯이 기타의 넥을 잡고 악수를 하면서 그대로 코드까지 잡아보세요.
가장 자연스러운 폼이 됩니다.

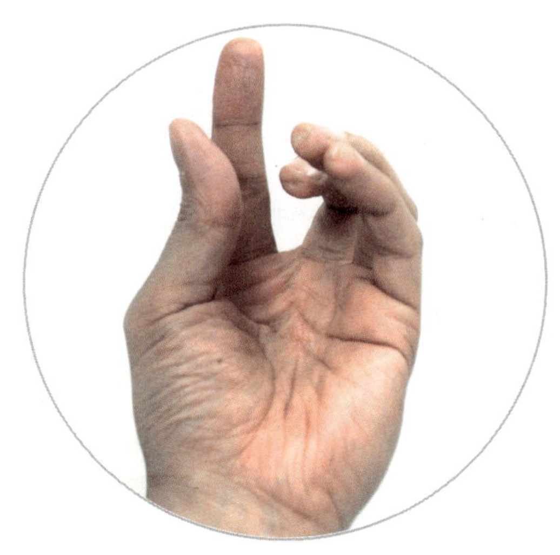
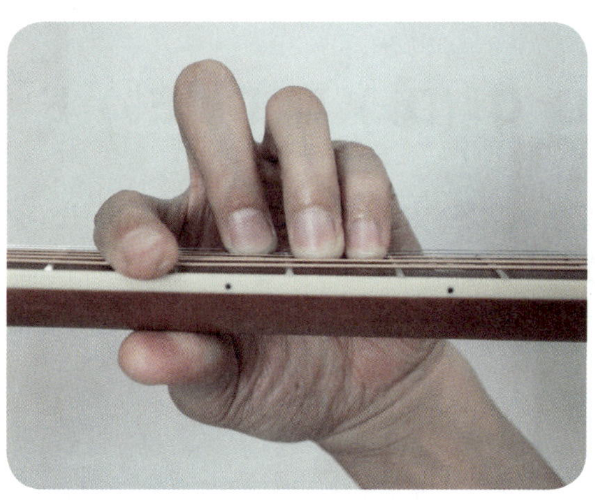

기본 코드를 악수하듯이 잡는다면 하이 코드는 집게처럼 잡아주세요.
바람이 거세게 부는 바닷가에서 현금 3백만 원 뭉치를 두 손가락으로 잡고 있다고 상상해보세요.
온 힘을 다해 집게처럼 잡고 있겠죠?
그런 느낌으로 하이 코드를 잡으면 매우 깔끔한 소리를 내실 수 있습니다. 하하하!

3 하이 코드에 밥 말아먹기

하이 코드는 왼쪽 사진처럼 엄지손가락의 마디 부위로 넥 뒤의 중심을 받쳐준다는 기분으로 잡아주세요.

검지는 정면이 아닌 모서리 부위로 줄을 눌러줍니다.

이때 손가락 끝 한마디가 넥 위로 올라오는 정도의 위치가 적당합니다.

기타에는 지금까지 외웠던 기본 코드 이외에도 수많은 코드가 있습니다. 하지만 고맙게도 그 코드들은 서로 닮아있어서

기본적인 이해만 하면 이 시간 이후에는 적어도 수십 개의 코드를 스스로 만들어서 잡을 수 있습니다.

못 믿겠다고요? 믿으세요.^^

■■ 하이 코드 만들기

자~ 여러분, 온음과 반음을 모두 펼쳐봅시다.

C C♯(D♭) D D♯(E♭) E F F♯(G♭) G G♯(A♭) A A♯(B♭) B

결국 모든 음악은 이 열두 개의 음으로 만들어지는 것입니다. 이 음들을 어떻게 조합을 하느냐에 따라 아름다운 '코드'라는 것이 만들어지는 것이죠. 집게 모양으로 잡는 하이 코드는 두 개의 폼으로 출발합니다.

하나는 'E' 폼이며 또 하나는 'A' 폼입니다. 먼저 E 폼으로 출발해볼까요?

한 프렛이 반음이기 때문에
한 칸씩 위로 올라가면 E → F → F♯ → G…
이렇게 되겠죠?

전체적으로 한 칸씩 올라가기 위해서는 검지가
상현주의 역할을 해줘야하므로
코드를 잡는 폼은 이와 같이 되겠네요.
이제부터는 악수 코드에서의 F 폼은 잊고
사진처럼 잡는 연습을 합시다.

우리가 알고 있는 코드 중에는 이런 것들도 있었죠?

E7

Em

이 녀석들도 기합소리와 함께 출발해볼까요?? 아~싸~~~~~~

F7

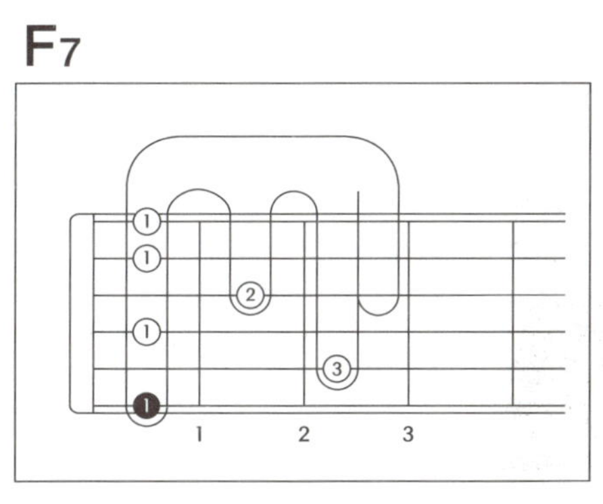

F7 → F#7 → G7 →
G#7 → A7…
이렇게 되겠네요.

마찬가지 요령으로

Fm

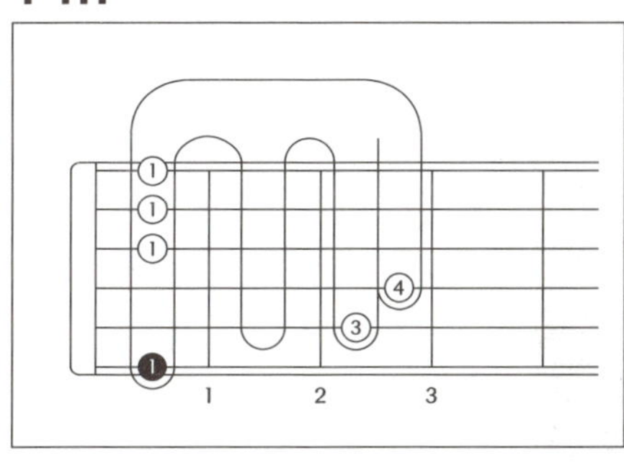

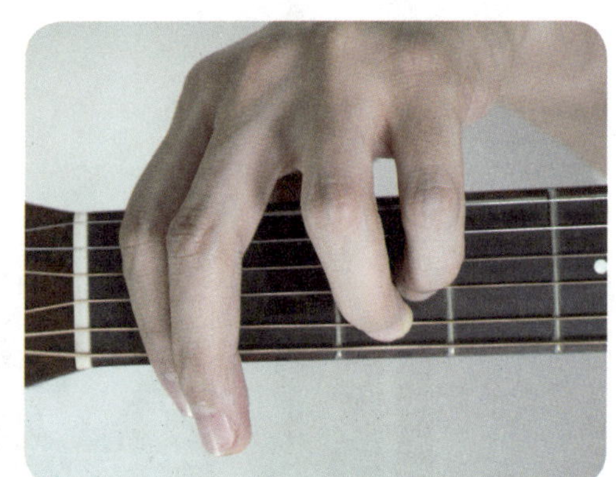

Fm → F#m → Gm →
G#m → Am…

쉽지만은 않지요? 아직 코드의 폼이 익숙하지 않아서 그렇지 내용은 정말 간단합니다.
코드 이름을 불러가며 한 칸씩 올라가서 12프렛까지 잡아보세요.

이번에는 A 폼에서 출발하는 코드입니다.

B♭ 

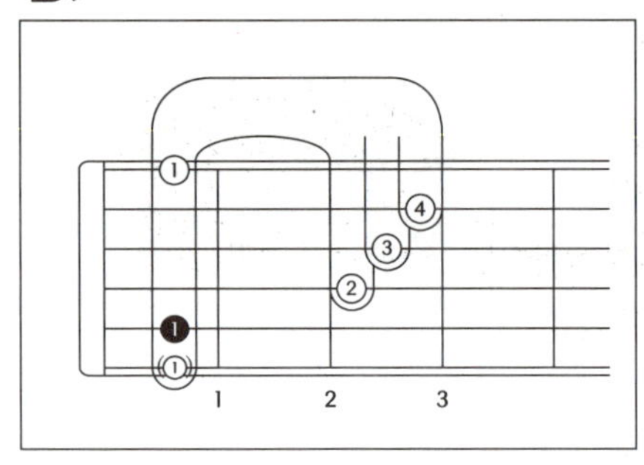

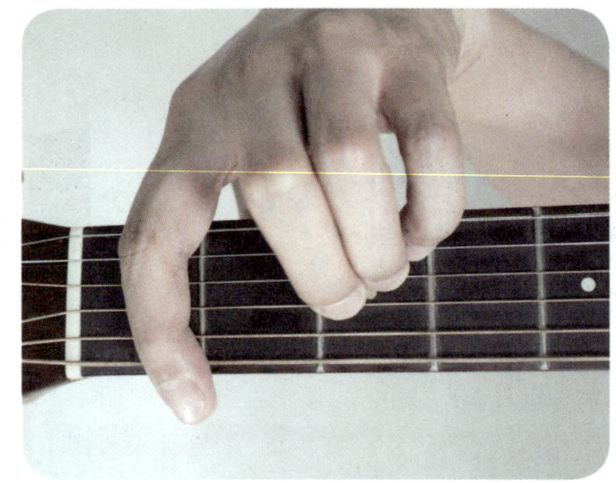

B♭ → B → C(시~도 반음!!)
→ C#(D♭) → D…

우리가 알고 있는 Am, A7 폼으로도 출발해볼까요?

B♭m

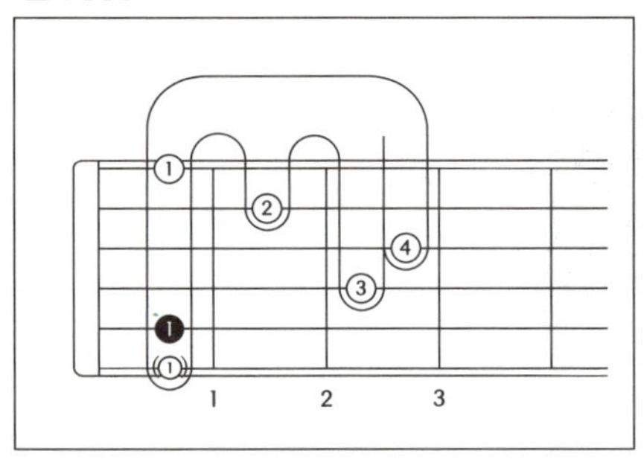

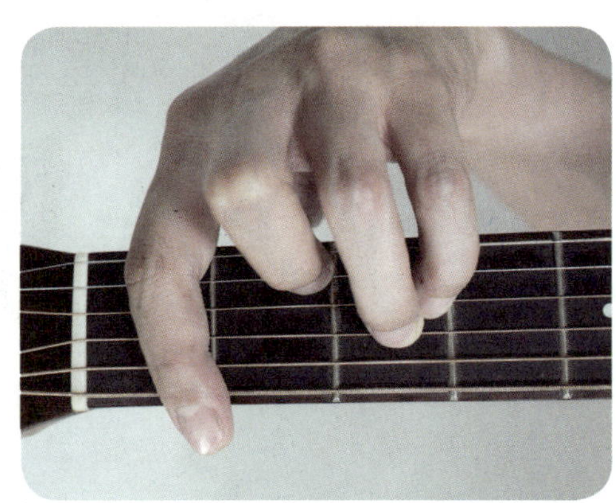

B♭m → Bm → Cm →
C#m → Dm…

자 이제 다 왔습니다. 힘냅시다~~!! ^^

B♭7

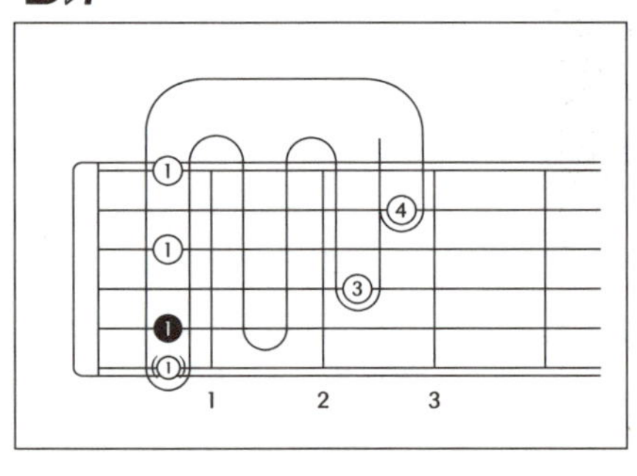

B♭7 → B7 → C7 →
C#7 → D7…

Q1) 코드 그림을 보지 않고 C#m를 잡아 봅시다.

A) 우선 근음인 C#만을 생각해보세요.

1. 이 코드를 E에서 출발할 것인지, A에서 출발할 것인지를 결정해야
   합니다. C#이면 E에서 올라가는 것보다 A에서부터 올라가는 것이
   훨씬 가깝죠?

2. 그 다음 코드의 폼을 생각합니다.
   A에서 출발한 마이너 모양이니까
   코드의 폼은 당연히 사진과 같이 되겠네요.

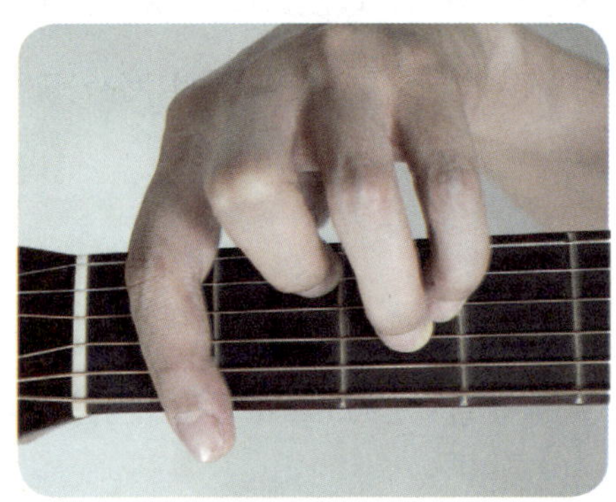

3. 몇 번째 프렛까지 올라가야 하는지 세어볼까요?
   천천히 세봅시다.
   Am → B♭m → Bm → Cm(시~도 반음) → C#m
   4프렛까지 올라가서 사진의 폼과 같이 잡아주면 바로 C#m가 되겠군요.

C#m

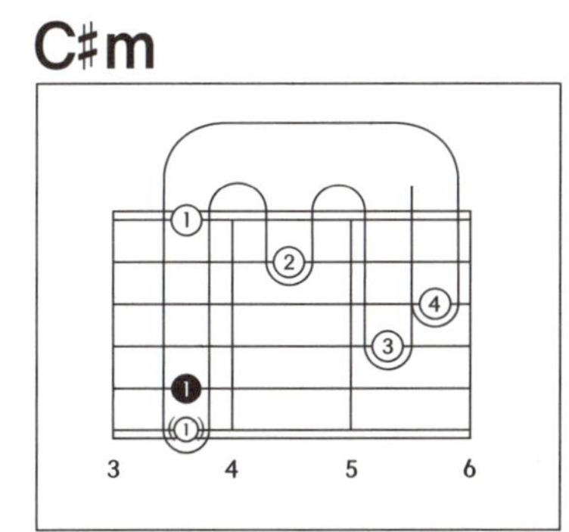

Q2) 이번에는 G#m를 잡아봅시다.

A) 위와 같은 요령으로 근음인 G#을 생각합니다.

1. A에서 출발? E에서 출발?
   잘 모르겠다면 단순하게 A, B, C~ 순으로 세어 보세요.
   누가 더 가까운가요?
   네, 맞습니다. E에서 출발하는 코드가 되겠네요.

2. E에서 출발한 마이너 폼이니까
   코드의 폼은 사진과 같겠네요.
   이해되시죠?

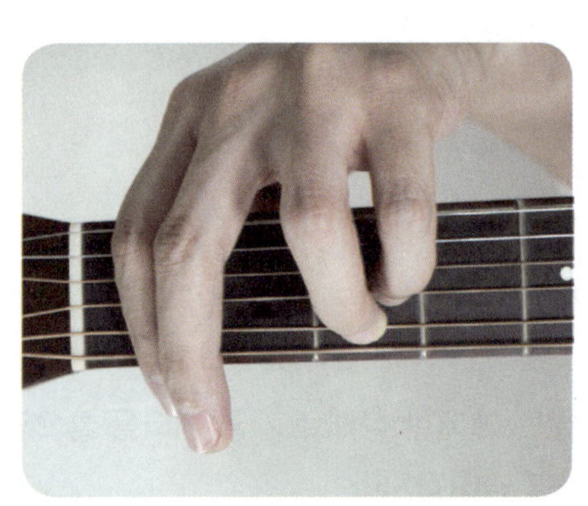

3. 몇 프렛까지 올라가야 하나요? 반음에 주의해서 세어보세요.
   Em → Fm(미~파 반음) → F#m → Gm → G#m
   이렇게 4칸을 올라가서 잡아주면 되니까
   정답은 오른쪽 그림과 같이 되겠군요.

G#m

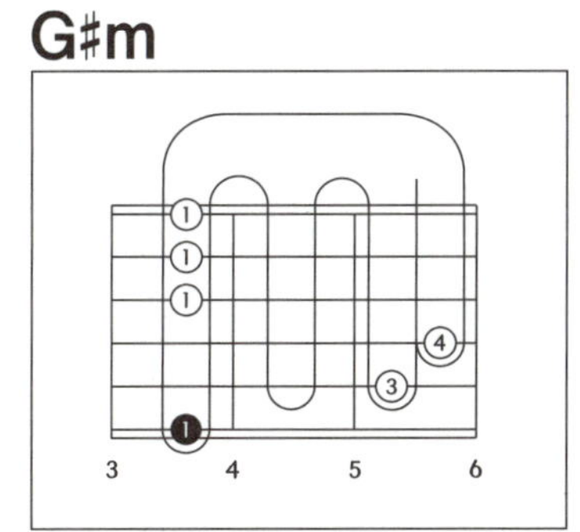

Q3) 다같이 C7을 잡아봅시다.

A) 이미 알고 있는 코드를 하이 코드로 잡아보면 또 다른 느낌이 있습니다.

1. 이제는 째려만 봐도 알겠다구요? 좋습니다. A에서 출발하는 코드네요.

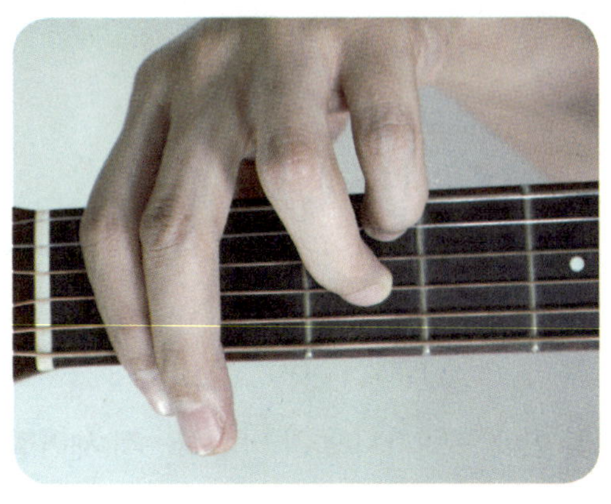

2. A에서 출발한 7th 코드의 모양은 오른쪽 사진의 폼이겠지요.

3. 늘 우리를 괴롭히는 반음에 유의해서 몇 번째 프렛까지
   올라가야 하는지 생각해보겠습니다.

   A7 → B♭7 → B7 → C7
   이렇게 세 칸을 올라가서 잡아주면 되겠네요.
   기본 코드 C7 폼과 소리를 비교해보세요.
   같나요?^^

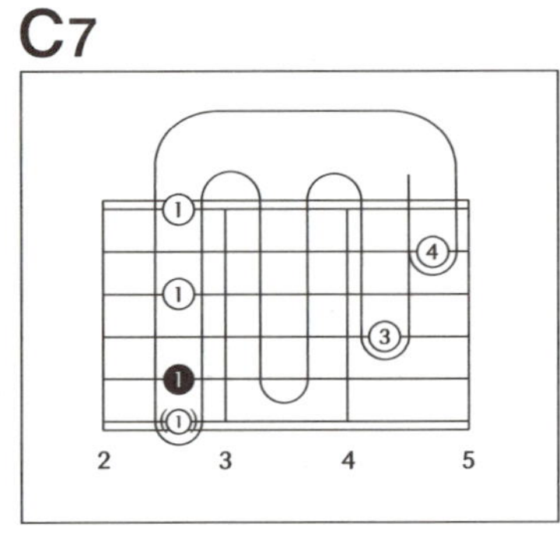

우리가 알고 있던 기본 코드들을 이와 같은 요령으로 하이 코드로 다시 찾아보면 하이 코드의 개념을 이해하는데 많은 도움이
됩니다.
알듯 말듯 애매한 상태로 지금 기타를 놓으면 다음에 또 새로 시작하는 기분이 되니까 지금 머리가 복잡하더라도 확실하게
이해하고 넘어갑시다.
더도 말고 딱! 한 시간만 코드 찾기 놀이를 해보세요.

한 시간만~~!! 여러분을 믿습니다. 꾸벅~~

이 교재의 내용들 가운데 가장 난이도가 높은 별 다섯 개짜리 내용이었습니다.
아직은 소리가 깨끗하게 나지 않는 것이 정상이니까 너무 급하게 생각지 마시고 이 내용들을 반복해서 살펴보며
하이 코드의 개념을 이해하시기 바랍니다.
다시 한 번 강조하겠습니다.
깨끗한 소리를 내는 것보다 먼저 이해하는 것이 중요합니다.

이번 주의 연습곡은 한 곡을 끝까지 연주하는데 시간도 많이 걸리고 중간 중간에 본의 아니게 쉬는 시간(?)도
많이 생길 거예요.
하지만 에릭 클랩튼 아저씨도 이 과정에서는 여러분과 마찬가지였을 겁니다.
더디더라도 끝까지 간다는 거북이 정신으로 반복, 또 반복하다 보면 소리도 깨끗하게 나고 코드 체인지도
자연스럽게 됩니다.

그 과정을 우리는 **연습**이라고 합니다.

기타의 소리가 깨끗하게 나지 않는 것은 다음 세 가지 이유 때문입니다.

1. 손가락 끝에 힘을 주어 기타줄을 힘껏 눌러주면 깨끗한 소리가 나지만 오른쪽 사진과 같이 기타줄이 지판에 닿지 않을
   정도로 살짝 눌러주면 지저분한 소리가 납니다.

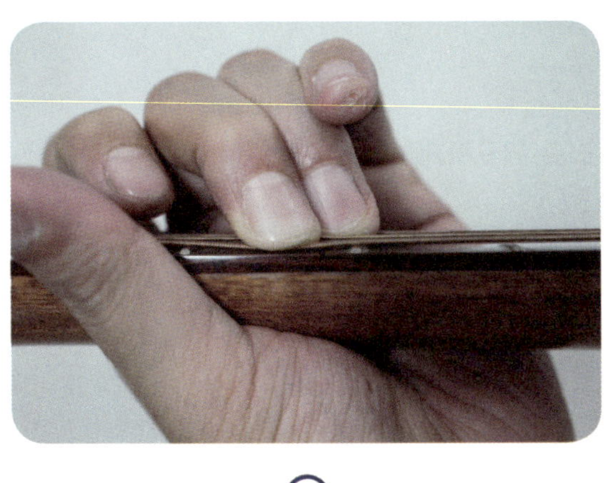

○

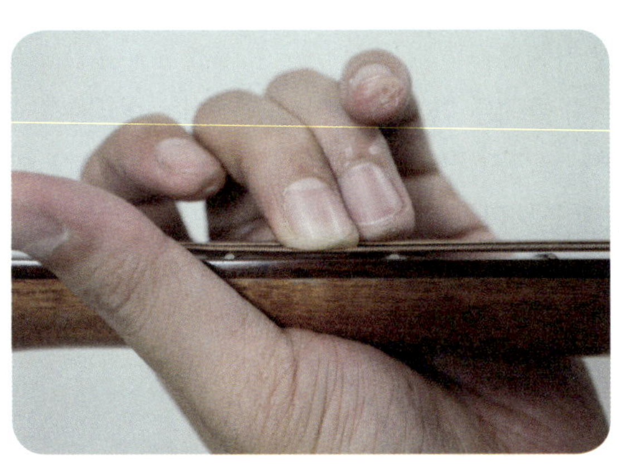

×

2. 손가락과 기타줄이 최대한 직각이 되도록 눌러주면 깔끔한 소리가 나지만 오른쪽 사진처럼 손가락이 다른 줄을 건드리면
   당연히 지저분한 소리가 나겠죠? ^^

○

×

3. 프렛의 바로 앞쪽을 눌러주면 잡음 없는 깨끗한 소리를 낼 수 있습니다.
   기타줄을 직각으로 세게 누른다고 해도 오른쪽 사진처럼 프렛의 먼 곳을 누르면 지저분한 소리가 나게 됩니다.

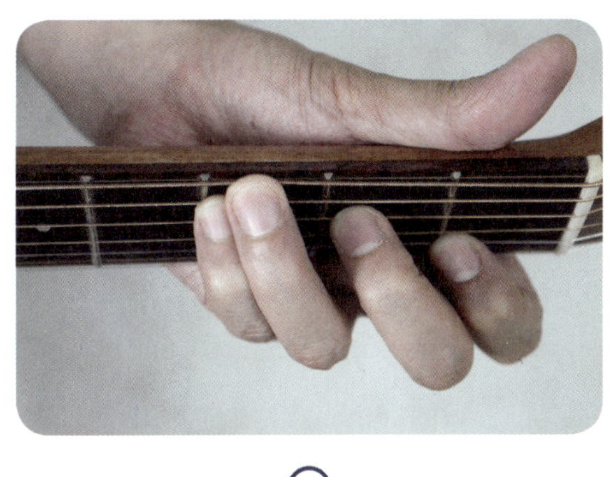

○

×

이 세 가지를 항상 염두에 두고 언제나 깨끗한 소리로
깔끔한 연주 하시기 바랍니다.

사랑으로

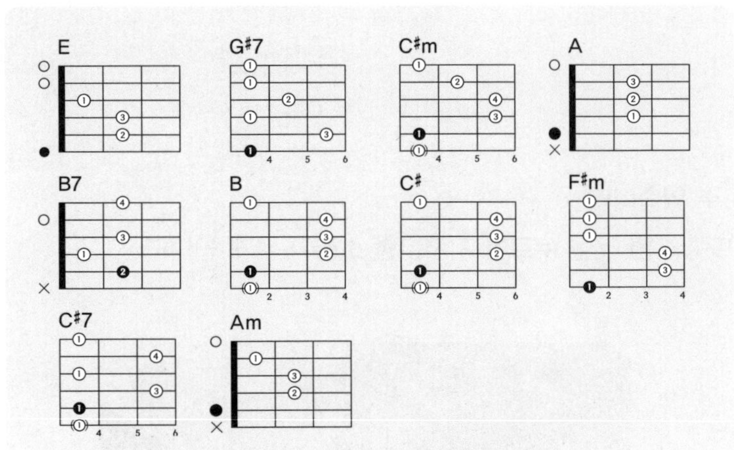

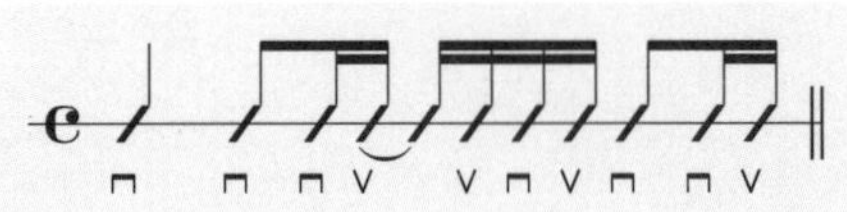

이주호 작사 · 작곡

C# F#m B7 E
나 솔잎 – 하나 떨 어 지 면 눈 물 따 라 흐르 고 우리
ㅁ ㅁ ㅁ V V ㅁ V ㅁ ㅁ V

E G#7 C#m A B E
타 는 가 – 슴 – 가 슴 마 다 햇 살 은 다 시 떠 오 르 네 아 –
ㅁ ㅁ ㅁ V V ㅁ V ㅁ ㅁ V ㅁ ㅁ ㅁ V ㅁ ㅁ ㅁ V ㅁ ㅁ ㅁ V V ㅁ V ㅁ ㅁ V

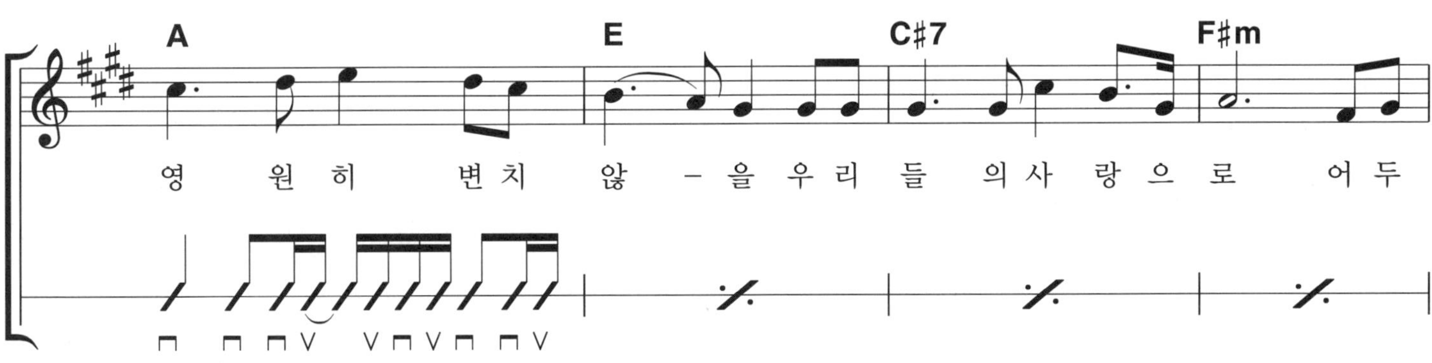

A E C#7 F#m
영 원 히 변 치 않 –을 우 리 들 의 사 랑 으 로 어 두
ㅁ ㅁ ㅁ V V ㅁ V ㅁ ㅁ V

A Am E B E
운 곳 에 손 을 내 밀 어 밝 혀 주 리 – – 라 –
ㅁ ㅁ ㅁ V ㅁ ㅁ ㅁ V ㅁ ㅁ ㅁ V V ㅁ V ㅁ ㅁ V ㅁ

나는 나비

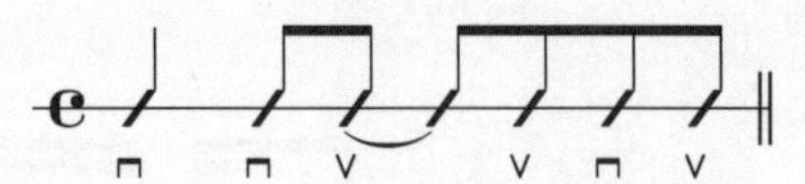

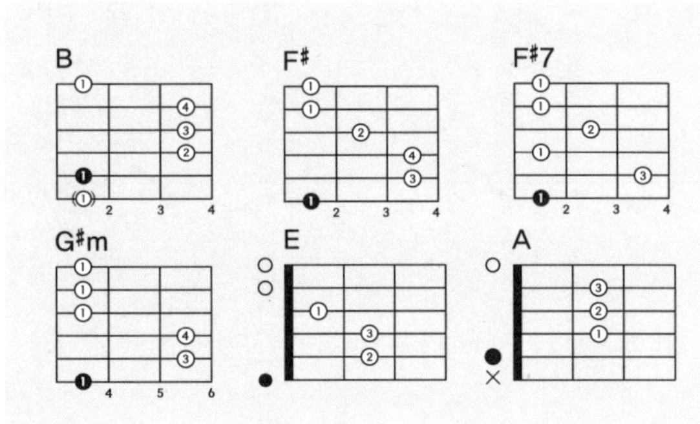

박태희 작사 · 작곡

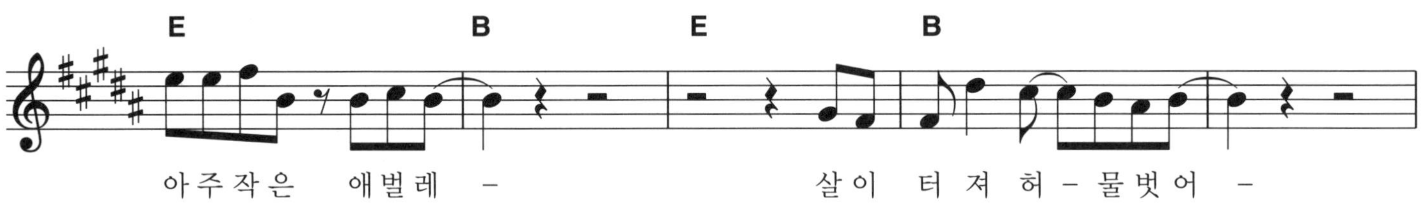

B   F#   G#m   E
를 활짝 펴고 -   세 상 을 자 - 유 롭 - 게 날 거 야   노 래

B   A   G#m   E   B
하 며 춤 추 는 -   나 는 아 름 다 운 나 비 - 날 개 를 활 짝 펴 고

F#   G#m   E   B
-   세 상 을 자 - 유 롭 - 게 날 거 야   노 래 하 며 춤 추 는

A   1. G#m   E   B   F#   G#m   E
-   나 는 아 름 다 운 나 비 - 워 우 워 우 - - -   워 우

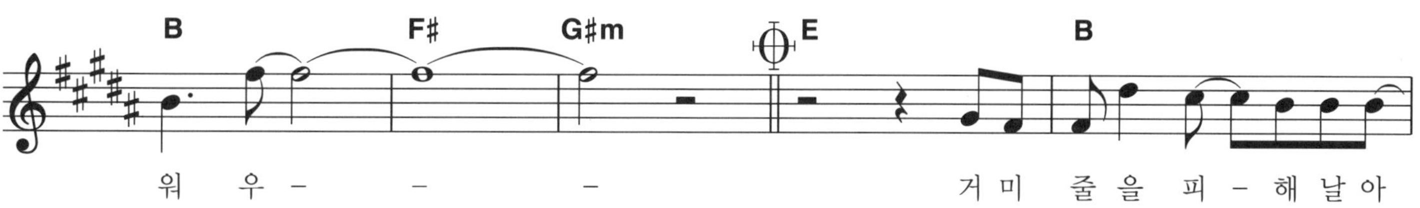
B   F#   G#m   E   B
워 우 - - -   거 미 줄 을 피 - 해 날 아

B   F#   G#m
-   꽃 을 찾 아 - 날 아 -   사 마 귀 를 피 - 해 날 아 -

F#   G#m   E   B
꽃 을 찾 아 - 날 아 -   꽃 들 - 의 사 랑 을 전 하 - 는 - 나 - 비   날 개

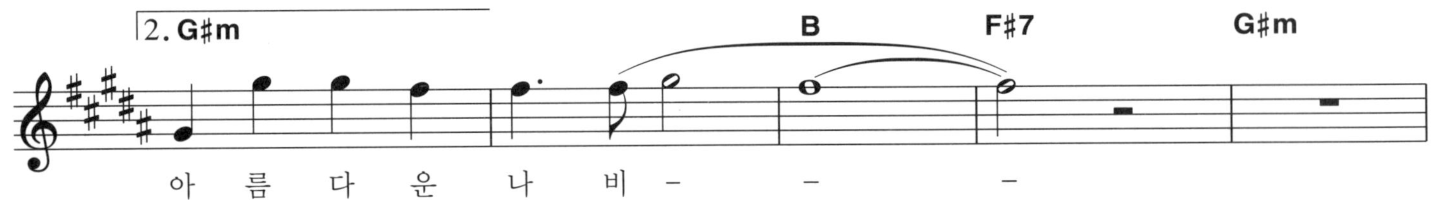
2. G#m
B
F#7
G#m
아 름 다 운 나 비 - - -

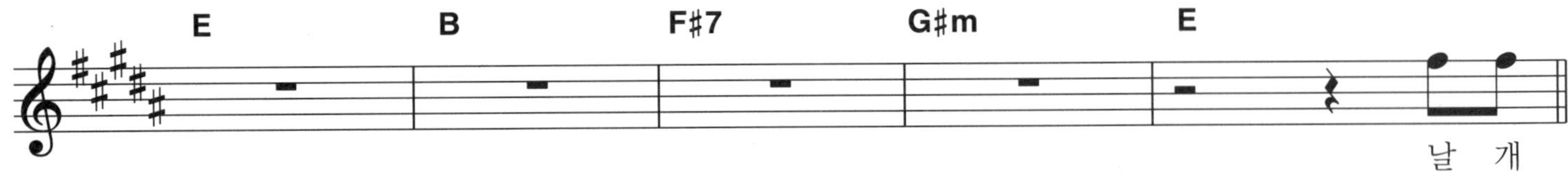
E
B
F#7
G#m
E
날 개
D.S. al Coda

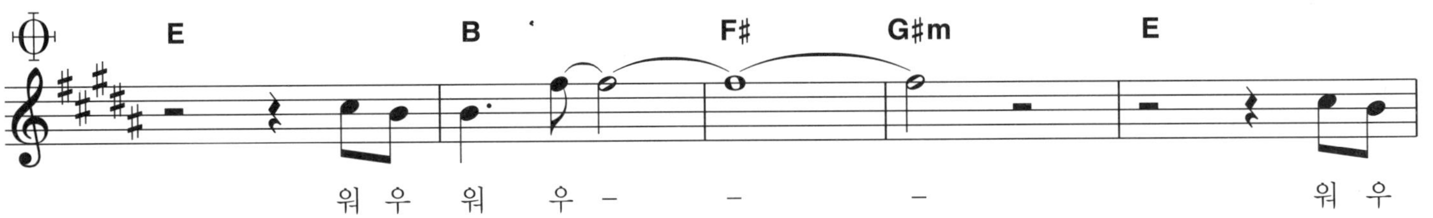
E
B
F#
G#m
E
워 우 워 우 - - -
워 우

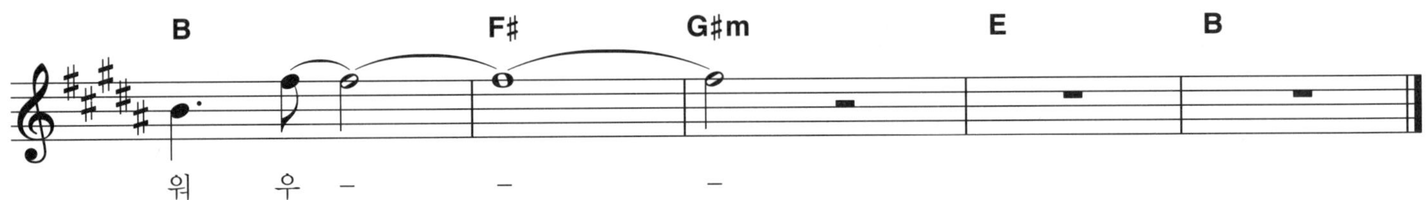
B
F#
G#m
E
B
워 우 - - -

아르페지오 입문

7주

코드의 주인 찾기

아르페지오의 준비 자세

슬로우 고고 아르페지오

내가 만일

내 사랑 내 곁에

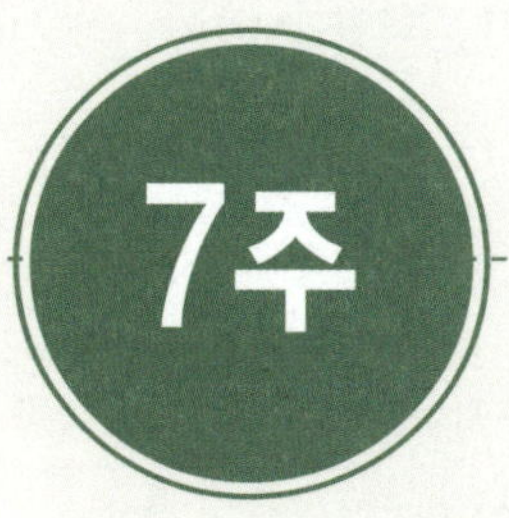

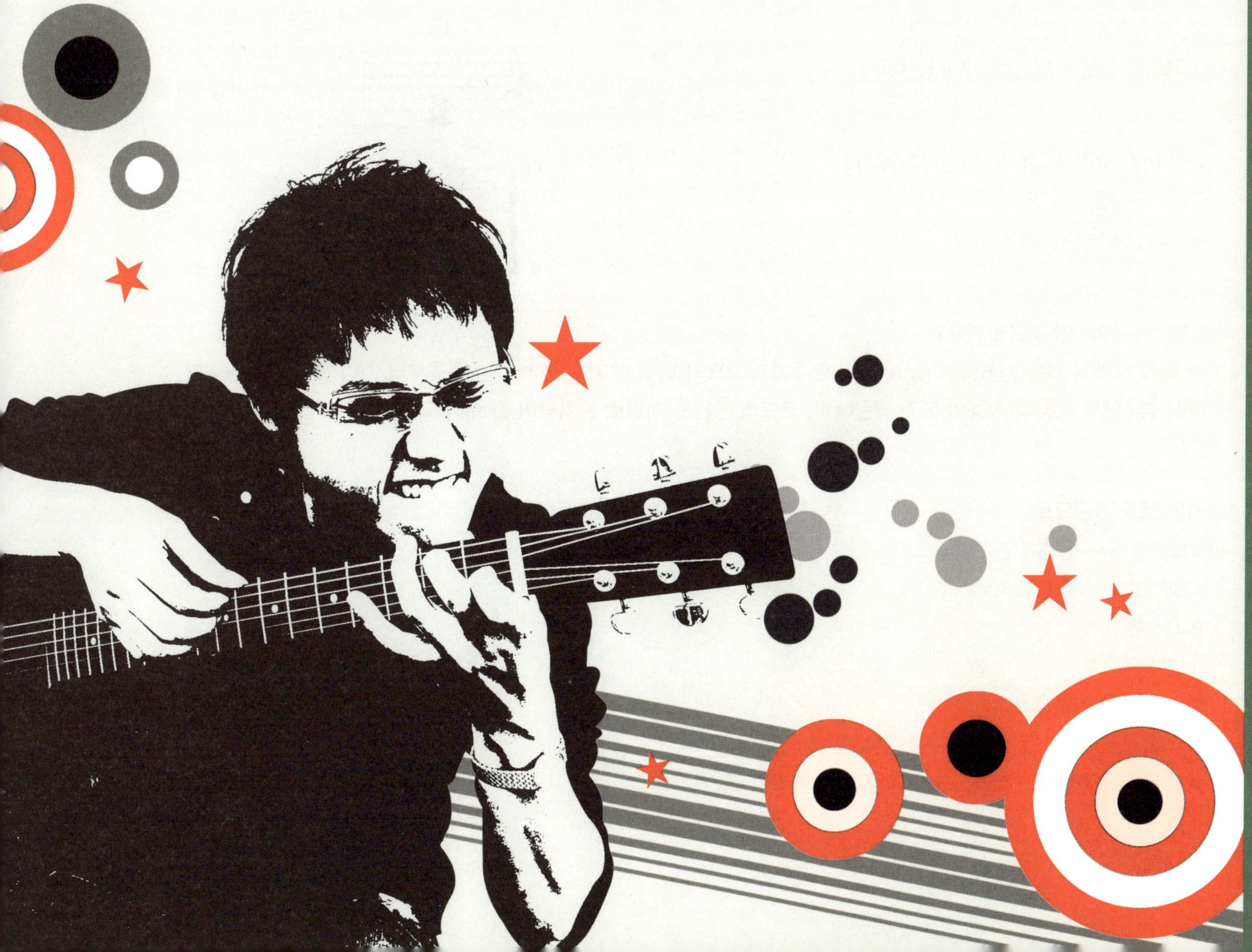

반갑습니다.
지난주에 많은 분량을 소화하느라 지치셨나요?
당장은 프로 연주자와 같은 느낌이 나지는 않겠지만, 지금은 이해하는 것이 중요합니다.
머리로 이해한 내용을 자꾸 손으로 표현하는 것 또한 중요합니다.
그 과정이 바로 초보 탈출을 위한 '연습'이라고 했습니다.
지금까지 열심히 연습한 내용을 재료 삼아 이제부터는 멋진 완성품을 만들어보겠습니다.
다 같이 힘내서 열심히 달려봅시다.

모든 코드에는 주인이 되는 음이 있습니다.
어떤 음 위에 음정을 쌓고 그 위에 또 하나의 음정을 쌓아 올려서 3개 이상의 음이 쌓인 것을 코드라고 부른다고 했지요?
그 '어떤 음'이 바로 그 코드의 주인이 되는 음이며 음악 용어로는 **근음(Root)**이라고 합니다.

즉, C 코드의 근음은 C, '도'이며
D 코드의 근음은 D, '레'입니다. 쉽죠?

뒤에 어떤 꼬리가 붙어도 마찬가지입니다.
G7의 근음은 G, '솔'이며
Am의 근음은 A, '라'입니다.

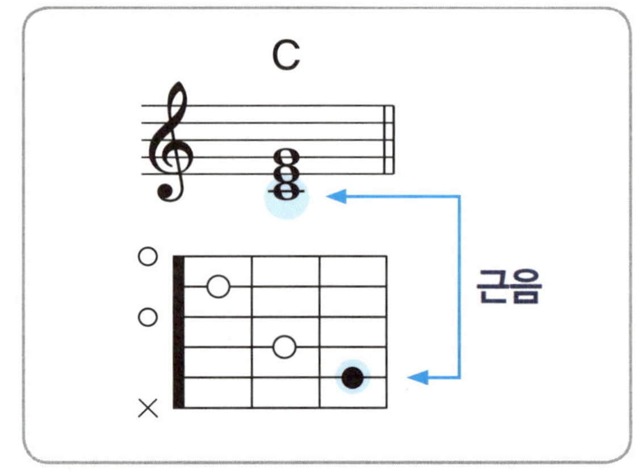

그런데 근음이 왜 중요할까요?
한 줄씩 골라서 치는 핑거링(Fingering) 연주에서 코드가 바뀔 때마다 첫 박자는 근음부터 쳐야 하기 때문입니다.
어떤 경우에도 똑같이 적용이 되기 때문에 각 코드의 근음은 저절로 손가락이 갈 수 있도록 익혀둬야 합니다.

기본 코드 기준으로

■ 6번 줄 ⟶ G , E
■ 5번 줄 ⟶ C , A
■ 4번 줄 ⟶ D

하이 코드를 기준으로

■ A 폼으로 출발하는 코드 ⟶ 묻지 말고 5번 줄
■ E 폼으로 출발하는 코드 ⟶ 따지지 말고 6번 줄

이제부터는 흔히 뜯는 주법이라고 말하는 **아르페지오(Arpeggio)** 주법에 대해서 함께 연구해보도록 하겠습니다.
먼저 오른손의 자세를 볼까요?

오른손가락과 기타줄은 최대한 직각이 되도록 합니다.

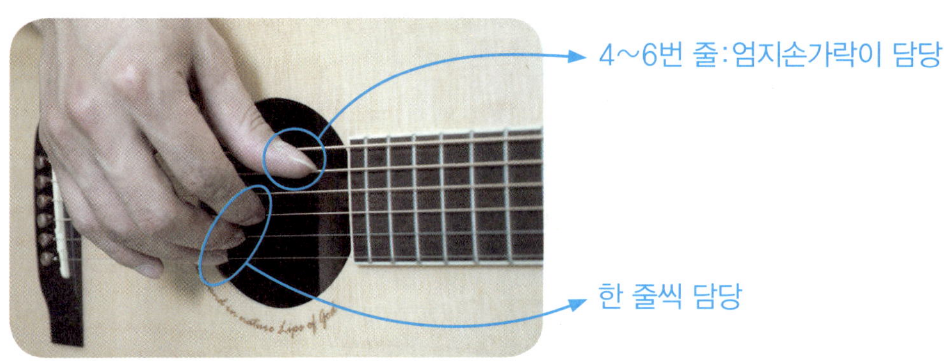

근음이 되는 4, 5, 6번 줄은 모두 엄지손가락이 책임집니다.
1, 2, 3번 줄은 한 줄당 손가락 하나씩 담당합니다.

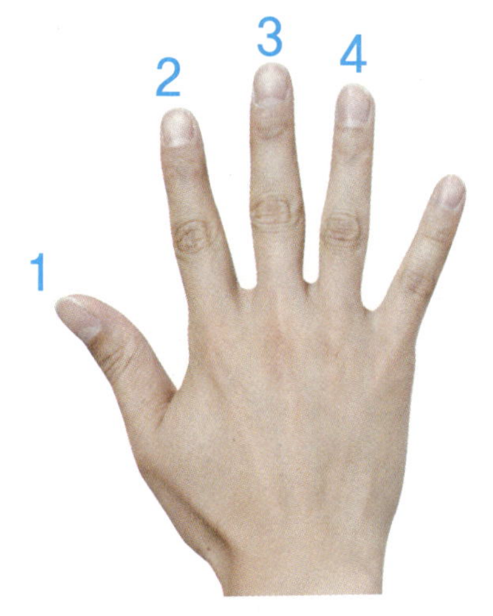

보통 엄지를 T(Thumb), 검지를 i(Index), 중지를 m(Middle),
약지를 r(Ring)로 표기하지만 그조차도 헛갈릴 수 있으니 우리는
그냥 쉽게 1, 2, 3, 4번 손가락으로 생각하겠습니다.
단순한 게 최고죠~^^

숨 한 번 고르시고, 이제 준비가 되었으니 본격적인 연습입니다.

아르페지오 주법 중에서 가장 먼저 배울 주법은 이미 익숙해진 슬로우 고고입니다.

모든 아르페지오 주법에 적용되는 공통 사항을 다시 한 번 강조하겠습니다.
돌다리도 두드려보고 건너는 심정으로 한 번만 더 확인합시다.

코드가 바뀔 때마다 첫 박은 무조건 근음을 쳐줍니다.

기본 코드 기준으로　　■6번 줄 ⟶ G , E

　　　　　　　　　　　　■5번 줄 ⟶ C , A

　　　　　　　　　　　　■4번 줄 ⟶ D

하이 코드와 뒤에 꼬리가 붙은 코드들도 마찬가지로 적용됩니다.

예를 들어 기본 코드 A, Am, A7 모두 근음은 5번 줄이지만 하이 코드로 잡는 A 코드는 E 폼으로 출발한 코드이므로
근음은 6번 줄입니다.
이해되시죠? 정말? ^^

솔직히 잘 모르겠다면 코드의 주인 찾기부터 천천히 읽어보세요.
간단하지만 중요한 내용이므로 확실히 이해하는 것이 중요합니다.

이해했다면 다음으로 Pass~

리듬에 따른 줄과 손가락 번호는 다음과 같습니다.
우선 C 코드를 잡고,

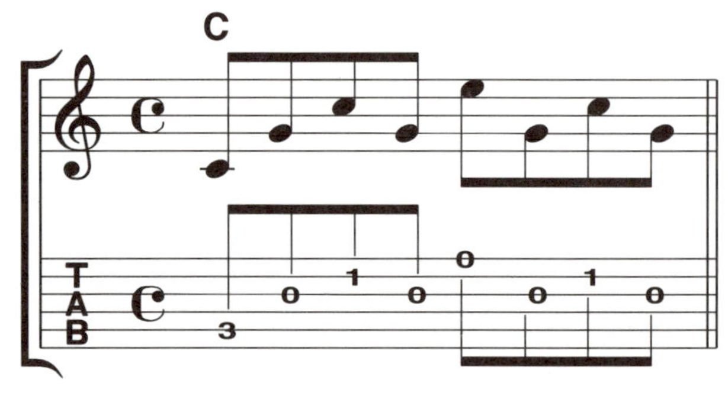

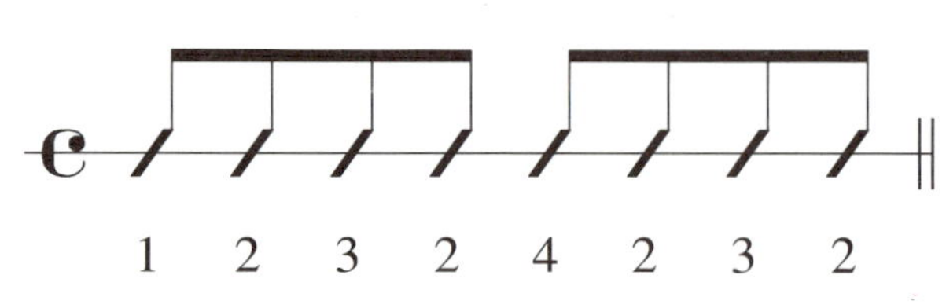

쳐주는 줄의 번호는 　**5** - 3 - 2 - 3 - 1 - 3 - 2 - 3

그에 따른 손가락 번호는 　**1** - 2 - 3 - 2 - 4 - 2 - 3 - 2 　가 됩니다.

106

복잡해 보이지만 2, 3, 4번 손가락은 쳐주는 줄이 정해져 있기 때문에 1번 엄지손가락의 줄 번호만 주의하면 됩니다.

	기본 코드	하이 코드
6번 줄	G, E	E로 출발하는 코드(F, F♯, …)
5번 줄	C, A	A로 출발하는 코드(B♭, B, …)
4번 줄	D	×

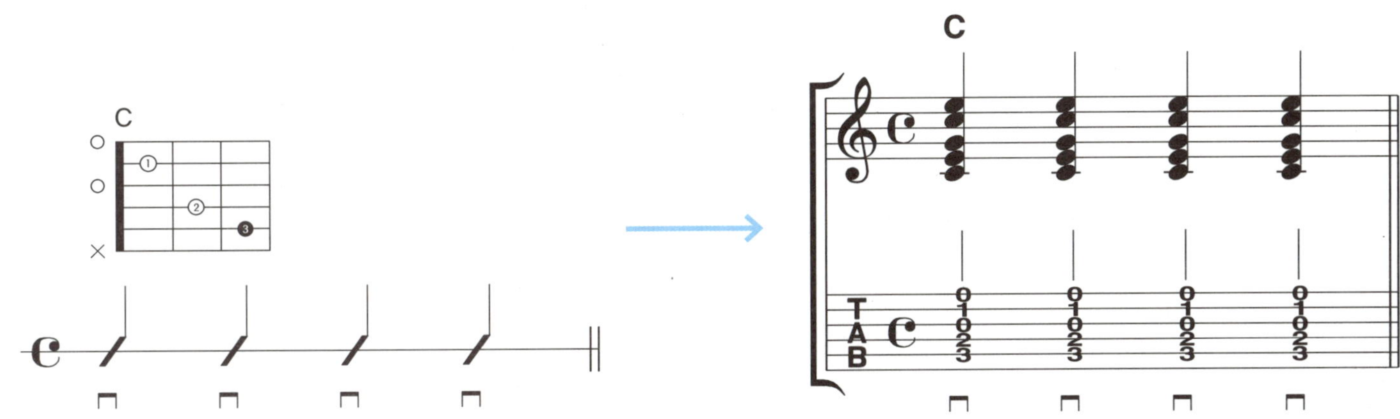

기타를 연습하는데 타브 악보를 적당히 잘 활용하면 다양한 테크닉을 익히는데 아주 요긴하답니다.

5번 줄의 3프렛, 3번 줄의 0프렛, … 타브 악보의 숫자대로 잡아보니 결국 C 코드를 잡고 치라는 얘기네요.

책상에 오른손을 대보세요.

번호에 맞춰 해당 손가락으로 책상을 쳐보면서 입으로 열 번만 읽어봅시다.

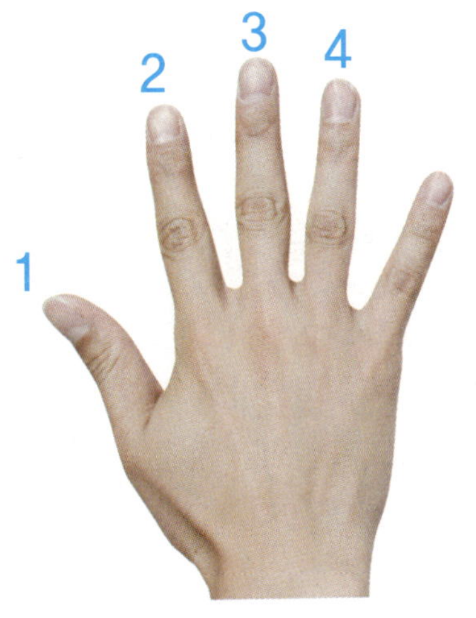

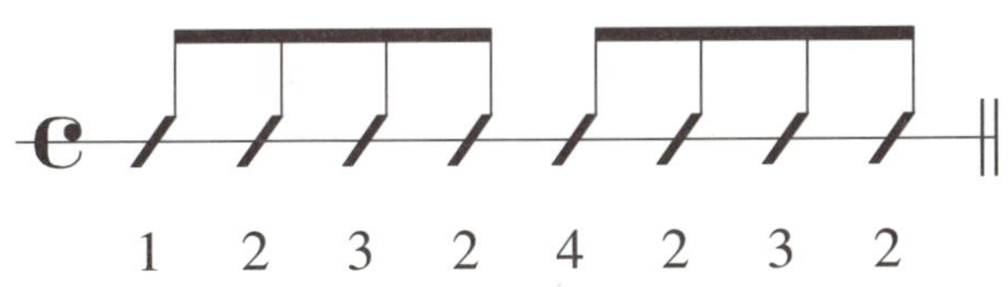

이번에는 기타로 기본 패턴 진행을 반복해서 쳐봅시다.

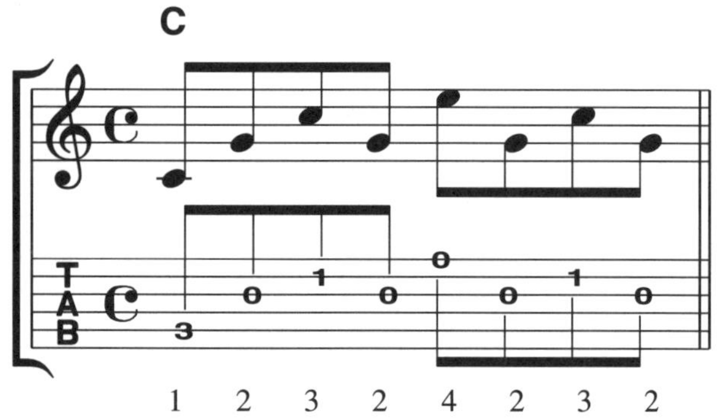

이번에는 코드의 진행을 연습해볼까요?
바뀌는 코드의 근음에 유의해서 다음 진행을 연주해봅시다.

J에게

이세건 작사 · 작곡

여기서 문제!!

◆ 아르페지오로 연주할 때 한 마디 안에 코드가 두 개 들어있으면 어떻게 연주할까요?

1. 코드가 바뀌어도 주법은 가던 길을 간다.

2. 코드가 바뀌면 주법은 처음부터 시작한다.

3. 그 날의 날씨와 기분에 따라 다르다.

 코드가 바뀌면 주법은 처음부터 시작한다!

이 규칙은 스트로크뿐 아니라 아르페지오에도 언제나, 항상, 똑같이 적용됩니다.

그럼 아래의 연습을 해봅시다.

당신은 사랑받기 위해

이민섭 작사 · 작곡

이제 오늘 배운 내용들을 생각하며 연습곡을 통해 아르페지오 연습을 해보겠습니다.

내가 만일

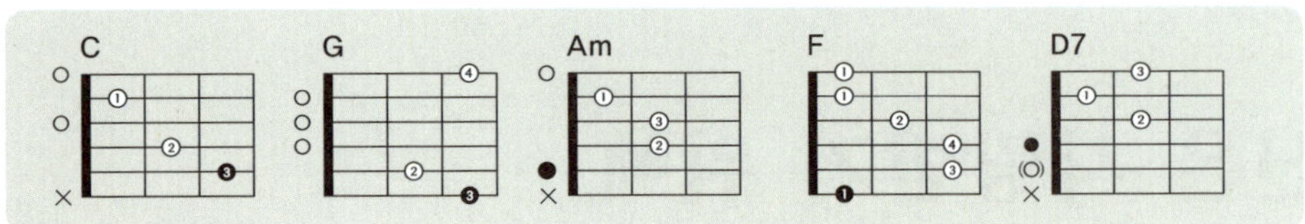

김범수 작사 · 작곡

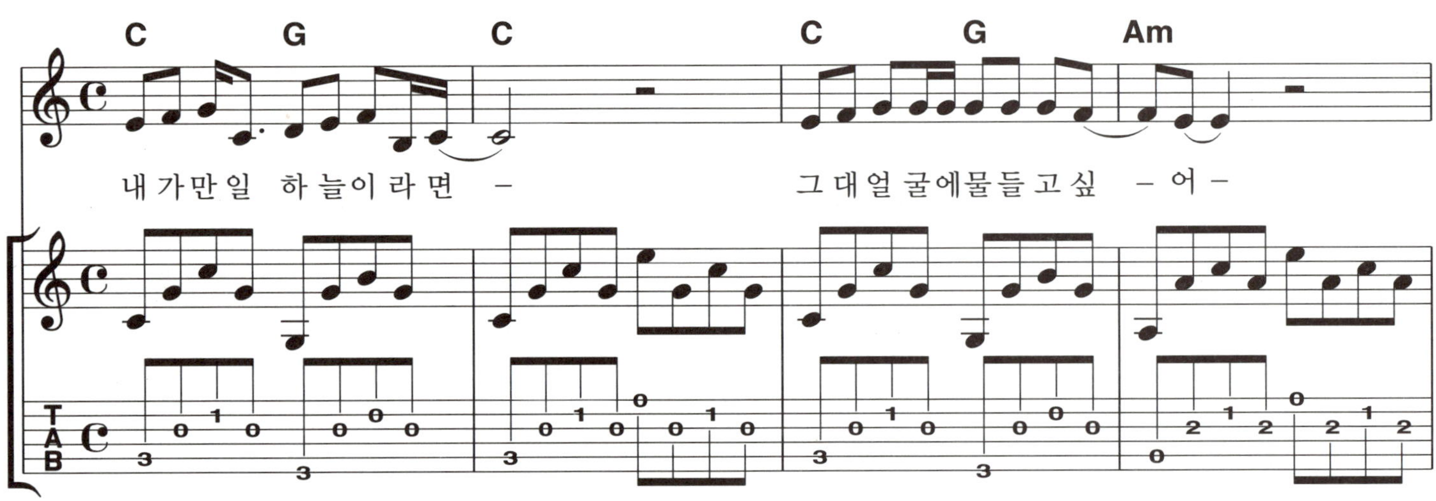

C G C C G Am
내가 만일 시인 이라면 –   그댈 위해 노래 하겠   어

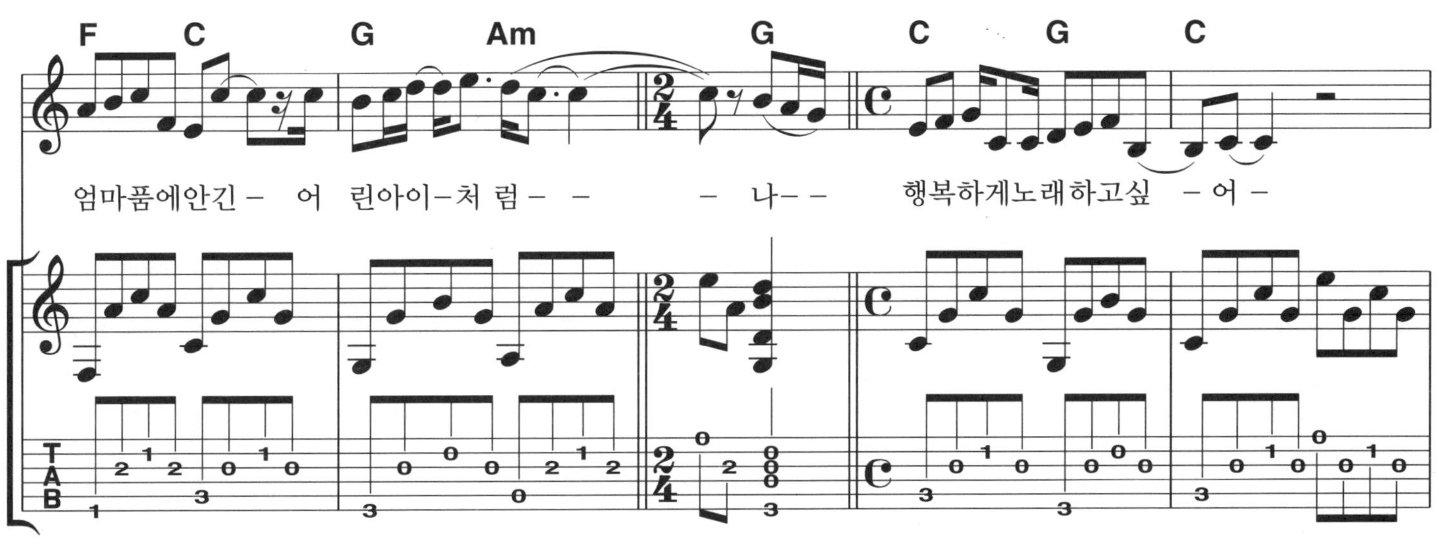

F C G Am G C G C
엄마품에안긴 – 어 린아이–처 럼 – –   – 나– –   행복하게노래하고싶   – 어 –

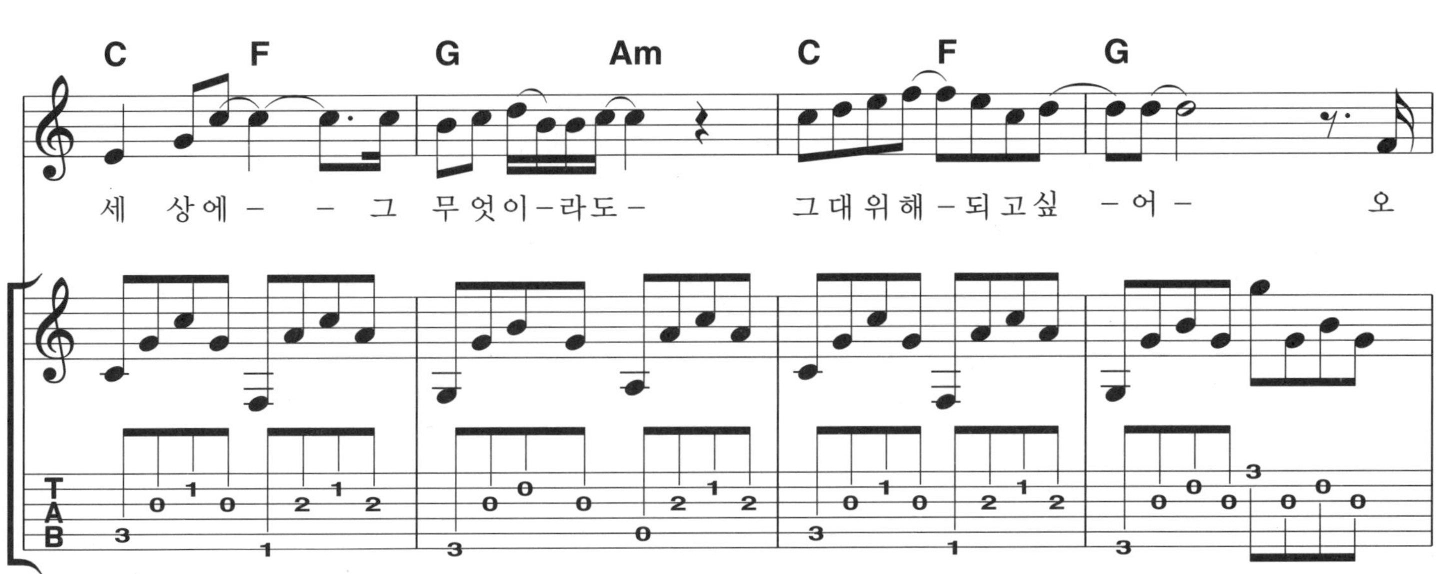

C F G Am C F G
세 상에– – 그 무엇이–라도–   그대 위해 –되고싶   – 어 –   오

C F G Am F C G
늘 처럼 - 우리 함께있 - 음 이 - 내겐 얼마나 - 큰기쁨 인 - 지 - 사랑

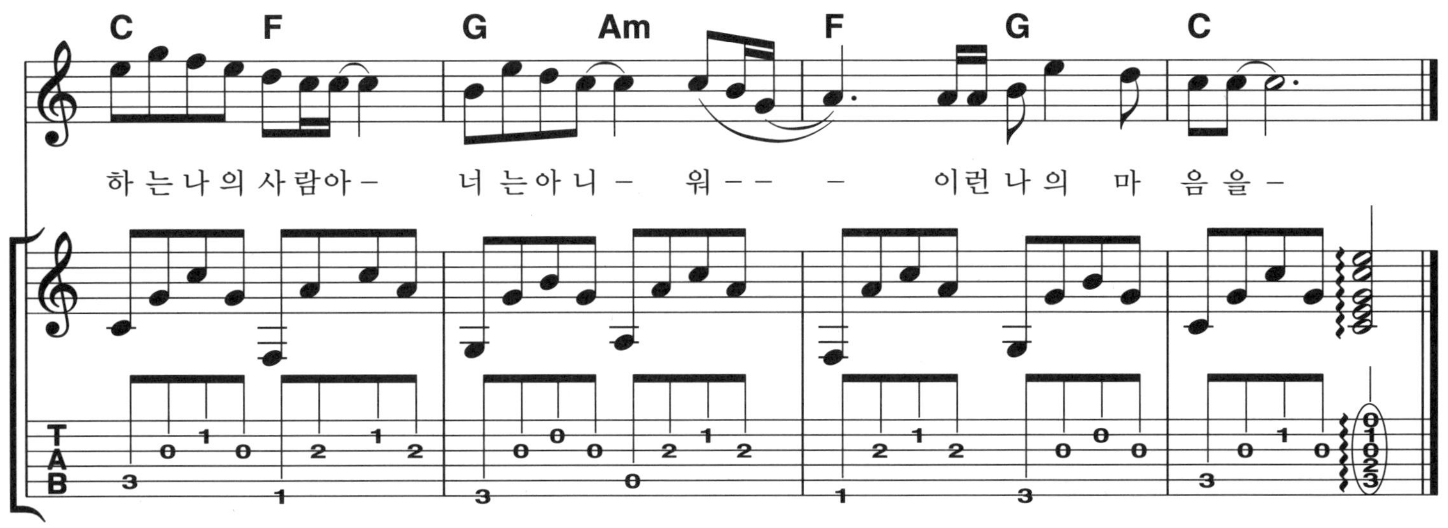

C F G Am F G C
하 는나의사람아 - 너 는아니 - 워 - - - 이런나의 마 음을 -

내 사랑 내 곁에

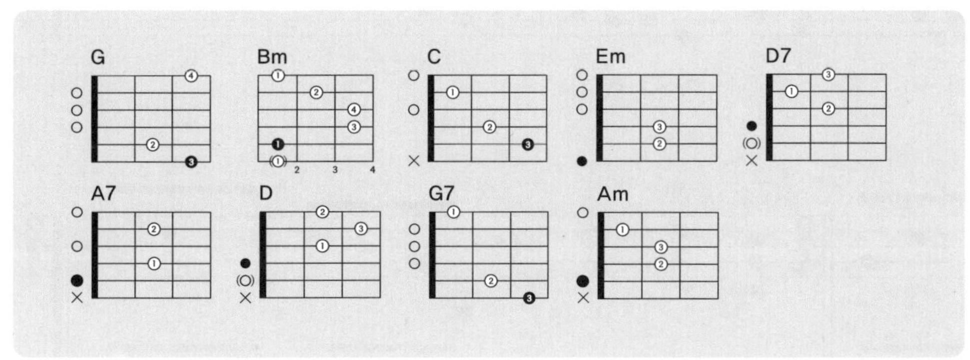

오태호 작사 · 작곡

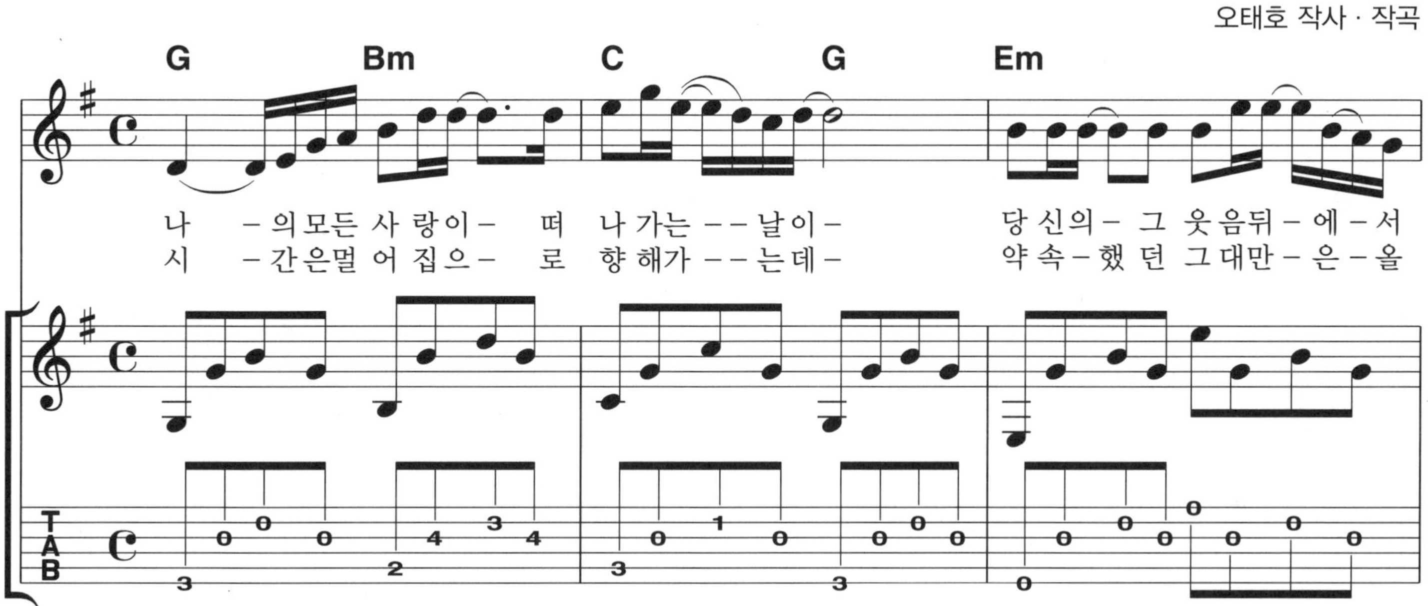

당 신 이 - 있는건아 닌지 -
왜 그 리 - 도 - - 낮 설 고 -
아 니겠지 요
멀 기만한 - 지 - 저 여린가 지사 이로 - 혼 자 인날 - 느낄때 이렇
게아픈 - 그대 기억이 - 날까 - - 내 사랑그대 - 내 곁 에있어줘 - 이

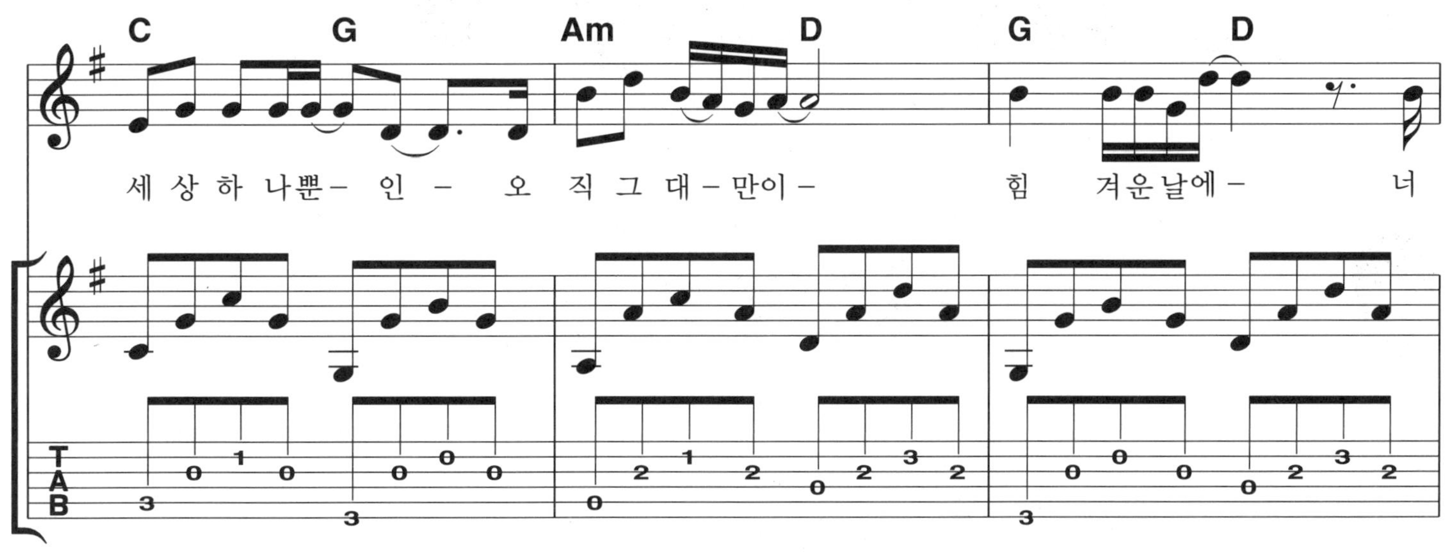

C G Am D G D
세 상 하 나뿐- 인 - 오 직 그 대-만이- 힘 겨운날에- 너

Em D C G D7 G
마 저 떠-나면- 비 틀 거-릴내가- 안길 곳은 -어디에-

Q) 내 친구는 왼손잡이인데 기타를 배울 수 있나요?

A) 물론 가능합니다.

두말할 필요 없이 유명한 비틀즈의 폴 매카트니와 전설의 기타리스트인 지미 헨드릭스는 모두 세계를 주름 잡은 왼손 기타리스트입니다.

하지만 아직 왼손잡이용 악기가 많이 부족한 것은 사실입니다. 왼손용 기타를 제작하기 위해서는 상현주와 브릿지, 그리고 바디 내부의 구조 등 모두가 반대로 제작되어야 하거든요.

이 교재의 사진이나 코드 다이어그램도 왼손잡이 분들을 위해서는 모두 좌우 반전을 해야 하는 아쉬움이 있네요...

이처럼 아직은 여러 가지 불편함이 있지만, 그만큼 더 열심히 연습한다면 누구보다 멋진 기타리스트가 될 수 있으리라 확신합니다.

Q) 기타를 보관할 때는 줄을 풀어 주는 것이 좋나요?

A) 악기는 온도와 습도의 환경에 따른 관리가 매우 중요합니다.

특히 우리나라의 여름과 겨울같이 온도와 습도가 정반대의 환경에 노출되는 경우에는 관리에 더욱 신경을 써줘야 합니다.

먼저 여름철에는 높은 온도와 습도, 그리고 스트링의 장력으로 인해 악기가 변형되기 쉽습니다. 기타를 보관할 때 모든 줄을 2~3바퀴 정도 풀어 주는 것이 좋습니다.

반대로 온도와 습도가 낮은 겨울철에는 줄을 풀어 주더라도 1~2바퀴 정도면 충분하며, 매일 연주한다면 굳이 풀어 주지 않아도 무방합니다.

내 몸처럼 소중하게 관리한 악기는 반드시 좋은 소리로 보답합니다.

악기의 관리 요령은 본 교재의 **부록 2** **소중한 나의 기타 관리법**에서 더 자세하게 설명 드리겠습니다.

아르페지오 정복하기

1 슬로우 록

지난 한 주도 잘 지내셨나요?
어느덧 여덟 번째 시간이네요. 이번 시간도 재미있게 달려봅시다.
오늘은 지난 시간에 이어 아르페지오 제 2탄!
'슬로우 록(Slow Rock)'이라는 리듬을 배워보겠습니다.

이 그림 기억나시죠?
이 중 셋잇단음표는 4분음표 하나를 삼등분한 음표입니다.
이 셋잇단음표만으로 이루어진 리듬을 **슬로우 록**이라고 합니다.
그 느낌이 익숙해질 수 있도록 먼저 입으로 반복해서 연습해보겠습니다.

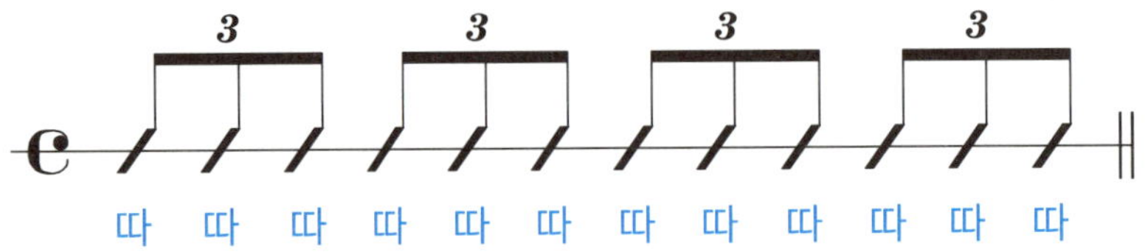

이번에는 익숙해진 타브 악보를 통해 기본 패턴을 익혀봅시다.
C 코드를 잡은 상태에서 아래의 아르페지오를 연습해봅시다.
왼손가락으로 기타줄을 힘 있게 잡아주어 깔끔한 소리가 날 수 있도록 합니다.

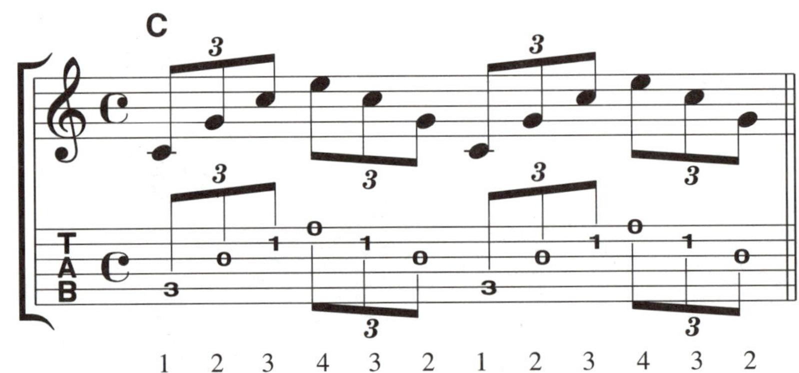

줄의 번호는(C의 경우) **5** – 3 – 2 – 1 – 2 – 3 – **5** – 3 – 2 – 1 – 2 – 3

그에 따른 손가락 번호는 **1** – 2 – 3 – 4 – 3 – 2 – **1** – 2 – 3 – 4 – 3 – 2 가 되겠네요.

예전에는 아래의 〈이루어질 수 없는 사랑〉이라는 곡으로 기타에 입문 하는 경우가 많았습니다.
슬로우 록의 기본 패턴에 충실하게 연주하되 각 코드마다 첫 박의 줄 번호만 주의하며 연주해봅시다.

이루어질 수 없는 사랑

김정신 작사 · 작곡

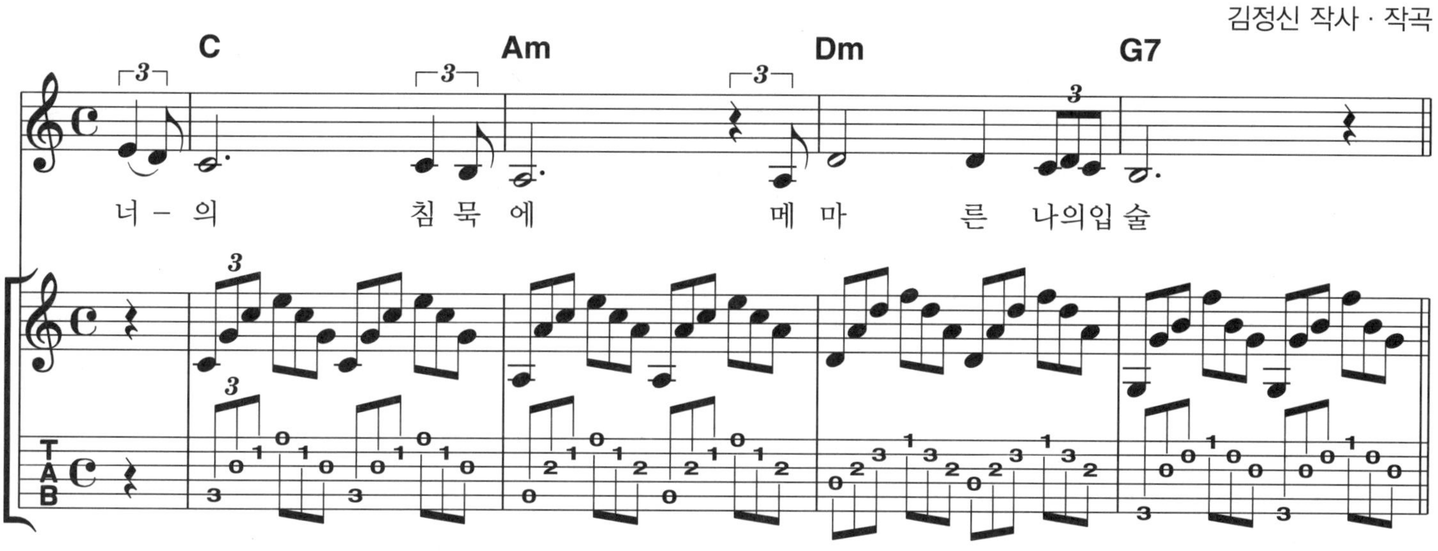

슬로우 록 주법은 한 마디 안에 같은 패턴이 두 번씩 반복되기 때문에 마디 중간에 코드가 바뀌는 경우에도 바뀐 코드의 첫 박
의 줄 번호만 주의해서 같은 패턴으로 연주하면 되겠네요.
그 연습입니다.

젊은 연인들

방희준 작사
민병무 작곡

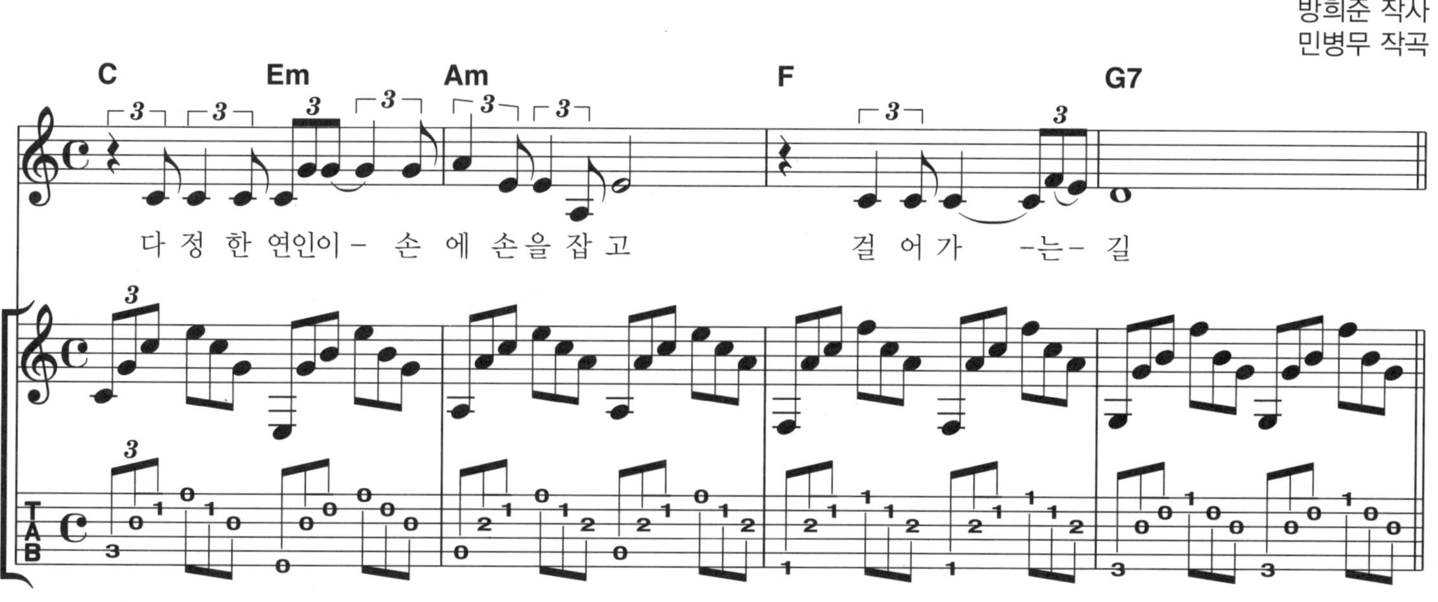

어렵지 않죠?
이제 준비가 되었으니 연습곡을 통해 본격적으로 슬로우 록 주법을 정복해봅시다.

사랑해

오경운 작사 · 작곡

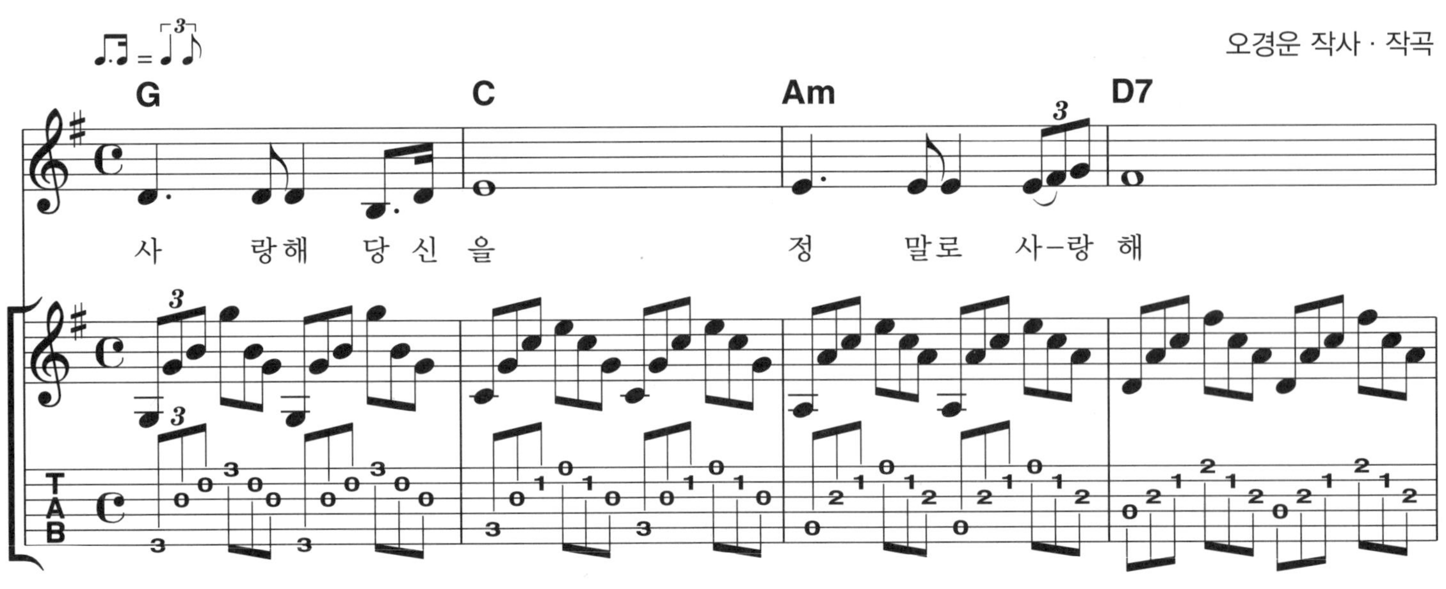

G   C   Am   D7
사 랑해 당신을   정 말로 사－랑 해

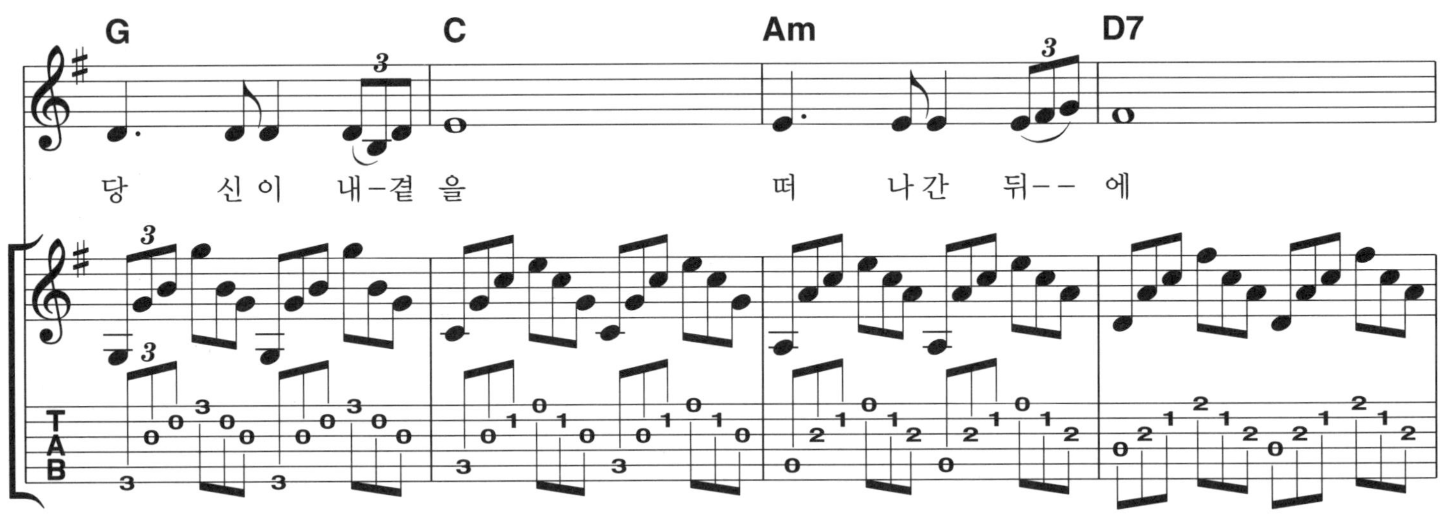

G   C   Am   D7
당 신이 내－곁을   떠 나간 뒤－－에

G   C   D7   G
얼 마나－－－ 눈 물－을 흘 렸 는지 모른다 오

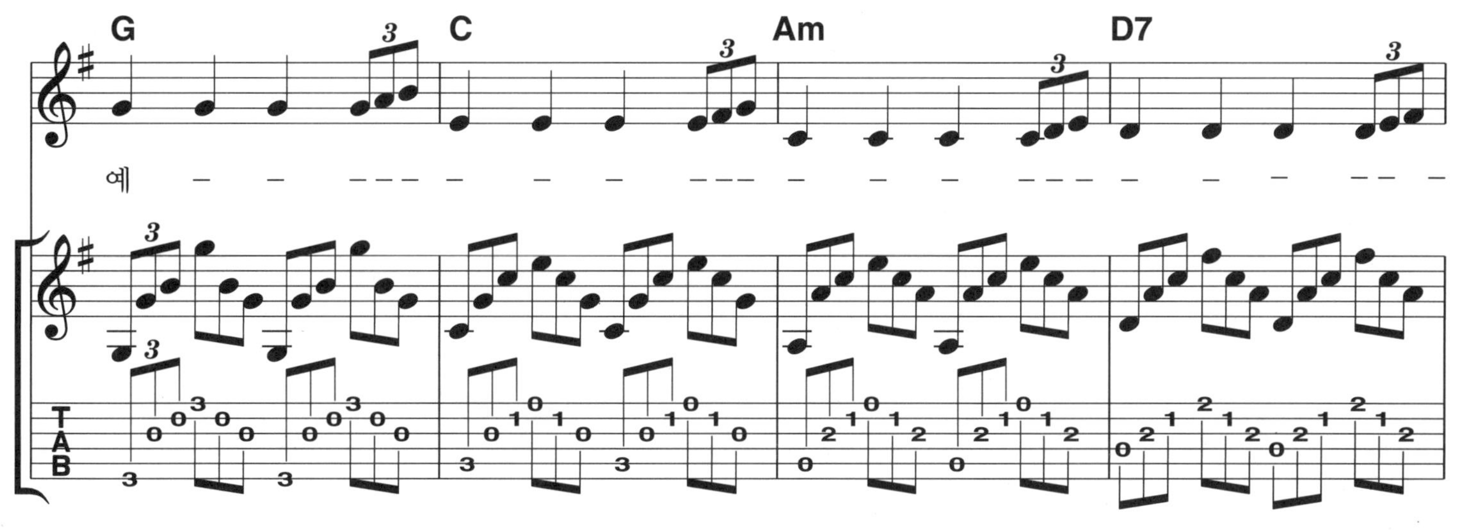

G
C
Am
D7
예

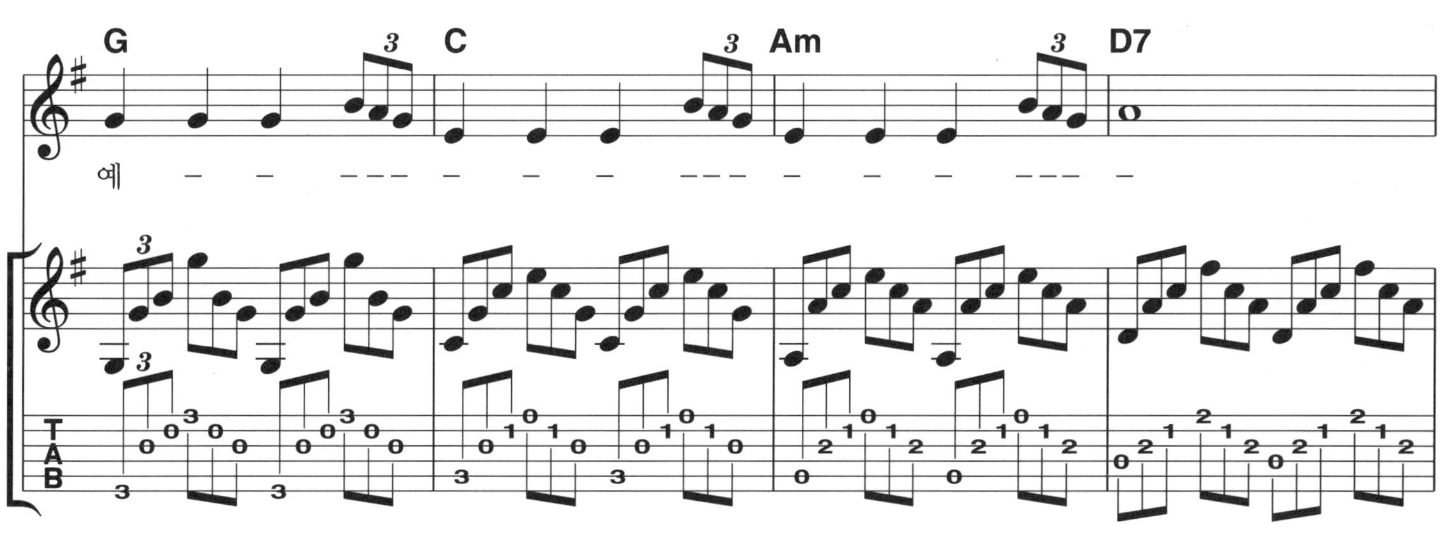

G
C
Am
D7
예

G
C
D7
G
사 랑해――― 당 신―을 정 말로 사―랑 해

만 남

박 신 작사
최대석 작곡
D
G
A7
D
우 리   만 남은   우연 이 - -   아니 야   그것
엔   너 무한   나의 운명 -   이었기 에   바랄수
A7
1. Em   A7   D
은   우리 의   바 램   이 었 어   잊 - 기
는   없지
2. Em   A7   D
만   영원 을   태 우 리   돌

아 보지 마라 후회 하지 마라
아 바보-같 은 눈물 보이 지 마라 사-랑
해 사-랑 해 너를 - 너 를 사랑 해

나 항상 그대를

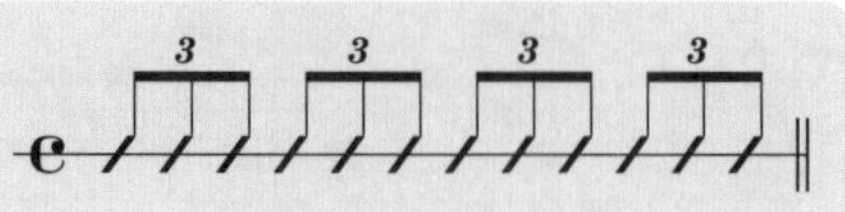

김민정 작사
송시현 작곡

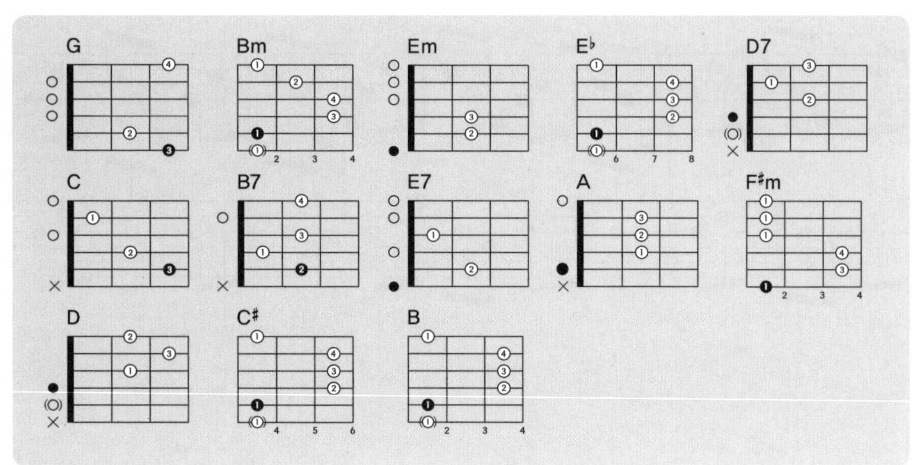

G   Bm   Em   E♭   D7
나 항 상그대를 -   보고 파하는데 -   맘 처 럼 가 까울수없 어 - - -

G   Bm   C   E♭   G
오 늘 도빛바랜 -   낡 은 사진속에 -   그 대 모 습 그 리 워 하 - 네 -

G   Bm   Em   E♭   D7
나 항 상그대를 -   그 리 워하는데 -   그 대 는 어 디로 떠 났 - 나 -

G   Bm   C   E♭   G
다 정 한 그 모습 -   눈 물 로 여 울 져 -   그 대 여 내 게 돌 아 와 - 요 -

B7   Em   C   D7
돌 아 와 그 대 -   내 게 돌 아 와 -   난 온 통 그 대 생 각 뿐 이 - 야 -

B7   Em   C   D7   1.   G
불 같 은 나 의 사 랑   피 할 수 없 어 -   그 대 여 내 게 - - 돌 아 와 요 -

2. G E7   A   F#m   D   E7
-    돌 아 와 그 대 -   내 게 돌 아 와 -   난 온 통 그 대 생 각 뿐 이 야 - 오 - - - - -

C#   F#m   D   E7
불 같 은 나 의 사 랑   피 할 수 없 어 -   그 대 여 내 게 - - 우 - - 돌 아

A   B   E7   A
와 요 - -

오늘 연습하고 있는 슬로우 록은 지난주에 연습한 슬로우 고고와 마찬가지로 4/4박자의 리듬입니다.
두 주법의 차이점은 뭘까요?

기본적으로 슬로우 고고는 한 박자를 넷으로 나눈 것이며,

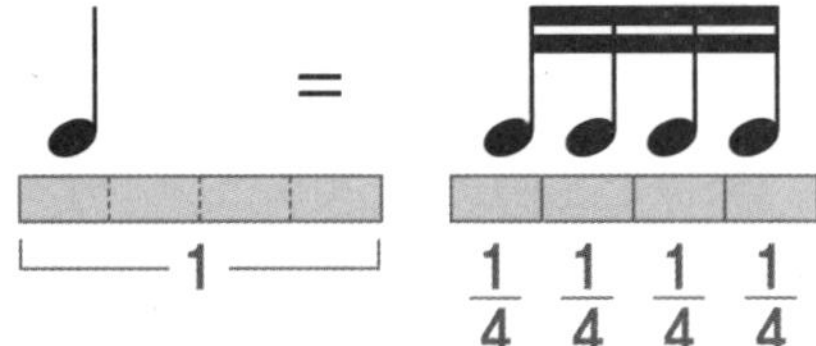

슬로우 록은 한 박자를 셋으로 나눈 것입니다.

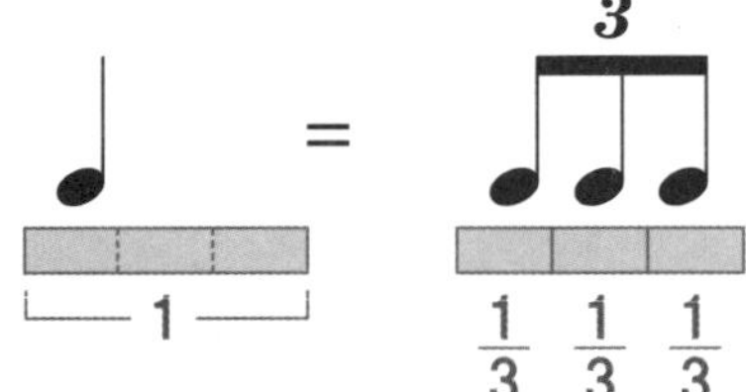

여기서 잠깐!
그렇다면 이 슬로우 록이라는 리듬은 어떻게 스트로크 하면 좋을까요?
아주~ 매우~ 간단합니다.

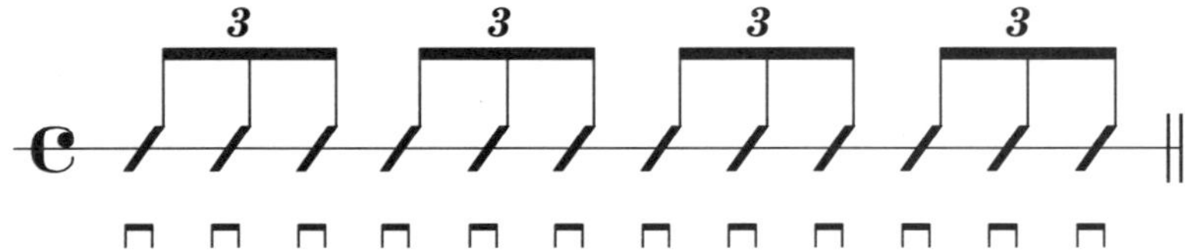

쉽죠?
다운 스트로크만으로 이루어진 패턴이 너무 단순하게 느껴진다면 앞의 연습곡들을 아래의 패턴으로 스트로크 해보세요.

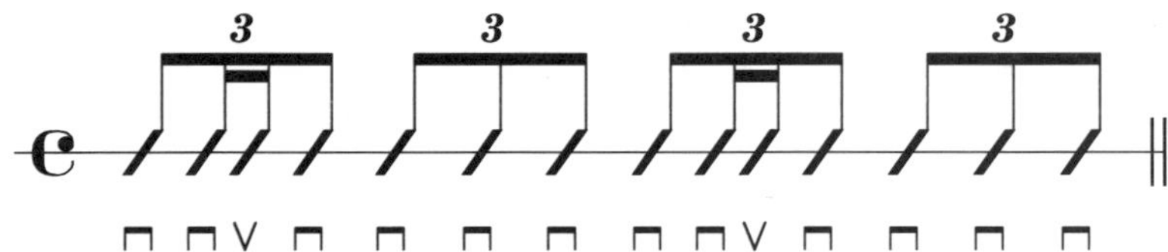

연주하고자 하는 악보 중에 셋잇단음표가 많다면 리듬이 슬로우 록일 가능성이 높으며 템포가 80~100 정도라면 슬로우 고고일 확률이, 템포가 120~240 정도라면 고고나 칼립소일 확률이 높습니다.
물론 변수가 있기는 하지만 많은 곡을 연주하다보면 길거리에서 들리는 음악에도 '아! 이곡은 OOO 주법으로 연주하면 되겠구나~!!' 하는 느낌이 팍! 옵니다. 못 믿겠다구요?

믿으세요. ^^

이번에 연습할 리듬은 3/4박자입니다.
먼저 3/4박자의 가장 기본적인 패턴입니다. 두 번째, 세 번째 박자는 2, 3, 4번 손가락을 한꺼번에 쳐줍니다. 쉽죠?

패턴 1

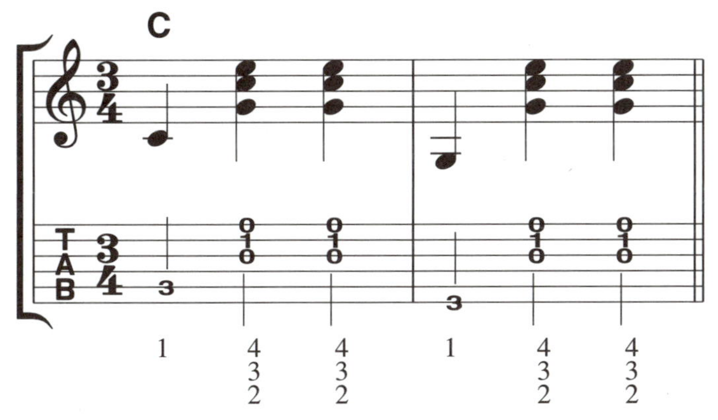

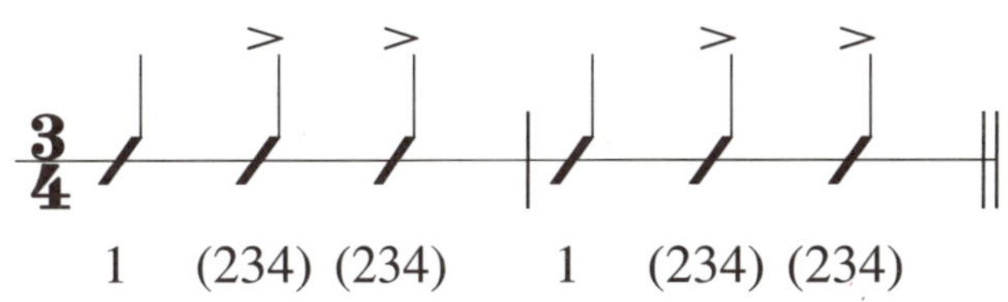

같은 왈츠 리듬을 다음과 같은 패턴으로 연주할 수도 있습니다.

패턴 2

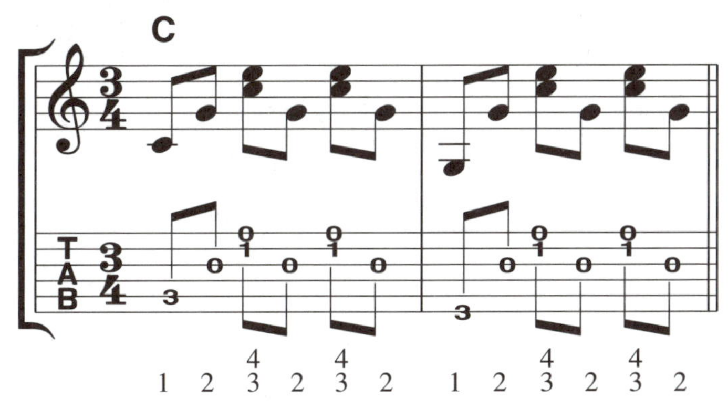

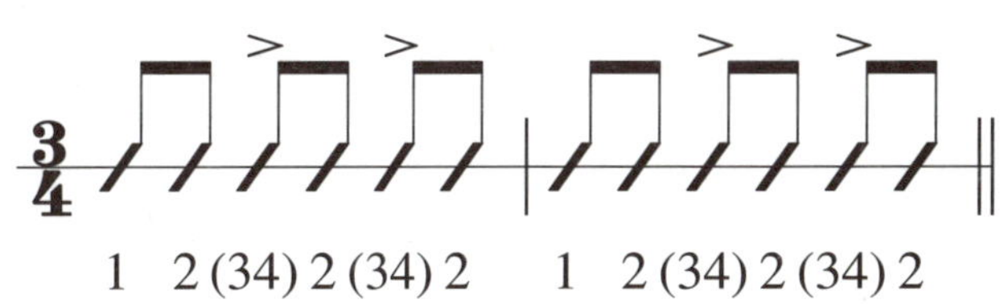

패턴 3

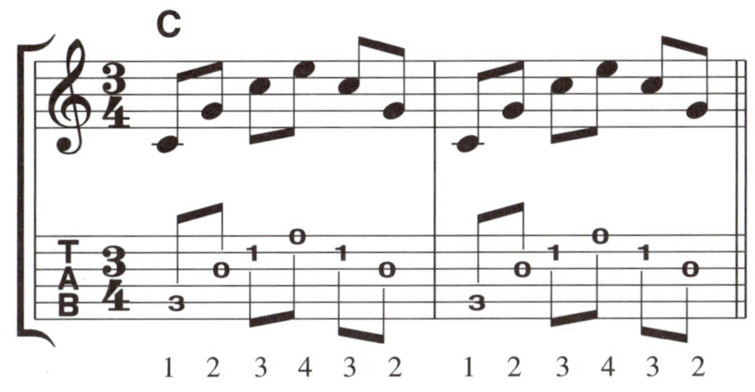

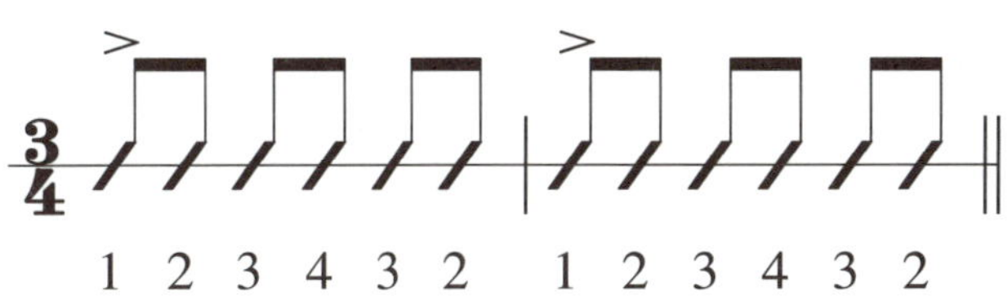

각 패턴을 반복해서 연습해봅시다. 같은 곡, 같은 리듬 안에서 두 가지 이상의 패턴을 섞어서 연주해도 괜찮습니다.
기본적인 리듬이 손에 익으면 그 리듬을 벗어나지 않는 범위 내에서 각 패턴을 섞어서 연주해보세요.

Moon River

C
Am
F
Bm7-5
E7
C7
B♭
F♯m7-5
Em
Dm
G7

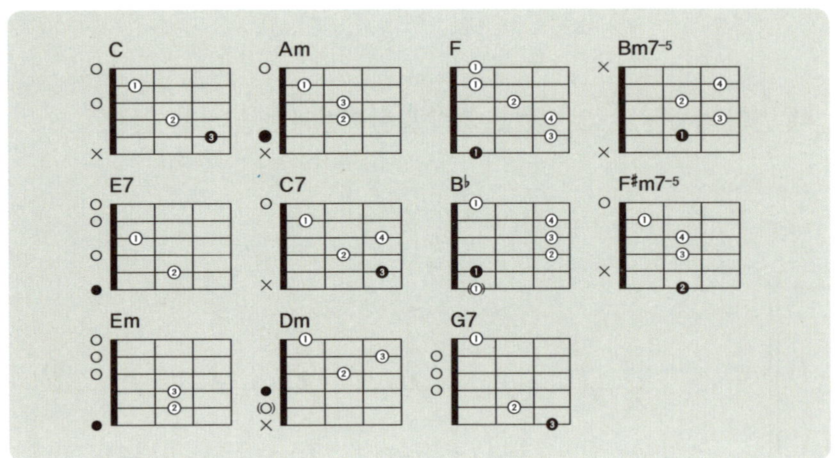

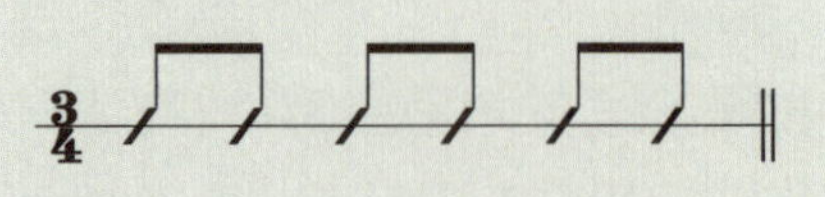

John Mercer, Henry Mancini 작사 · 작곡

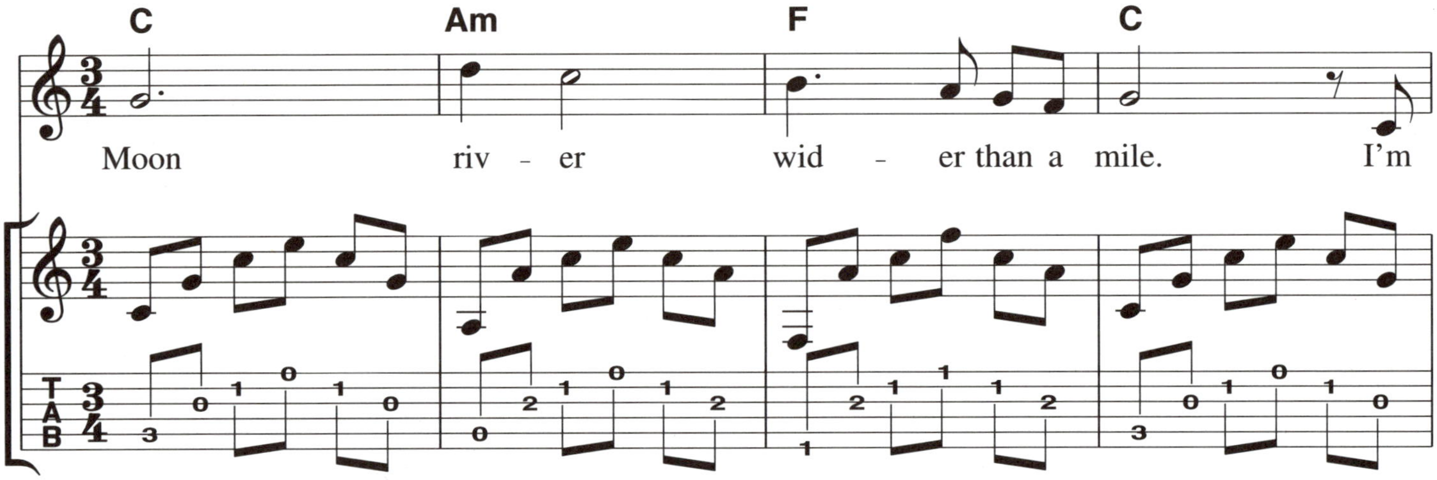

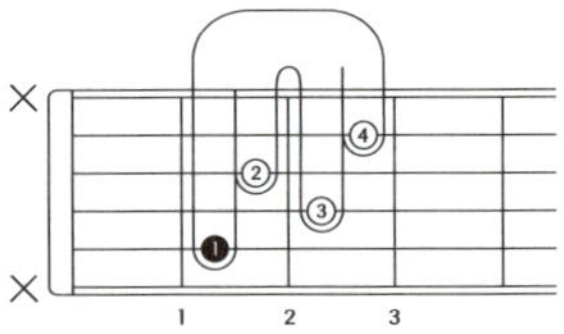

C
Am
F
C
Moon riv - er wid - er than a mile. I'm
T
A
B

'비 마이너 세븐 플랫 파이브'라고 읽습니다.
자주 등장하는 코드이므로 이 곡을 통해 익혀 봅시다.

F
C
Bm7-5
E7
cross - in' you in style some - day. Oh,
T
A
B

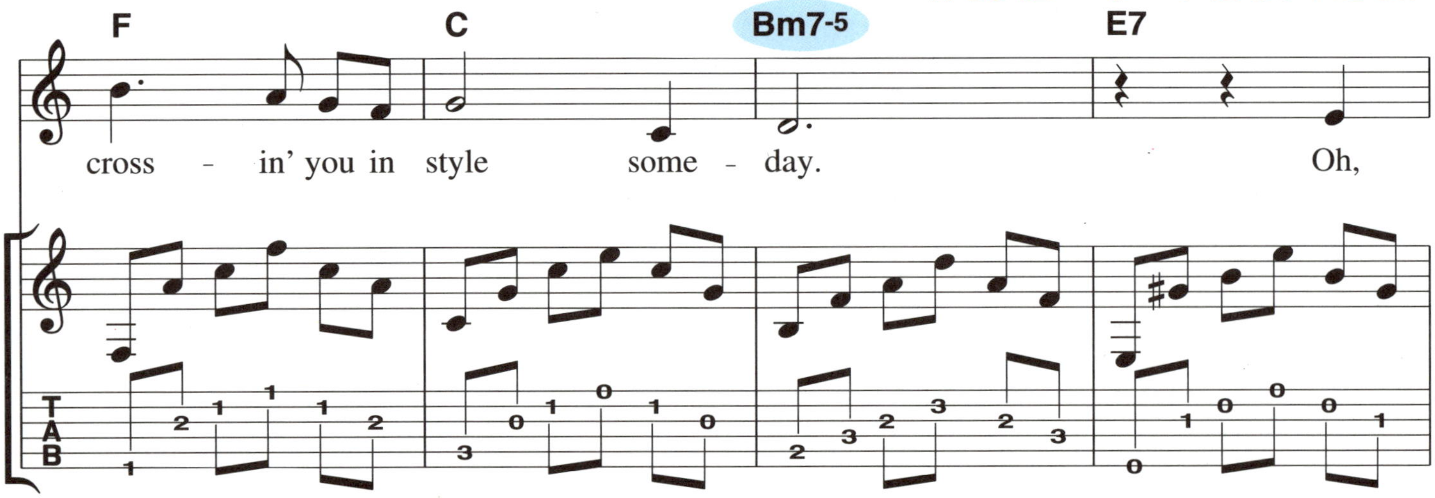

Am   C7   F   B♭
dream   mak - er,   you heart   break - er.   Wher -
Am   F♯m7-5   Em   Dm   G7
ev - er you're   go - in'   I'm   go - in'   your   way.
C   Am   F   C
Two   drift - ers,   off   to see the world.   There's
'에프 샤프 마이너 세븐 플랫 파이브'라고 읽습니다.
요긴하게 쓰이는 코드입니다.

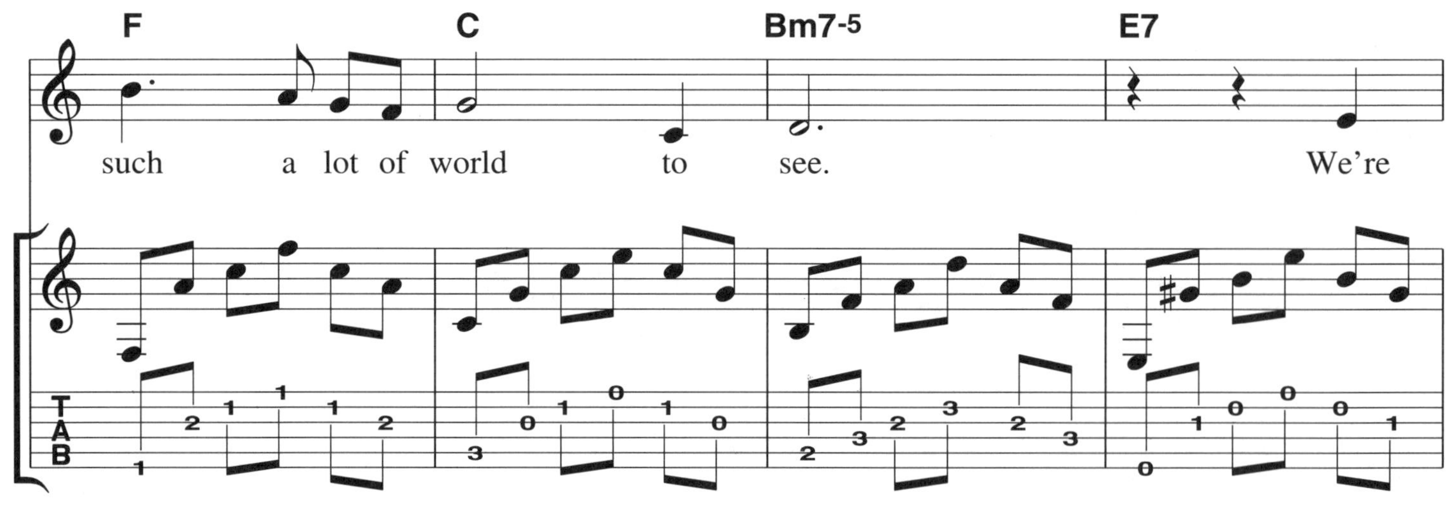

F   C   Bm7-5   E7
such   a lot of world   to   see.   We're

Am   F
aft - - er   the   same   rain - bow's

C   F   C
end   wait - in' round the   bend.

F   C   Am
My huck - le - ber - ry friend,   Moon

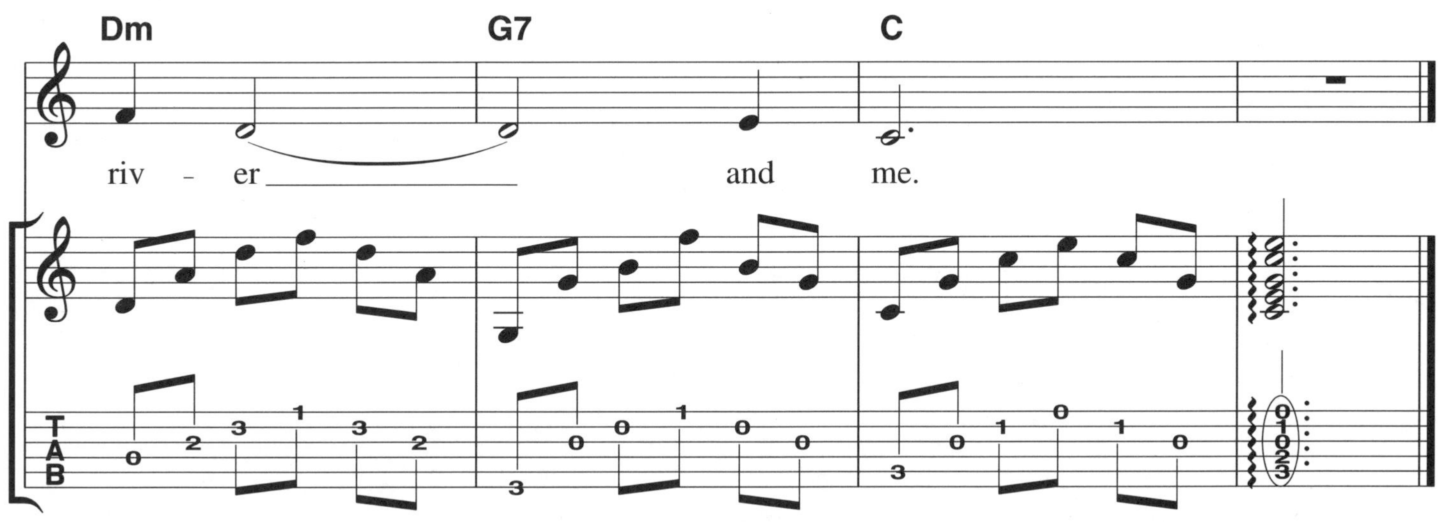

Dm   G7   C
riv - er ____________ and   me.

고요한 밤 거룩한 밤

J. Mohr 작사
F. X. Gruber 작곡

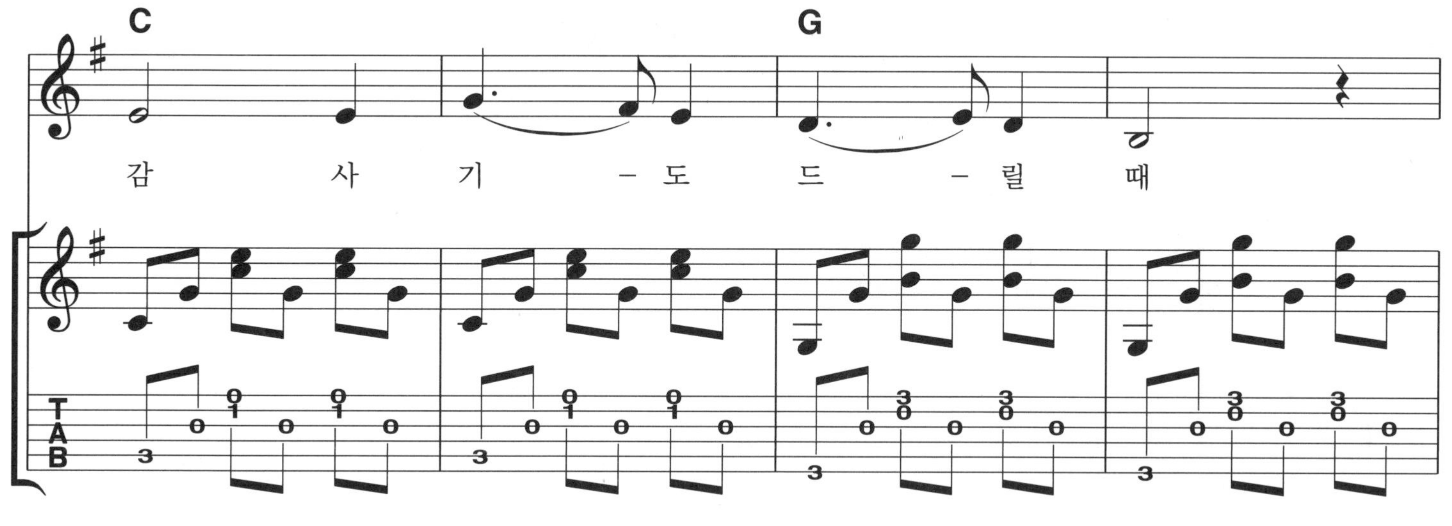
C
G
감 사 기 ー 도 드 ー 릴 때

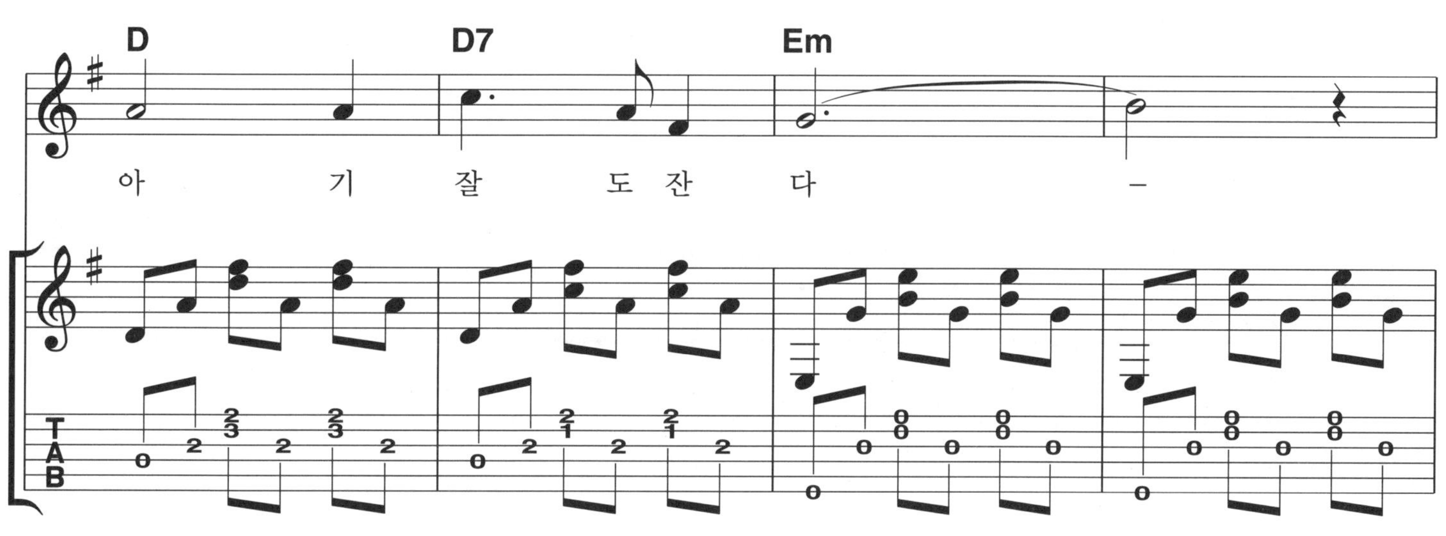
D
D7
Em
아 기 잘 도 잔 다 ー

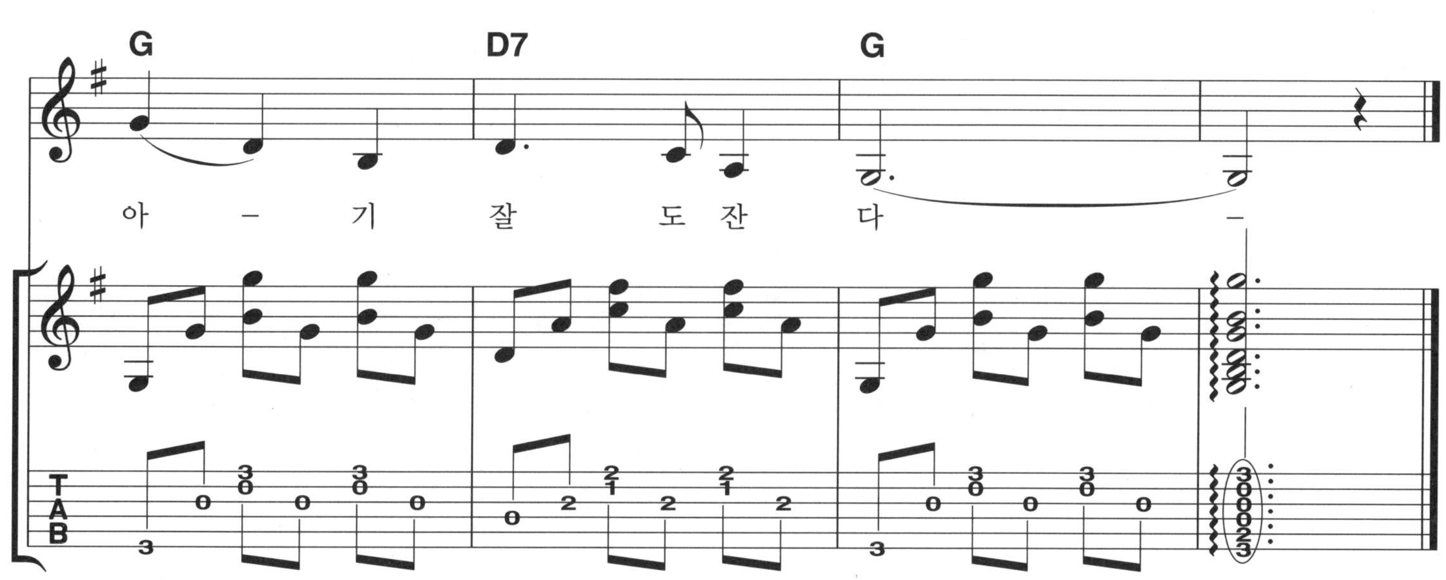
G
D7
G
아 ー 기 잘 도 잔 다 ー

섬 집 아기

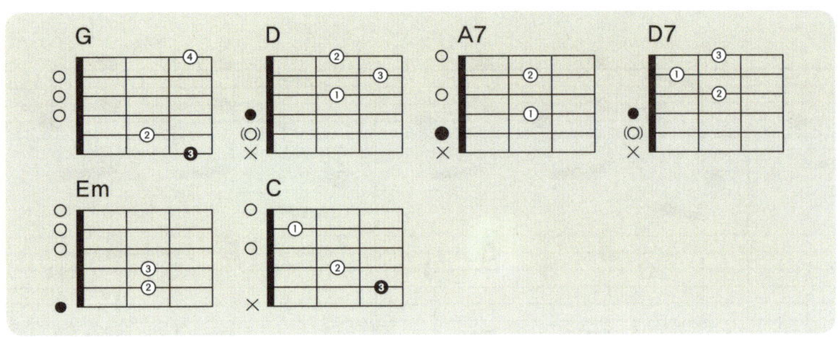

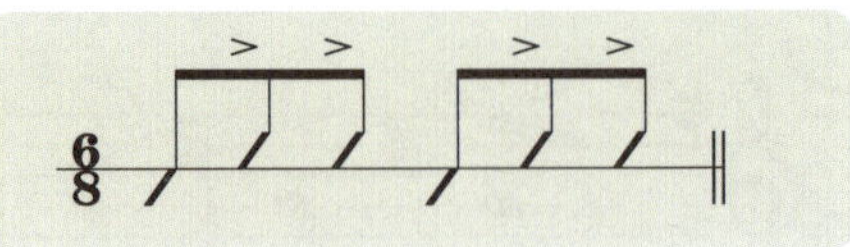

6/8박자의 곡을 연주하는 방식은
3/4박자와 비슷합니다.

한인현 작사
이흥렬 작곡

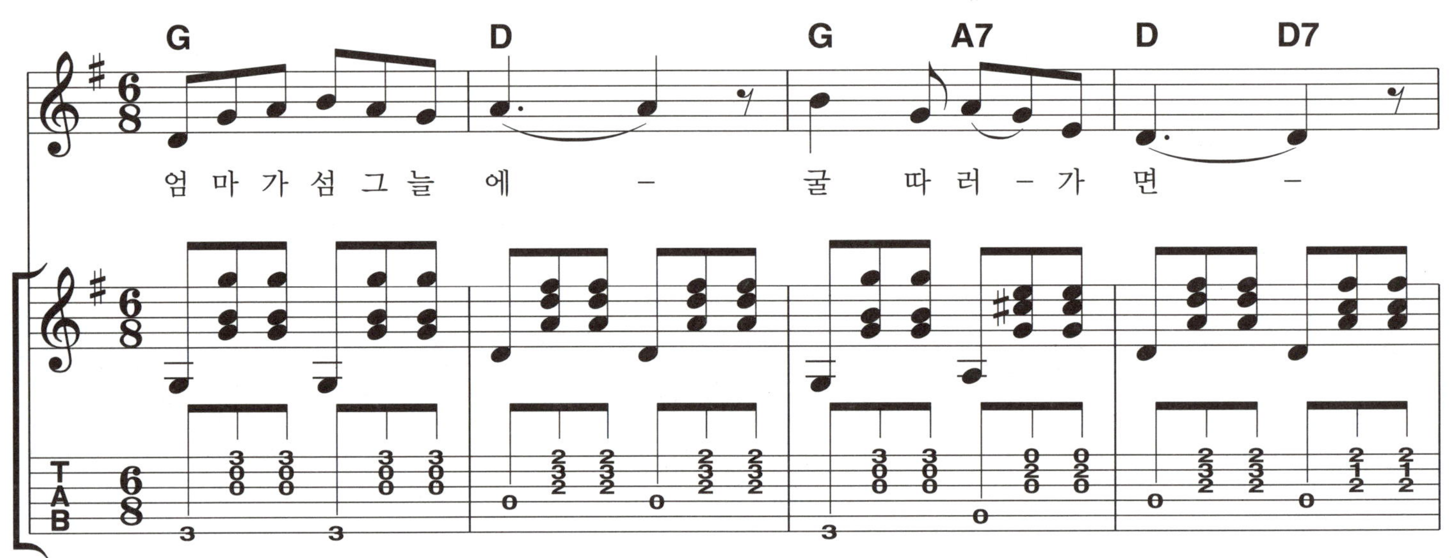

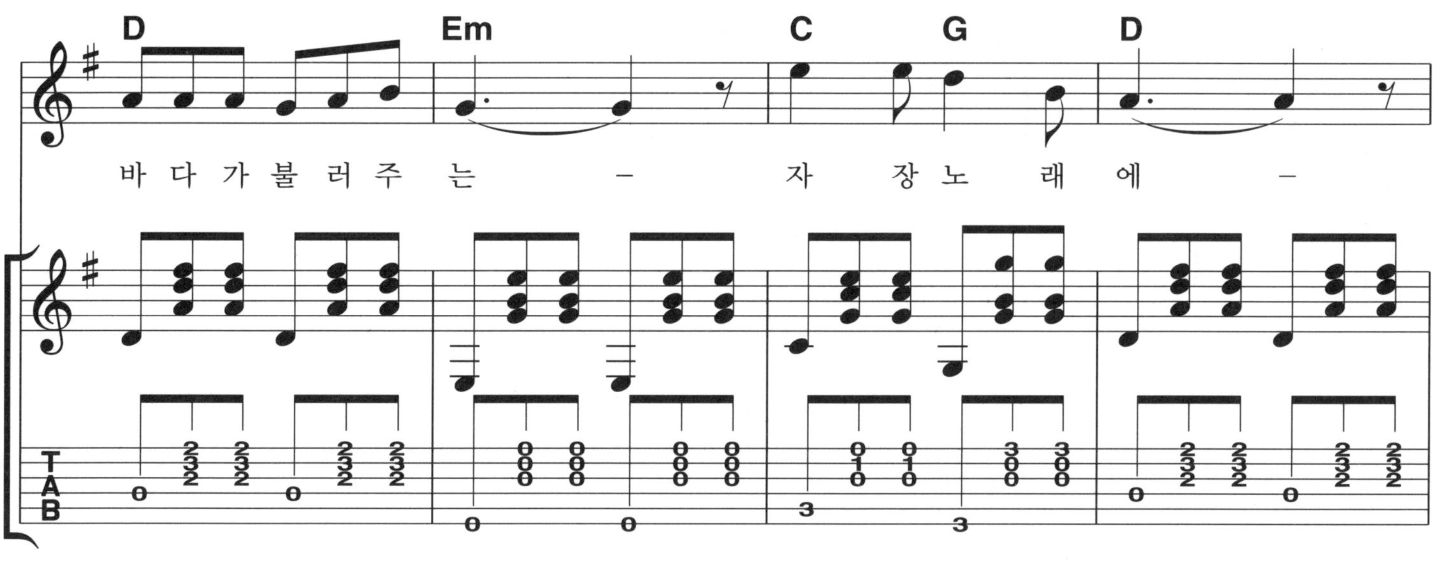

D   Em   C   G   D
바다가불러주는 - 자 장노래에 -

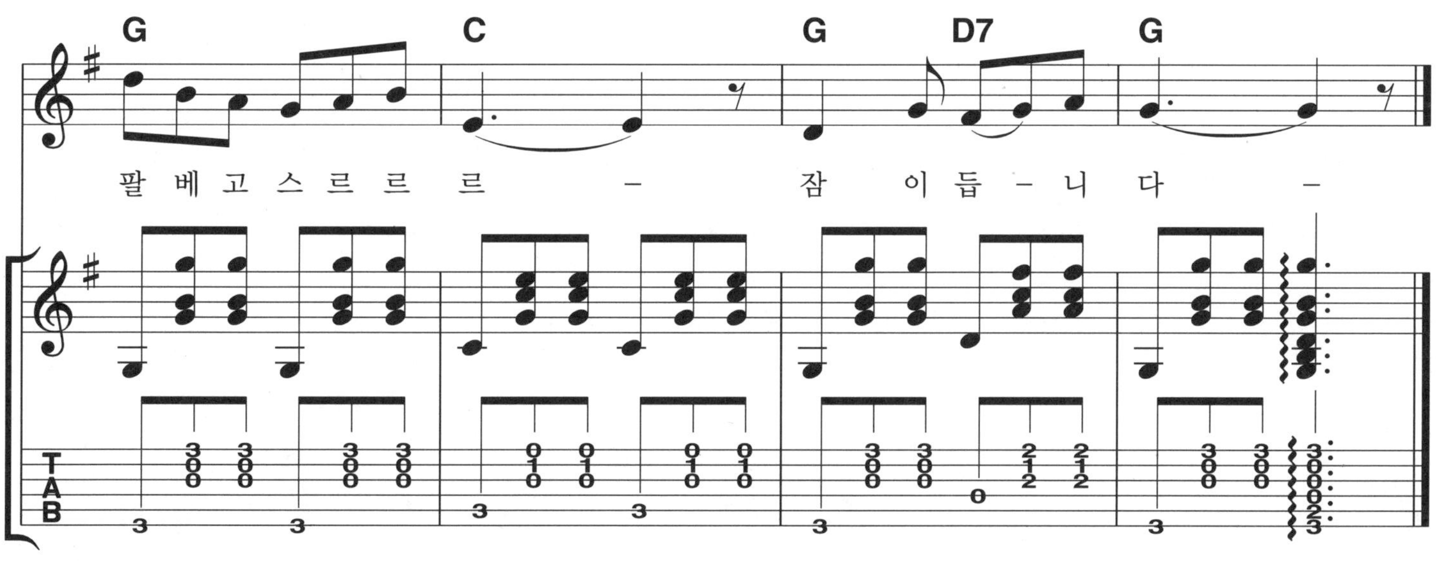

G   C   G   D7   G
팔베고스르르르 - 잠 이듭 - 니 다 -

키 작은 하늘

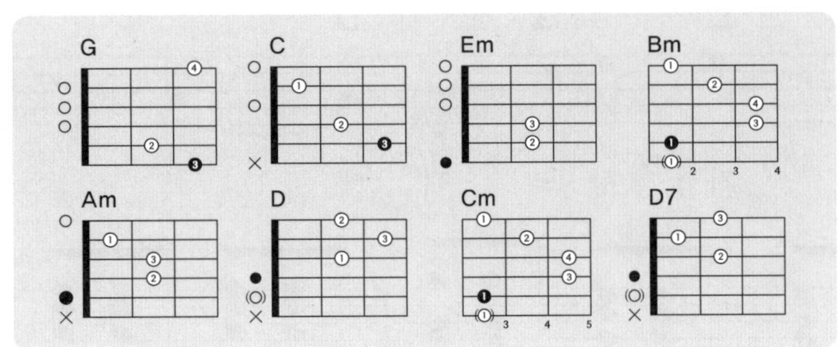
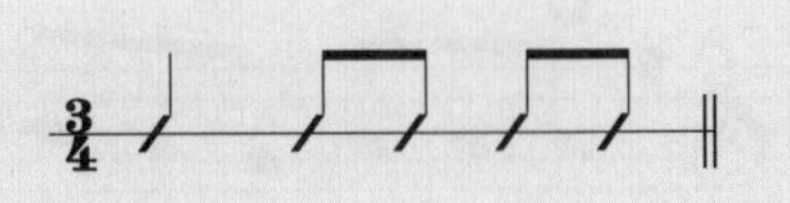

이승호 작사
서영진 작곡

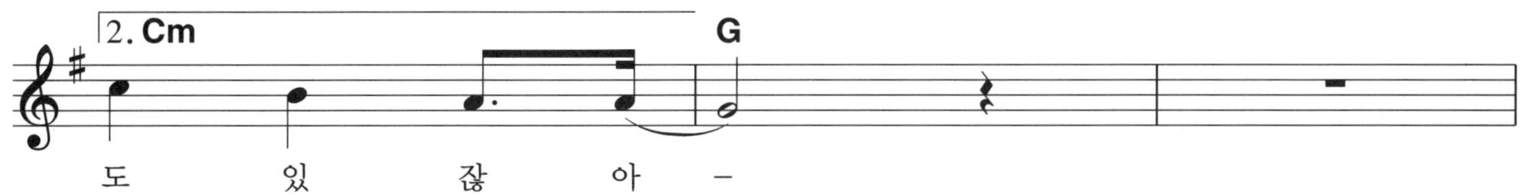

2. Cm   G
도 있 잖 아 –

C   D   Bm   Em
그 대 만 은 나 를 영 원 히

Am   D   G
지 켜 주 리 라 믿 었 는 데

C   D   Bm   Em
이 렇 게 날 떠 나 갈 수 있 는 건

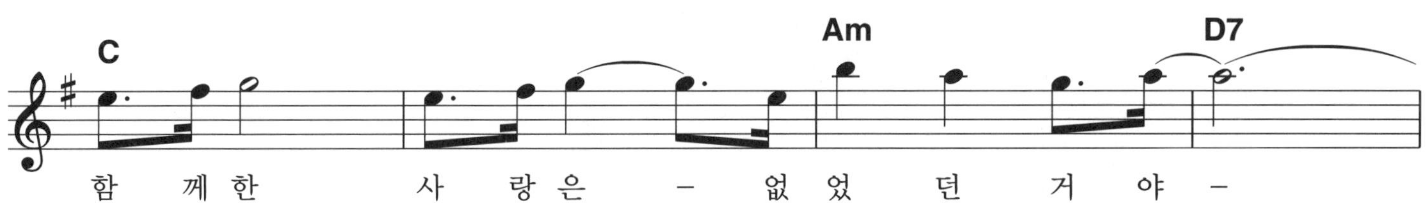

C   Am   D7
함 께 한 사 랑 은 – 없 었 던 거 야 –

D7   G
– – 하 지 만 남 겨

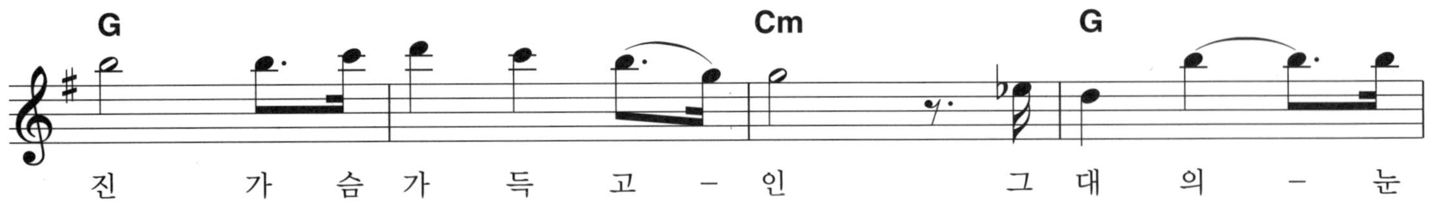

G   Cm   G
진 가 슴 가 득 고 — 인   그 대 의 — 눈

Em   Am   D7   G
빛 은 — 그 대 로 인 데 — 못 다 한 사 랑

G   Cm   G
이 너 무 많 이 남 — 아   그 대 를 — 잊

Em   Am   D7   G
을 수 — 없 을 것 같 아 —

카포, 어디에 쓰는 물건인고?

9주

- 전조와 조옮김
- 카포 사용하기
- 개구리 왕눈이
- 광화문 연가

즐겁게 연습하고 계시죠?
이제 고지가 얼마 남지 않았습니다. 이 교재로 연습하시는 모든 분들께 이쯤에서 특별히
기합 한 번 넣어드리겠습니다.

"아아아아~~ 압~~ 빠샤!!!"

이번 시간은 **카포**의 원리와 사용에 대해 이해하는 시간을 갖겠습니다.
카포를 사용하기 위해서는 우선 **전조**와 **이조**라는 개념을 이해하시는 것이 좋습니다.

우선 **전조**란 음악의 중간에 조성(Key)이 바뀌는 것을 말합니다.
음악의 감동을 더하기 위해서 전조가 쓰이는 경우는 셀 수 없이 많습니다.

올드 팝 중에는 호주의 명가수 Olivia Newton-John의 〈Let Me Be There〉,
　　　　　영화 〈사랑과 영혼〉의 OST인 Righteous Brothers의 〈Unchained Melody〉,
　　　　　삼촌들이 좋아하시는 Smokie의 〈Living Next Door To Alice〉 등이 있고,

우리나라 가요 중에는 이문세의 〈그녀의 웃음소리뿐〉,
　　　　　SG 워너비의 〈내 사람〉,
　　　　　박상민의 〈해바라기〉 등 정말 많은 곡에서 전조가 쓰입니다.
모두 좋은 음악들이니 찾아서 들어보세요. ^^

이조란 곡 자체를 원하는 조로 바꾸는 것으로 **조옮김**이라고도 합니다.
조옮김이 필요한 경우는 다음과 같습니다.

> 1. 남자 곡을 여자가 부를 때
> 2. 여자 곡을 남자가 부를 때
> 3. 음정이 높은 곡의 조를 낮추고자 할 때
> 4. 음정이 낮은 곡의 조를 높이고자 할 때

조옮김을 할 때는 코드 자체를 바꿔도 되지만 바꾸고자 하는 조의 코드가 너무 어렵다면 카포를 이용해서 쉬운 코드 운지로
연주할 수 있습니다.
즉 카포는 어려운 코드를 쉽게 치기 위한 것이 첫 번째 사용 목적입니다.

그 요령에 대해 자세히 살펴보겠습니다.

카포를 이용해서 어려운 코드를 쉽게 치기 위해서는 산수 수준의 간단한 계산이 필요하며
그 계산의 정답은 항상 '0'이 되어야 합니다.

우선 주어진 조성(key)보다 **낮은 조** 가운데 비교적 기타로 치기 쉬운 조성(주로 C Key나 G Key)을 찾습니다.

조성을 낮춘다는 것을 '마이너스(−)'라고 해볼까요?
계산의 정답은 항상 '0'이 되어야 한다고 했죠?
카포를 채우는 것은 음을 높이는 것이므로 '플러스(+)'라고 해보겠습니다.
즉, 쉬운 조성의 코드로 '−' 해준 만큼 카포로 음을 높여 '+' 해주면 답은 '0'이 되겠죠.

답이 0이 되어야 한다는 의미는 음정이 변해서는 안 된다는 뜻입니다.
음이 변하지 않은 상태에서 어려운 코드를 쉬운 코드로 바꾸어 연주하기 위해 카포를 사용합니다.

예를 들어볼까요?
아직도 잡기 어려운 B♭ 코드를 카포를 이용해서 쉽게 잡아봅시다.

B♭보다 낮은 음정의 코드들 중에 쉬운 코드를 찾아보세요.
어떤 코드가 있을까요?

머릿속으로 계산이 어렵다면 12음계 전체를 펼쳐놓은 상태에서 생각해보겠습니다.

C C♯ D E♭ E F F♯ G G♯ A B♭ B

세 칸, 즉 한 음 반을 내려가니 우리가 좋아하는 G 코드가 있네요.
코드로 내린(−) 세 칸을 카포로 올려주면(+) 정답은 0이 되겠네요.
즉, 세 번째 프렛에 카포를 채우고 G 코드 운지를 잡아주면 실제 코드는 B♭이 됩니다.

쉽죠?

그렇다면 B♭ Key에 나오는 다른 코드들은 어떻게 바꿔줘야 할까요?
마찬가지로 모두 한 음 반씩 내려주면 쉬운 코드로의 변환이 완성됩니다.

빈 칸을 채우며 조옮김과 카포의 사용에 대해 정리해보겠습니다.
코드 뒤에 붙은 마이너, 세븐 등은 동일하게 붙여줍니다.

B♭ →	**G**
E♭ →	( )
F7 →	( )
Cm →	( )
Dm →	( )
Gm →	( )

마찬가지 원리로 E♭ Key의 곡은 3프렛에 카포를 채우고 C 코드로 연주합니다.
변환하는 연습을 한번 더 해볼까요?

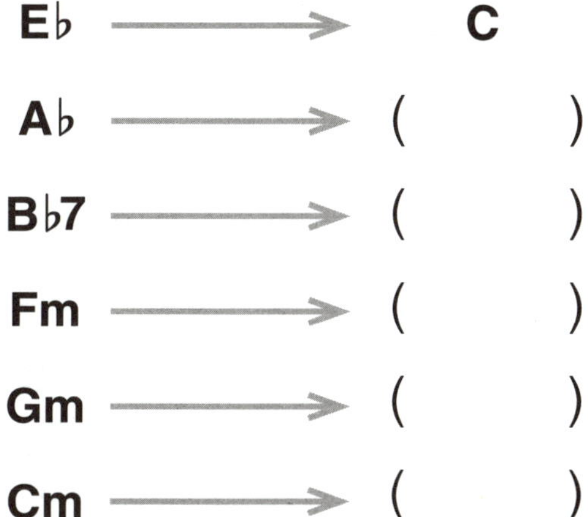

연습곡들을 통해 카포를 익숙하게 사용할 수 있도록 연습해보세요.

조옮김이 익숙해질 때까지는 원래의 코드 옆에 실제로 연주할 코드를 적어서 보면서 하세요.
나중에 조옮김이 익숙해지면 따로 적지 않아도 원하는 코드로 바꿔 연주할 수 있게 된답니다.

카포는 쉽게 조옮김을 할 수 있도록 도와주는 참 고마운 친구입니다.
카포를 잘 활용해서 모두 조옮김의 왕이 됩시다.

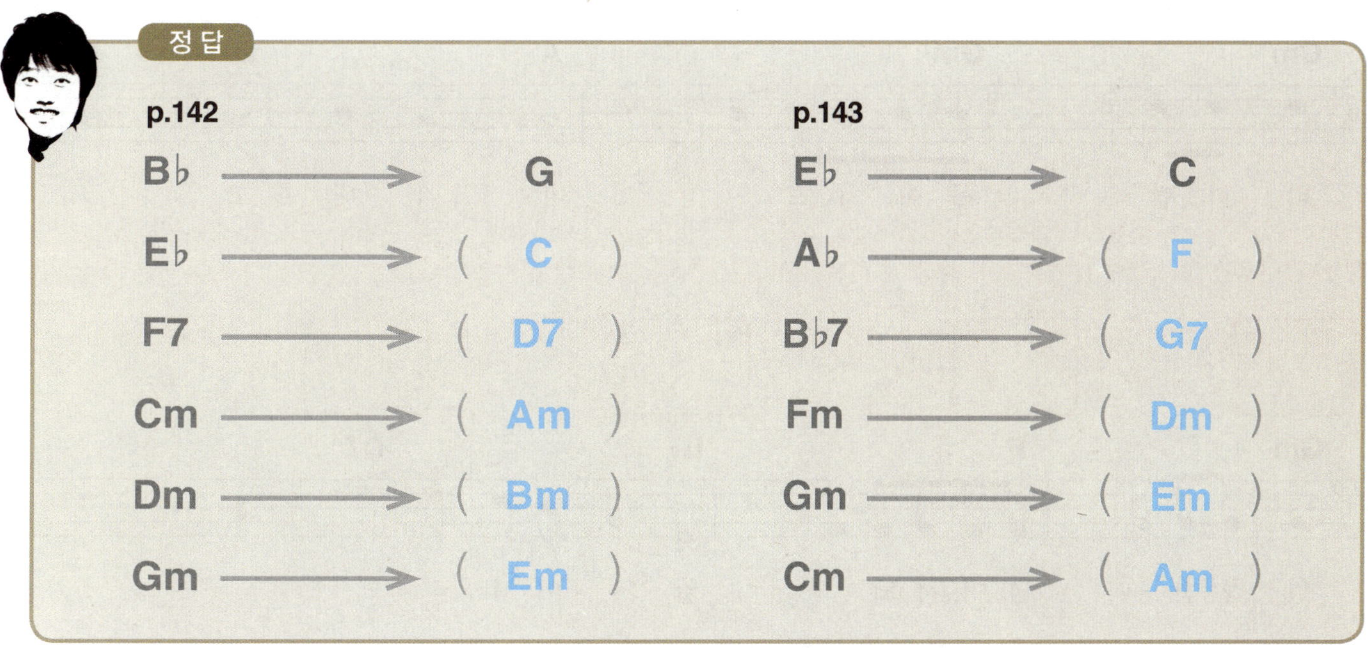

개구리 왕눈이

◈ 조옮김을 해 봅시다.

1. 카포를 3프렛에 채우세요.
2. 다음 악보의 코드들을 빈 칸에 바뀐 코드로 적으세요.
3. 까다로운 코드를 쉬운 코드로 바꾸어 연주합니다.

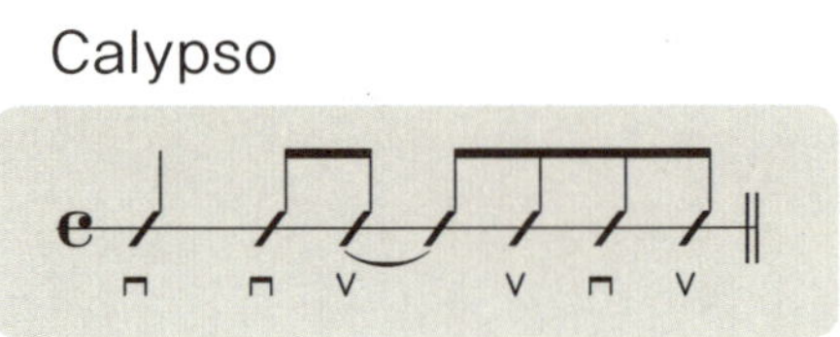

박준영 작사
정민섭 작곡

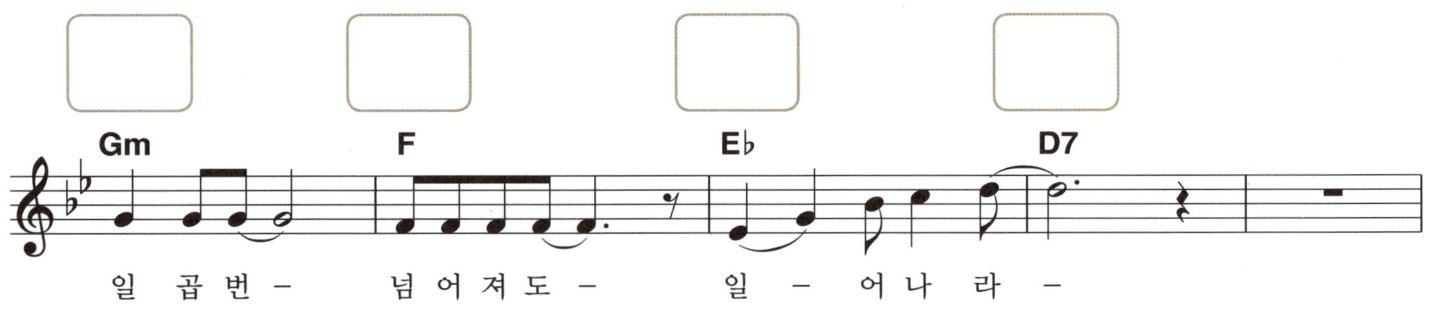

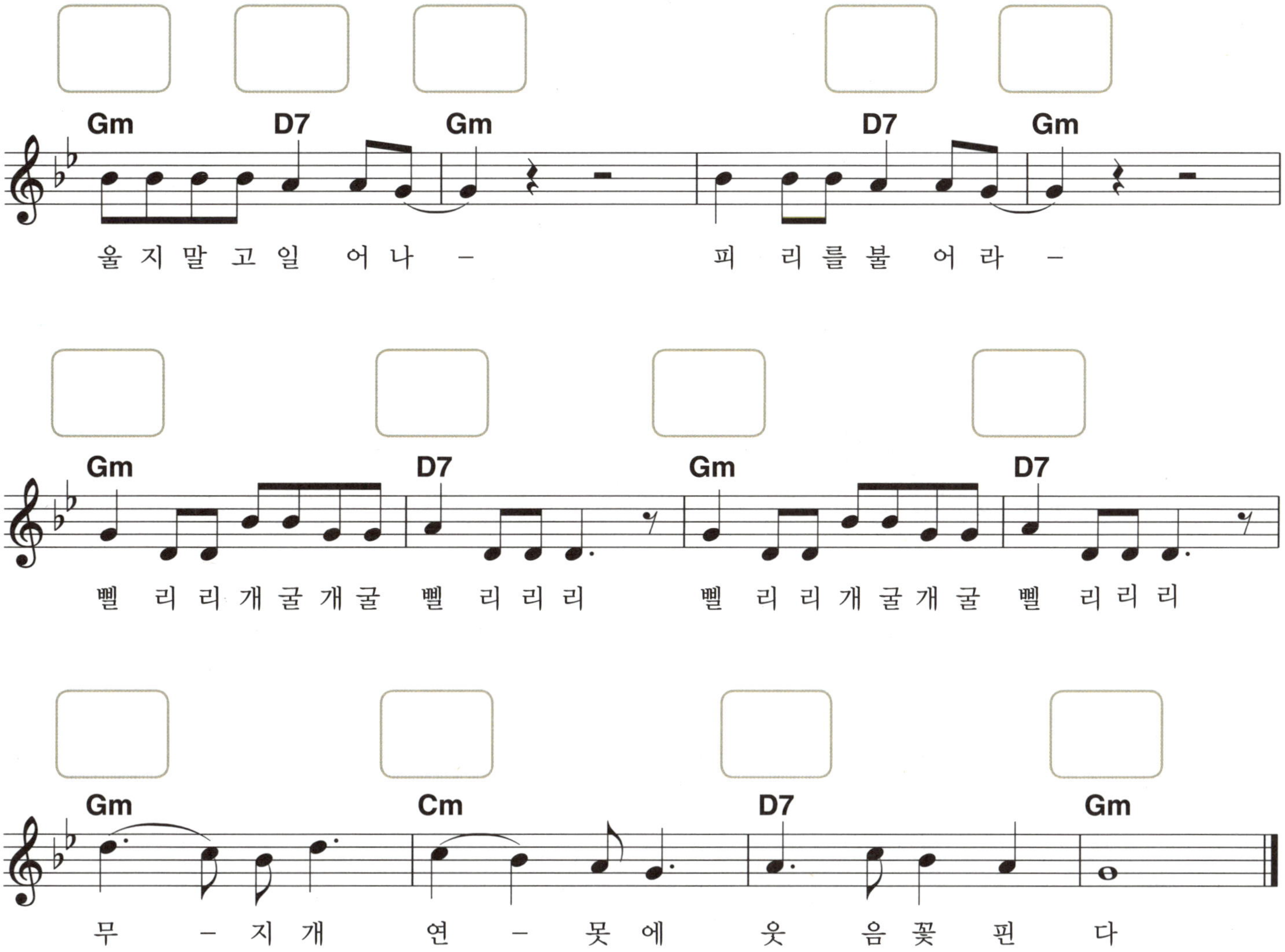

Gm D7 Gm D7 Gm
울 지 말 고 일 어 나 –
피 리 를 불 어 라 –
Gm D7 Gm D7
삘 리 리 개 굴 개 굴 삘 리 리 리
삘 리 리 개 굴 개 굴 삘 리 리 리
Gm Cm D7 Gm
무 – 지 개 연 – 못 에 웃 음 꽃 핀 다

정답

Gm →	Em	D7 →	B7
Cm →	Am	A →	F♯
F →	D	E♭ →	C

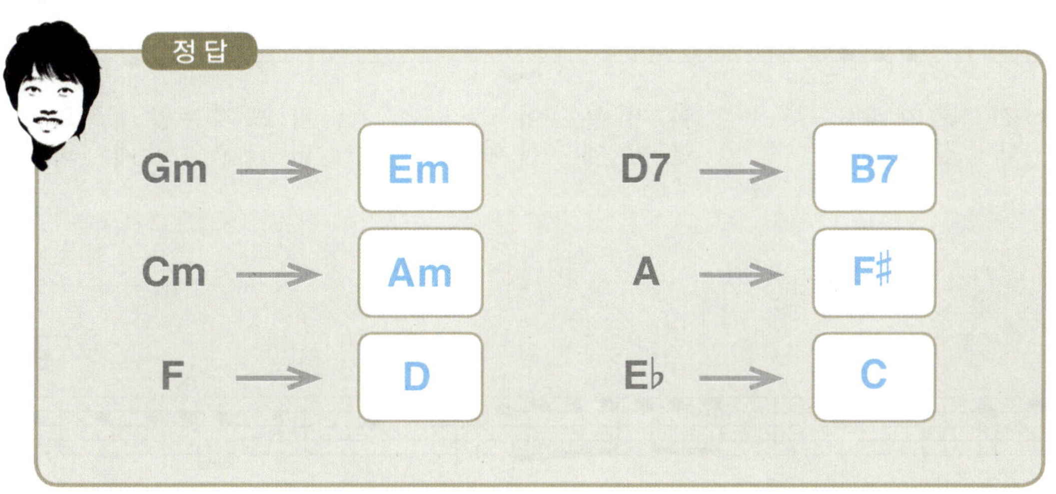

밤이 깊었네

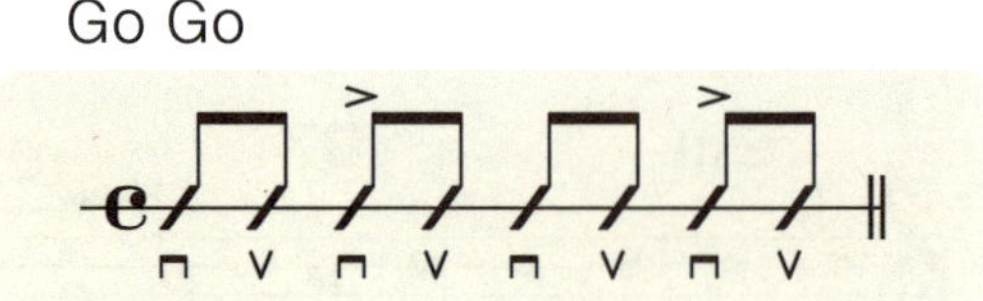

◉ 2프렛에 카포를 채우고 빈 칸에 조옮김한 코드를 적어서 연주합니다.

한경록 작사 · 작곡

A　　　　　　　　　　　F♯7

밤이깊었 네－－－　　방황하며 춤을추는 불빛들－　　이 밤에

Bm　　　　　　　E7　　　　　　　A

취해－　흔들리고있네요－－－　벌써새벽인 데－－－
　　　　　　　　　　　　　　　항상당신곁 에－－－

A　　F♯7　　　　　Bm　　　　　E7

아직도 혼자네요－　이기분 이－－　나쁘지는않네 요－－－
머물고 싶－지만－　이밤에 취해－　떠나고만싶네 요－－－

E7　　　A　　　　　F♯7　　　　Bm

이 슬픔을　알랑가모르것어요　나의구두 여－

146

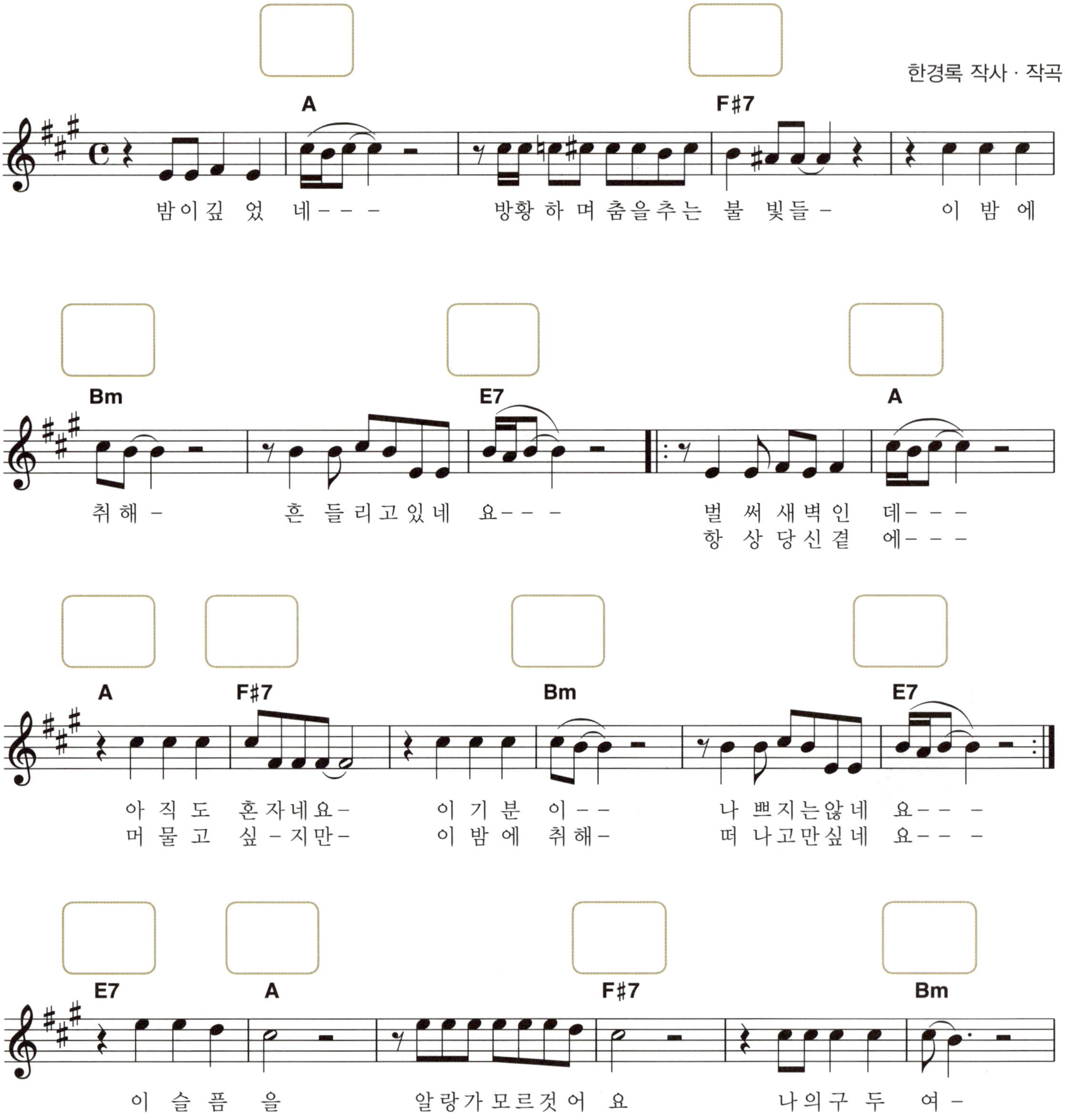

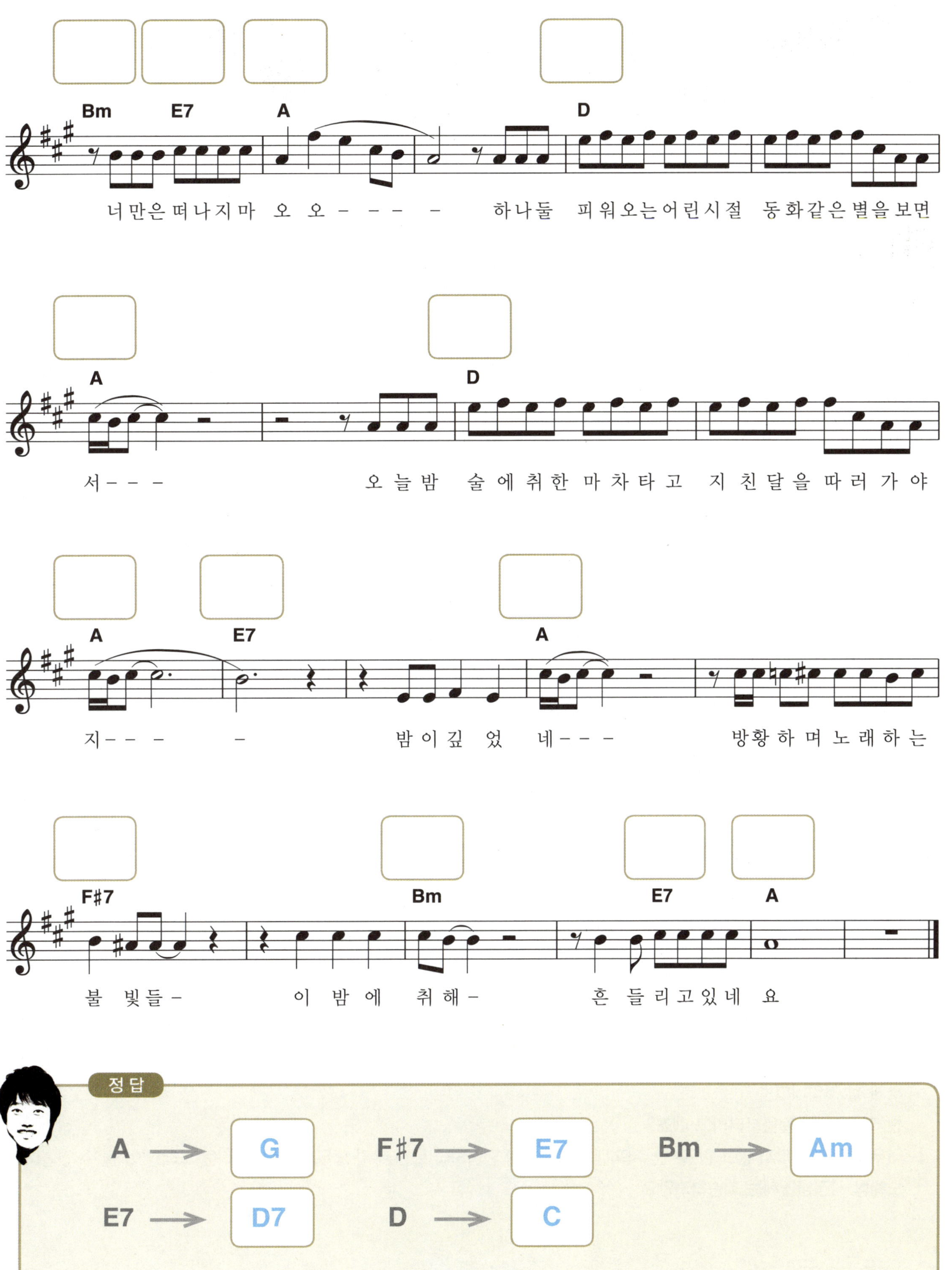

Bm E7 A D
너만은 떠나지마 오 오 - - - -   하나둘 피워오는어린시절 동화같은별을보면
A D
서 - - -   오 늘 밤 술 에 취 한 마 차 타 고 지 친 달 을 따 러 가 야
A E7 A
지 - - - -   밤 이 깊 었 네 - - -   방 황 하 며 노 래 하 는
F♯7 Bm E7 A
불 빛 들 -   이 밤 에 취 해 -   흔 들 리 고 있 네 요
정 답
A → G   F♯7 → E7   Bm → Am
E7 → D7   D → C

아하~ 기타상식 Q&A ④

Q) 비싼 기타는 소리도 더 좋은가요?

A) 아주 솔직한 질문이군요.

기타의 구조는 크게 넥과 바디로 구분 지을 수 있으며 기타의 바디는 상판, 측판, 후판으로 나누어 생각할 수 있습니다.
혹시 합판(Laminate)과 원목(Solid)의 차이를 아시나요?
합판이란 얇은 나무 세 겹을 샌드위치처럼 겹쳐서 만든 재료로 가격은 저렴하지만 내구성이 뛰어나다는 장점이 있습니다.
원목은 말 그대로 나무에서 베어낸 그대로의 상태에서 자연 건조 시킨 것을 말합니다. 합판에 비해 습도 등에 예민해서
세심한 관리가 필요할 뿐 아니라 가격도 훨씬 비싸지요. 하지만 뛰어난 울림을 가집니다.
고급 기타는 바디의 상판, 측판, 후판 모두를 원목으로 제작하기 때문에 좋은 울림을 갖습니다. 그래서 당연히 소리도
좋지요.
좋은 소리를 내기 위해 당장 수 백 만원을 호가하는 고급 기타를 사는 것보다는 내 기타가 가지고 있는 가장 좋은 소리로
연주할 수 있도록 열심히 연습하는 것이 훨씬 현명하고, 바람직하고, 경제적이고, 합리적인 선택입니다.^^

Q) 악보 없이도 기타를 아주 잘 치는 형이 있어요.

A) 많이 부럽죠?

모든 음악은 멜로디에 따라 코드의 진행을 가지고 있습니다.
코드의 진행은 무수히 많은 종류가 있지만, 여러 곡들을 연주하다 보면 각 조성별로 등장하는 코드들이 주로 정해져 있
고, 코드의 진행 또한 공통된 패턴을 가지고 있다는 것을 알 수 있습니다.
내가 알고 있는 쉬운 곡부터 코드의 진행을 외운다는 기분으로 연주해보세요.
그런 곡들이 열 곡이 되고 백 곡이 되면 어느 순간 거짓말처럼 귓가에 들리는 멜로디에 따라 기타를 치고 있는 나를 발견
하게 될 것입니다.
천 리 길도 한 걸음부터라고 했죠?
너무 급하게 생각지 말고 한 주 한 주의 내용을 충실히 연습하다 보면 우리 모두가 '걸어 다니는 노래방'이 될 수 있습니다.
노래방 사장님들께는 죄송하지만요...^^

맛깔나게 기타 치기

10주

해머링 온

풀링 오프

간단한 베이스 러닝

서른 즈음에

애인 있어요

비와 당신

감동이 있는 연주를 하려면

너에게 난 나에게 넌

어느덧 마지막 시간입니다.

기타라는 악기와 많이 친해진 것 같나요?

매주 성실하게 연습을 하신 분이라면 10주 전 입문할 때와는 비교할 수 없을 정도의 발전이 있었을 테지만

혹시 아쉬움이 남더라도 부족한 부분을 보완해서 연습하면 누구나 왕초보 탈출 프로젝트를 성공리에 완수할 수 있으리라 믿습니다.

프로 연주자들의 연주는 나와는 다르다고만 생각하셨나요?

이제부터는 우리의 연주도 프로 연주자들처럼 멋지게 들릴 수 있도록 기타 연주에 '멋'을 좀 부려보겠습니다.

가장 먼저 **해머링 온(Hammering On)**입니다.

말 그대로 망치로 내려치듯이 기타 줄을 치는 테크닉으로 원래 치고자 하는 음보다 반음 낮은 음을 먼저 친 후 손가락으로 망치처럼 원하는 음을 쳐줍니다. 망치처럼요. ^^

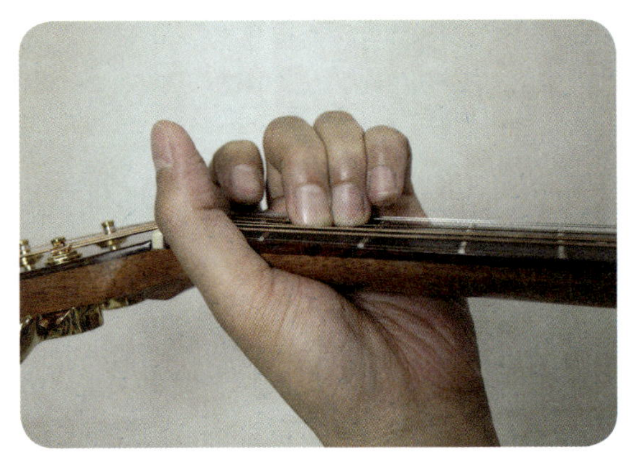

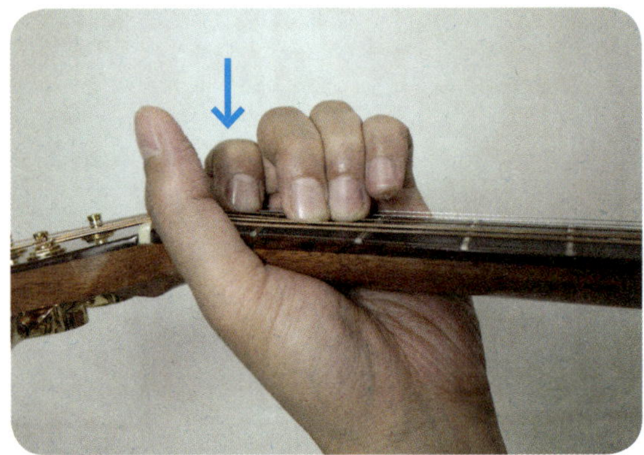

내려치는 손가락의 힘이 없으면 확실한 음이 나지 않기 때문에 해머링 온을 할 때는 과감하게 쳐주는 것이 중요합니다.

악보에서는 'H' 기호로 표시합니다.

그럼 해머링 온은 왜 사용할까요?

빠른 속주를 하는 경우 등 기능적인 측면도 있지만, 결국은 멋있으라고 합니다. 하하하!

연습입니다.

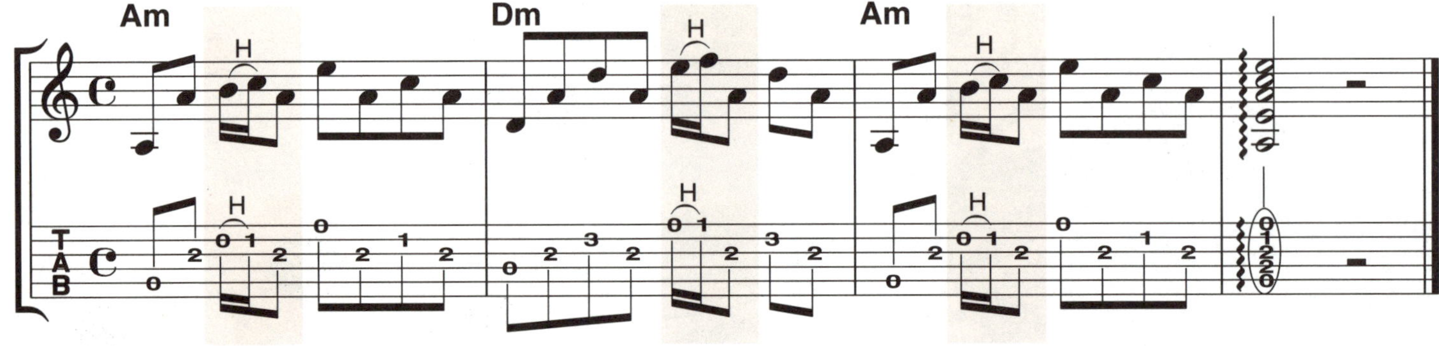

이번에는 해머링 온과는 정반대의 테크닉인 **풀링 오프(Pulling Off)**입니다.
풀링 오프는 음정을 쳐준 후 손가락을 떼면서 반음 낮은 음을 내주는 테크닉입니다.

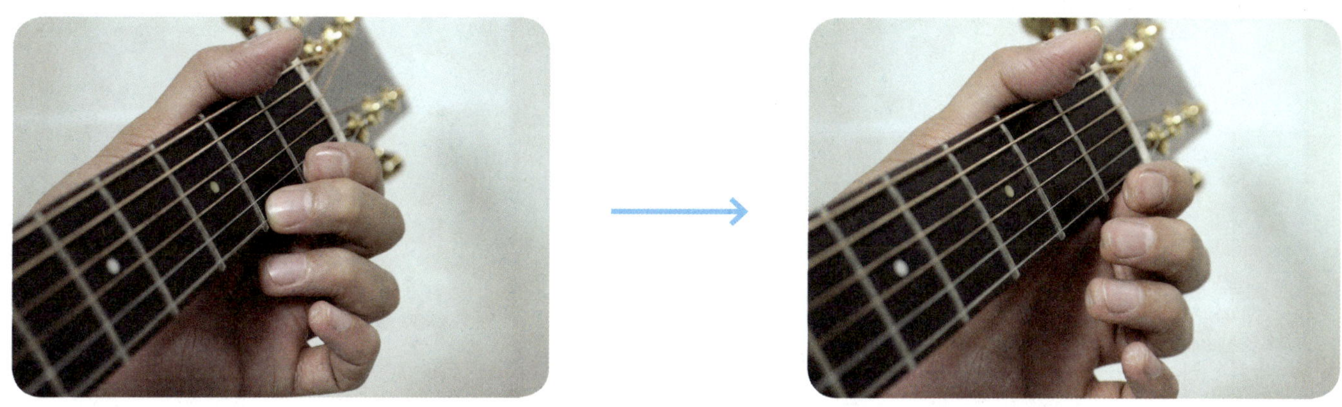

손가락을 뗄 때는 약간 비스듬히 줄을 튕기면서 떼어야 원하는 음의 소리를 명확하게 낼 수 있습니다.

쉽지만은 않죠?
해머링 온과 풀링 오프를 적절히 사용하면 그야말로 현란한 연주가 되지만 지금은 기본적인 테크닉을 익히고 몸에 배도록 하는 것이 중요합니다.

연습입니다.

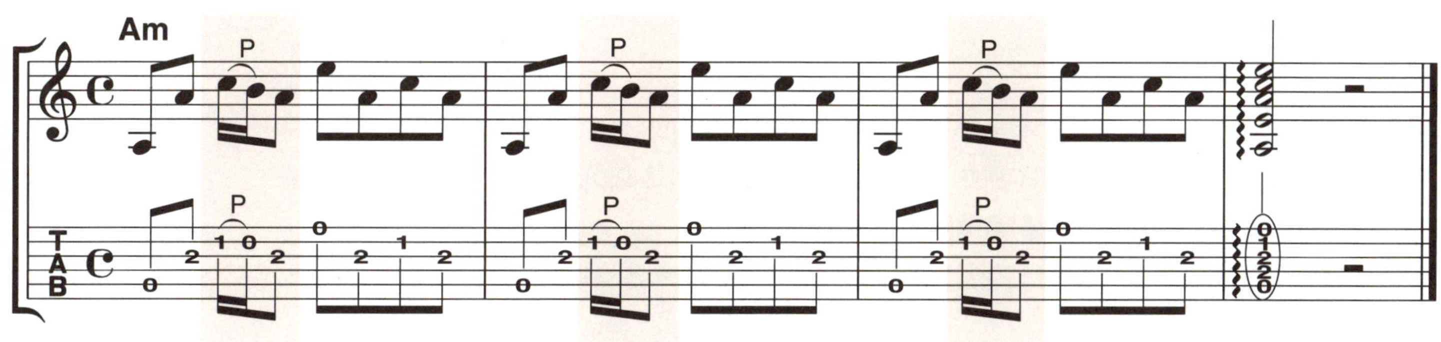

악보에서는 기호 'P'로 표시합니다.
해머링 온과 풀링 오프는 단짝 친구처럼 붙어 다니는 사이좋은 테크닉들입니다.

베이스 러닝(Bass Running)이란 베이스 기타를 들고 뛰자는 뜻은 아닙니다(죄송~^^).
보다 안정적인 베이스의 진행이 되도록 베이스음을 서로 연결해준다는 의미입니다.
밴드에서 베이스 연주자가 할 일을 기타는 화음을 연주하며 해결할 수 있다니 기타가 '작은 오케스트라'라는 말이 맞네요.

가장 간단하면서도 많이 쓰이는 베이스 러닝의 예입니다.

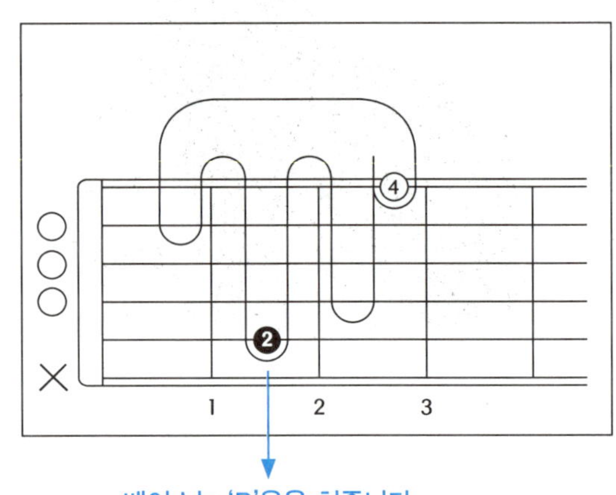

베이스는 'B'음을 쳐줍니다.

G/B 와 같이 수학에서의 분수처럼 적힌 코드를 분수 코드라고 합니다.
자신이 없을 때는 그냥 G 코드로 연주해도 무방하지만 이 코드의 원래 의미는
G 코드를 잡되 베이스는 B음(5번 줄)을 치라는 뜻입니다.
분수 코드는 주로 베이스 음의 멋진 연결을 위해 쓰이며 G on B라고 읽습니다.
또 하나의 연습을 해볼까요?

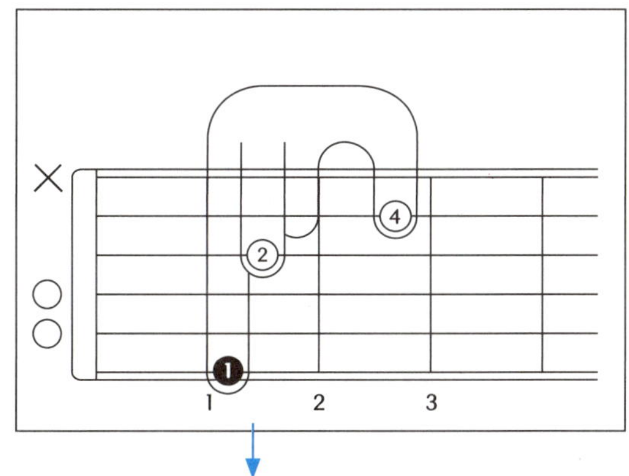

베이스는 'F#'음을 쳐줍니다.

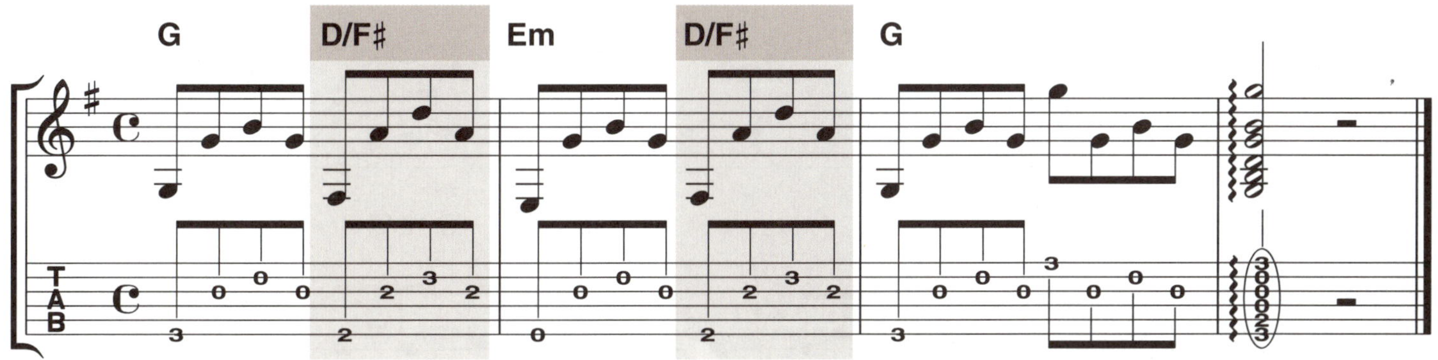

새로운 코드 폼이 나왔네요. D/F#(D on F#)도 앞으로 자주 보게 될 폼이니 익혀둡시다.
이러한 베이스 러닝을 잘 활용하면 지금보다 더 풍성하고 부드러운 연주가 가능해집니다.

자~ 그럼 이제 오늘 배운 스킬들을 모두 출동시켜서 기타에 멋을 부려볼까요?
멋을 부리기에 앞서서 중요한 것은 과유불급(過猶不及)이라는 것입니다.
지나친 것은 미치지 못한 것과 같다는 뜻으로 즉, 멋이 지나치면 멋을 내지 않은 것보다 못할 수 있으니 적당하게 사용하자구요.

서른즈음에

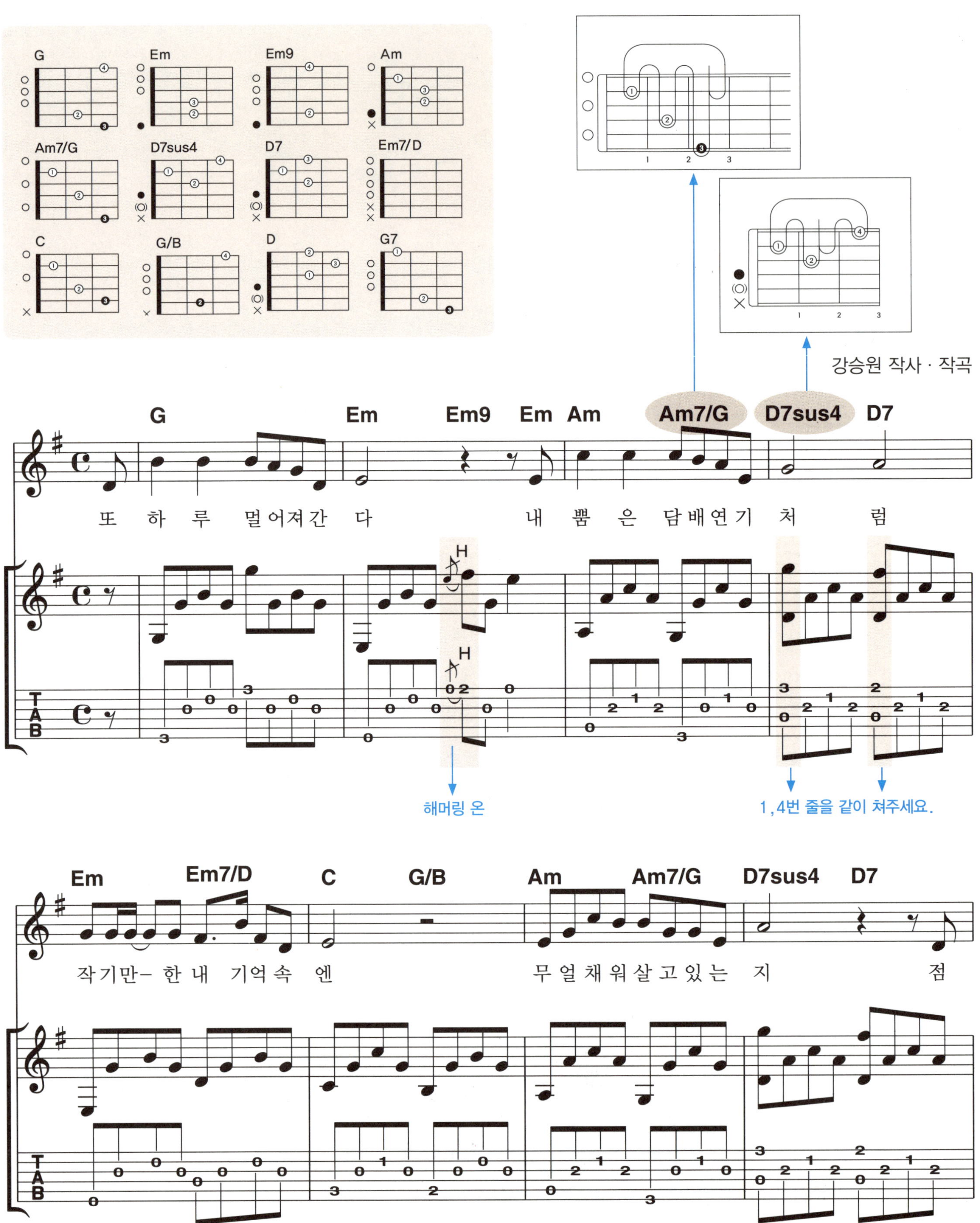

G
Em
Em9
Am
Am7/G
D7sus4
D7
Em7/D
C
G/B
D
G7
강승원 작사 · 작곡
G   Em   Em9 Em Am   Am7/G   D7sus4   D7
또 하 루 멀 어 져 간 다   내 뿜 은 담 배 연 기 처   럼
해머링 온
1, 4번 줄을 같이 쳐주세요.
Em   Em7/D   C   G/B   Am   Am7/G   D7sus4   D7
작 기 만 – 한 내 기 억 속 엔   무 얼 채 워 살 고 있 는 지   점

G   Em   Em9 Em   Am   Am7/G   D7sus4   D7
점 더 멀어져간 다   머 물러있 – 는 청 춘 인 – 줄   알 았 는 데

Em   Em7/D   C   G/B   Am   D   G   G7
비 어 가 – 는 내 가 슴 속 엔   더 아 무 것 – 도 찾 을 수 없 네   계

C   D   G   Em   Am   D   G
절 은 다 시 돌 – 아 오 지 만   떠 나 간 내 사 랑 – 은 어 – 디 에   내

C G Em Am Am7/G D7sus4 D7
가 떠나 보낸것도 아 닌데 내가 떠나온 것도 아 닌데-
조

G Em Em9 Em Am Am7/G D7sus4 D7 G
금 씩 잊혀져간 다 머 물러있-는사랑인줄 알았는 데 또 하 루 멀어져간

Em Am D G Am D G
다 매일 이별하며 살고있구 나 매일 이별하며 살 고있구 나

애인 있어요

D 코드를 잡고 베이스는 F♯음을 쳐줍니다.

G 코드를 잡고 베이스는 4번 줄 개방현(D음)을 쳐줍니다.

G 코드를 잡고 베이스는 5번 줄 개방현(B음)을 쳐줍니다.

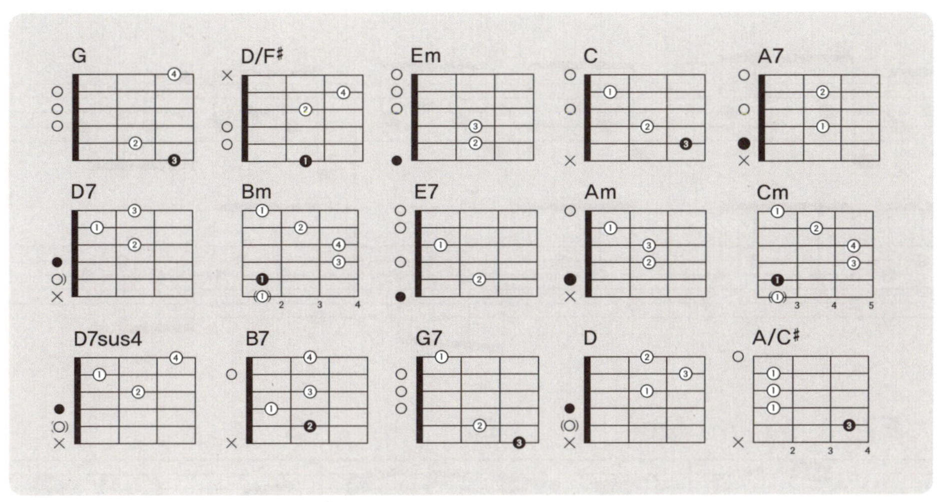

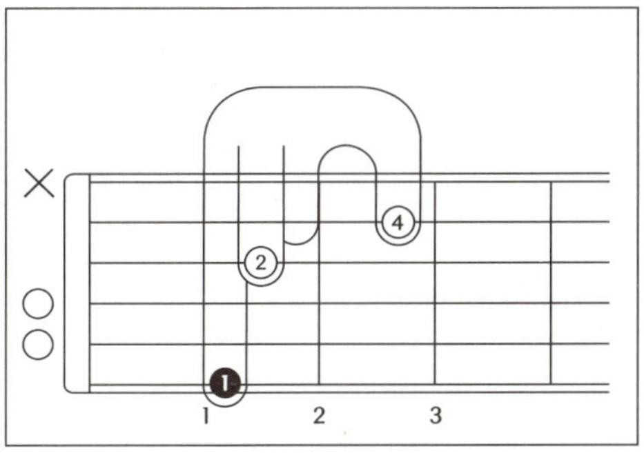

최은하 작사
윤일상 작곡

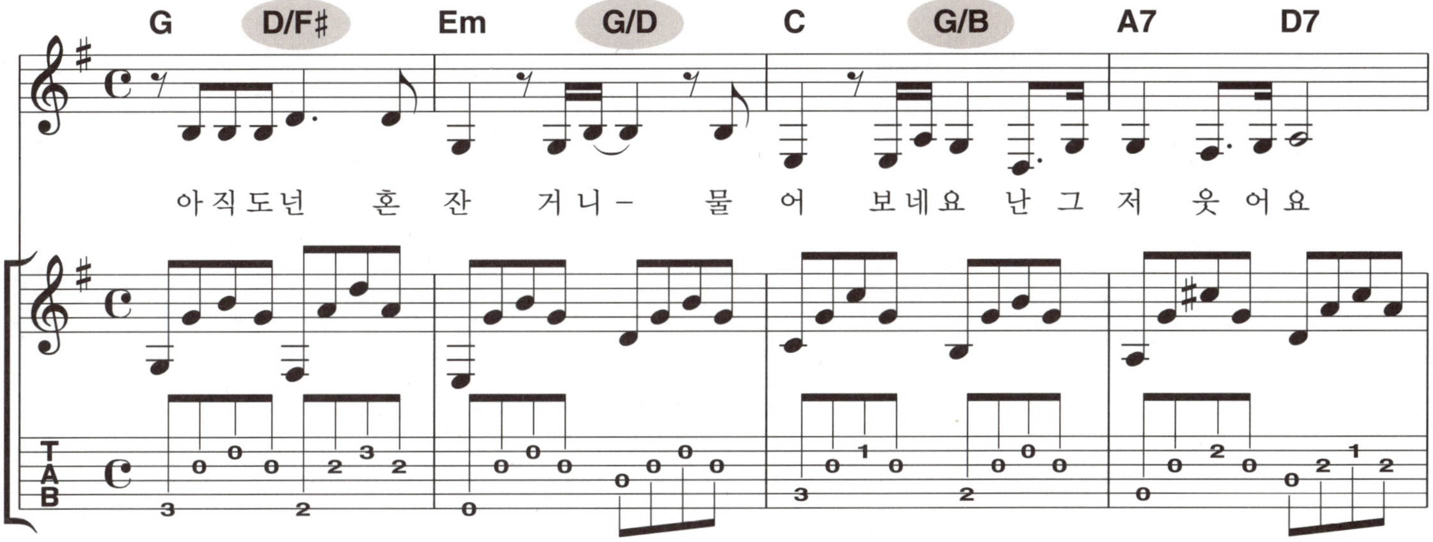

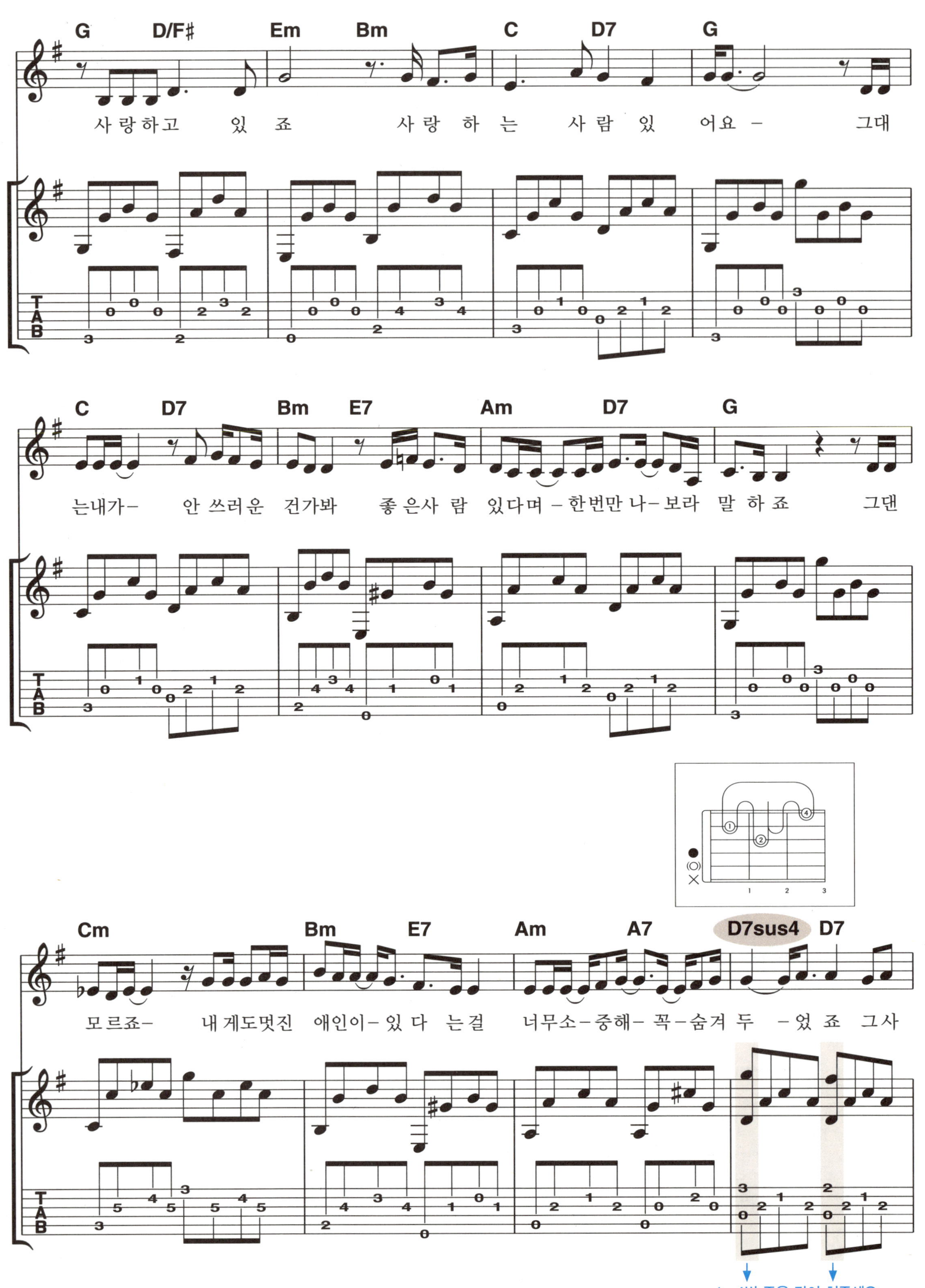

G   D/F#   Em   Bm   C   D7   G
사 랑하고 있죠   사 랑 하 는   사 람 있 어요 –   그대
C   D7   Bm   E7   Am   D7   G
는내가–   안 쓰러운 건가봐   좋은사 람 있다며 –한번만 나–보라 말 하죠   그댄
Cm   Bm   E7   Am   A7   D7sus4   D7
모르죠–   내 게도멋진 애인이–있 다 는걸   너무소–중해–꼭–숨겨 두 –었죠 그사
1, 4번 줄을 같이 쳐주세요.

158

G B7 Em G7 C G/B A7 D
람 나만볼-수 있어요- 내눈에-만 보여요 내입술에 영원히 담 아-둘거 야-가끔
TAB
왼손 1번 손가락으로 2, 3, 4번 줄을 모두 눌러
A 폼을 만들어준 후 3번 손가락으로는 C#음을 짚어줍니다.
쉽진 않지만 도전해보세요.
G B7 Em A/C# Am D G
씩 차오르 는눈-물 만- 알 고있-죠 - 그 사람그 대 라는걸 -
TAB

비와 당신

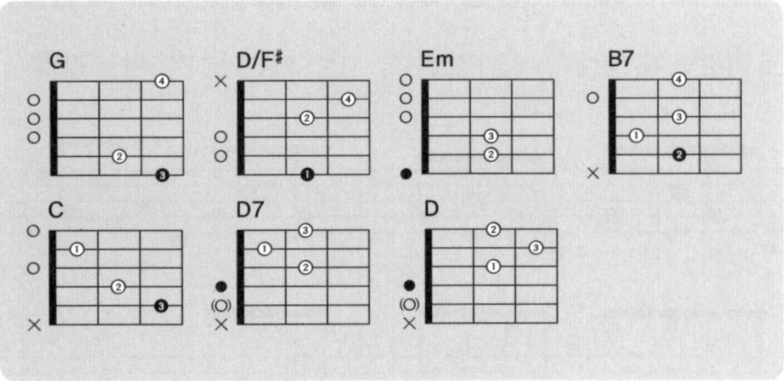

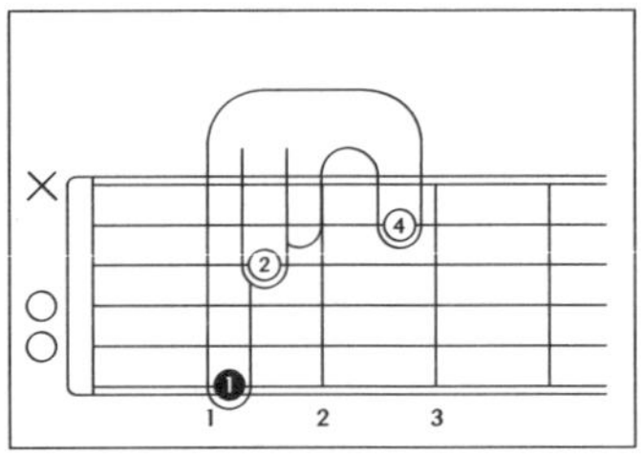

방준석 작사 · 작곡

G   D/F#   Em   B7   C   D7   G   D
알 수없 는건 -   그런 내 맘이 -   비가오면눈물-이 나 요 오 - -

G   D/F#   Em   B7   C   D7   G
아 주오 래전 -   당신 떠 나던 -   그 - 날 처 - -럼 -

G   D/F#   Em   B7   C   D   G   D7
이 젠   괜 찮은- 데 -   사랑따윈저버 렸 는 데 예 - -

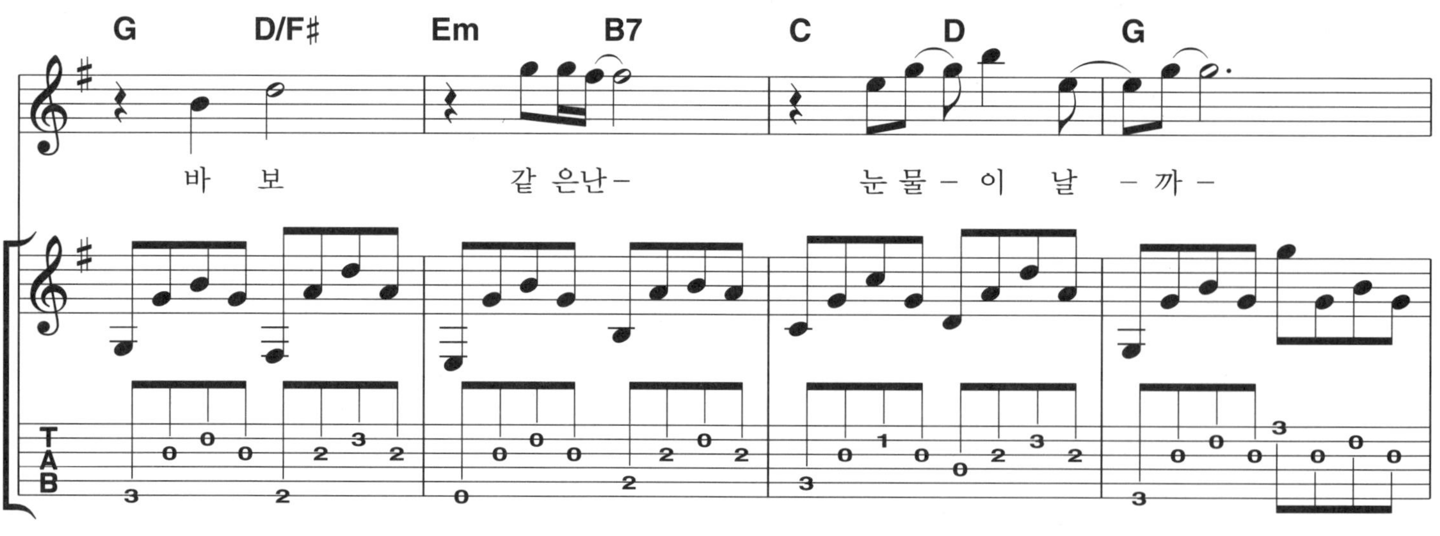

G   D/F#   Em   B7   C   D   G
바 보   같 은난-   눈 물-이 날 -까-

G   D/F#   Em   B7   C   D   G   D7
다 신   안올텐- 데-   잇지못한내가 싫은 데   오--

G   D/F#   Em   B7   C   D   G
언 제   까지나-   맘은-아 플 -까-

이제 정말 왕초보 탈출 10주 프로젝트의 마지막 시간입니다.
지금까지 배우고 연습한 내용들은 다 잊고 10주 전으로 다시 돌아간다는 기분으로 가장 의미 있는 연습을
해보겠습니다.

음악은 예술입니다.
예술은 인간 감정의 표현이며 그 표현이 진솔하게 이뤄졌을 때 그 예술을 접하는 사람은 누구나 진한 감동을 느끼게 됩니다.

'아직 배운 게 얼마 없는데 내가 과연 감동이 있는 연주를 할 수 있을까?'라고 질문하시는 분이 계시다면 저는 자신 있게
대답하고 싶습니다.

"네~~!!" 라구요. ^^

어느 무대에서 C 코드와 G 코드, 두 개의 코드로 만들어진 곡을 아무런 기교 없이 연주하는 어느 가수의 노래를 들으며
감동의 눈물을 흘린 기억이 있습니다.

영화와 마찬가지로 음악에도 기승전결이 있어야 합니다.
클라이맥스도 있어야 하고 때로는 여백의 미도 있어야 합니다.
거기에 절제의 아름다움이 섞이면 그 감동은 배가 됩니다.
말로는 쉽지만 실제 몸이 따라주기는 쉽지 않다는 것을 잘 압니다.

하지만 그러한 마음을 가지고 연주하는 기타와 아무 생각 없이 악보와 코드만 보고 주법대로 연주하는 기타는
분명 다른 소리를 낼 수밖에 없습니다.

감동이 있는 연주를 하기 위해서 가장 먼저 우리가 연습해야 할 것은 **강약의 조절**입니다.

나 혼자 노래하고 연주하는 것 같지만 실제로는 나와 기타, 둘이서 노래와 반주의 역할을 나눠서 하고 있는 것입니다.
그렇다면 둘 간의 호흡이 잘 맞아야 한다는 것은 두 말할 나위가 없겠지요?
그 호흡을 강약으로 맞추겠습니다.

지난 10주 동안 기본 패턴을 연습할 때의 연주 볼륨을 **100**이라고 봤을 때

- 노래가 있는 부분에서는 **30~50**

- 노래가 없는 부분에서는 **70~80**

- 그 곡의 클라이맥스 부분에서는 **90~100** 으로 연주해보세요.

너에게 난 나에게 넌

Slow Go Go

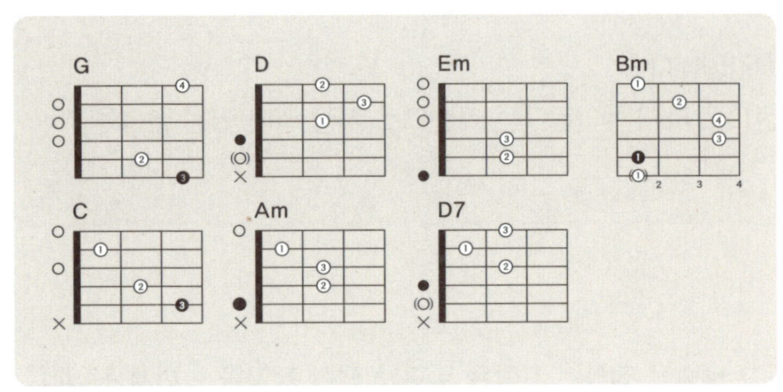

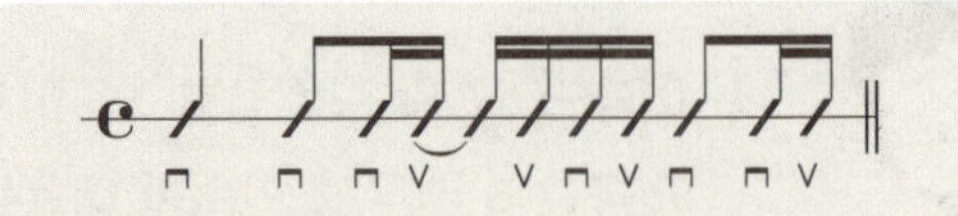

level 1	기타 연주 볼륨 30~50%
level 2	기타 연주 볼륨 70~80%
level 3	기타 연주 볼륨 90~100%

송봉주 작사 · 작곡

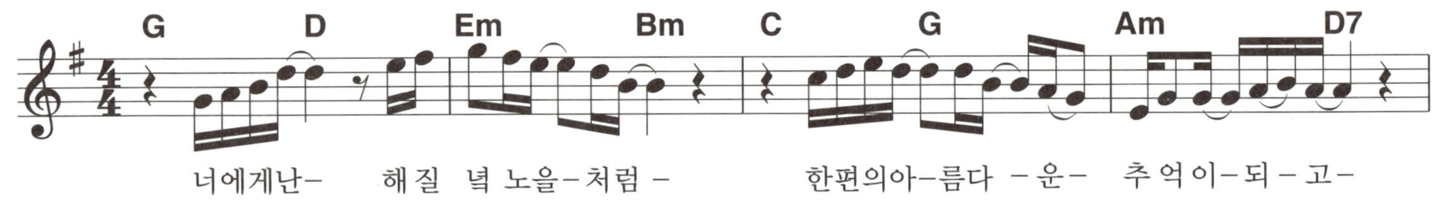

level 1 도입 부분, 노래 부분

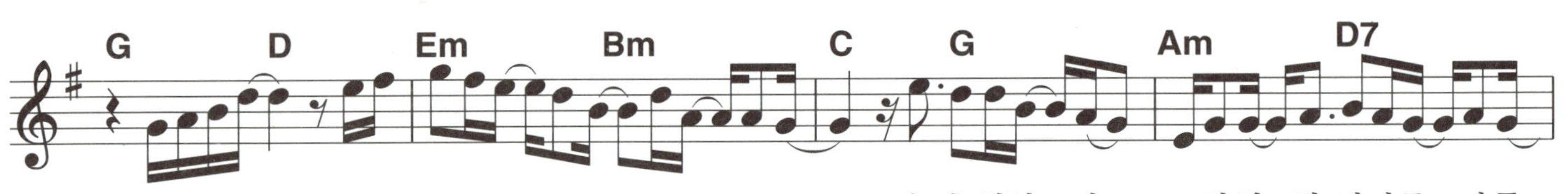

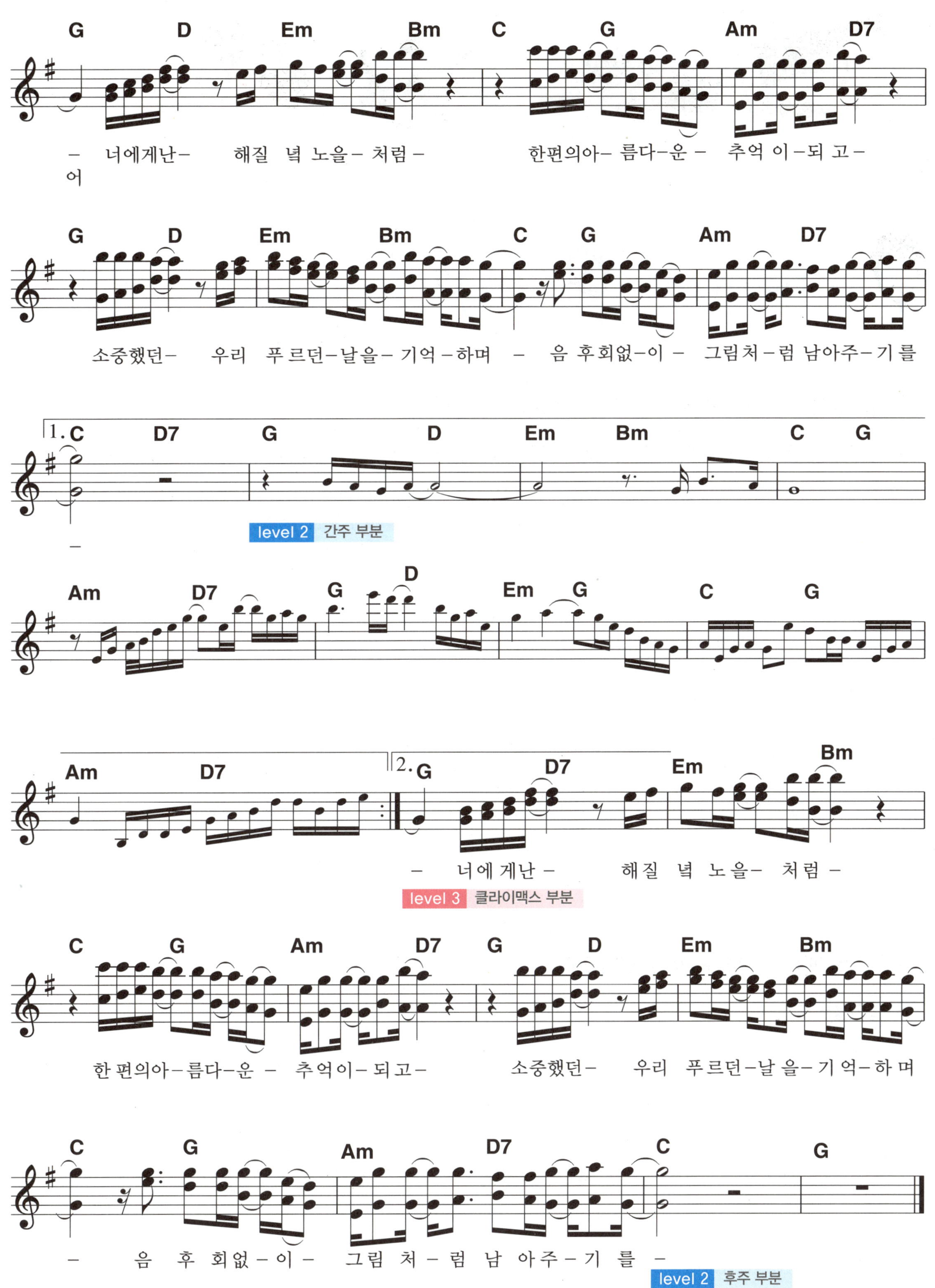

◉ level 1 부분에도 쉼표가 있는 부분은 level 2 로 연주하면 연주의 입체감이 생깁니다.

아하~ 기타상식 Q&A ⑤

Q) 기타줄이 높아서 지판을 누를 때 손가락이 너무 아파요.

A) 기타를 연습하면서 겪는 손가락의 고통은 피할 수 없는 과정입니다.

하지만 줄의 높이가 지나치게 높은 경우에는 연습하기도 힘들고, 기타의 음정에도 문제가 될 수 있습니다.

6번 줄의 경우 12프렛에서 프렛과 줄 사이(Action)가 2.7~3.0mm 정도면 적당하구요. 1프렛에서는 1mm가 넘지 않아야 합니다(정확한 측정 방법과 구체적인 관리 요령은 본 교재의 **부록 2** **소중한 나의 기타 관리법**에서 그림으로 설명하겠습니다).

줄의 높이가 기준치보다 높은 것은 다음과 같은 원인 중 하나 때문일 수 있습니다.

> 1. 넥이 휘어진 경우(오랜 시간 방치되었거나 습도 관리가 잘 되지 않았을 때)
> 2. 상·하현주의 높이가 지나치게 높은 경우(셋업 과정의 문제)
> 3. 바디의 상판이 불룩하게 나온 경우(방치 혹은 습도 관리의 문제)

1, 2, 3번 모두 개선이 가능하지만 최상의 셋업을 위해서는 주위의 전문가나 리페어 전문점에 의뢰하시는 것이 좋습니다. 편한 맞춤옷처럼 내 손에 잘 맞는 악기로 즐겁게 연습하세요.

Q) 기타를 배우면 작곡도 할 수 있나요?

A) 물론입니다.

대부분의 명곡은 피아노나 기타로 만들어졌다고 해도 과언이 아닙니다.

작곡가에 따라 차이는 있겠지만 멜로디를 먼저 만들어 그에 어울리는 코드를 입히는 경우가 있고, 코드 진행을 먼저 만들어 놓고 그 위에 멜로디를 얹어서 작업하는 경우도 있습니다.

두 가지 모두가 기타만으로도 가능한 일입니다.

정말 멋진 일 아닌가요? 부디 끝까지 열심히 연습해서 기존 곡을 반주하는 것 뿐만 아니라, 세상에 하나뿐인 나만의 노래도 만들어 보세요.

여러분을 격하게 응원합니다!

부록 2
소중한 나의 기타 관리법

왕초보를 멋지게 탈출하신 여러분, 다시 한 번 축하드립니다. 수고하신 여러분께 마지막으로 드리는 선물의 의미로 부록을 마련했습니다. 부담 없이 읽어보시면서 기타라는 악기에 대한 이해의 폭을 더 넓히시기 바랍니다.

멋진 연주를 하기 위해서는 열심히 연습하는 것도 물론 중요하지만 악기의 특성을 이해하고 최상의 상태를 유지할 수 있도록 관리해주는 것 또한 매우 중요합니다. 정성을 다해 아끼고 관리해준 악기는 분명히 좋은 소리로 보답합니다.

1. 기타의 올바른 셋업

기타의 셋업(Set up)이란 가장 적절한 넥의 상태와 줄 높이(Action)를 말합니다.
줄의 높이란 정 튜닝이 된 상태에서의 12프렛 상단과 줄 하단 사이의 거리를 말하며 다음과 같이 측정합니다.

기타가 좋은 소리를 내기 위해서는 적절한 셋업이 필수적이며 개인의 취향에 따라 줄의 높이는 다르게 셋업할 수 있습니다.

> **가장 보편적인 줄의 높이 (12프렛 기준)**
>
> 6번 줄 ➡ 2.7~3.0mm
> 1번 줄 ➡ 2.0~2.4mm

2. 넥에 대하여

한쪽 눈을 감고 기타의 넥을 비스듬히 보면서 "음~ 넥이 좀 휘었네" 혹은 "오~ 상태 좋은데?" 등 기타의 상태를 말하는 사람을 본 적이 있나요? '나는 아무리 봐도 뭐가 뭔지 모르겠어' 하신다면 다음의 내용을 보면서 내 기타의 상태를 스스로 점검해보시기 바랍니다.

정상적인 넥의 상태

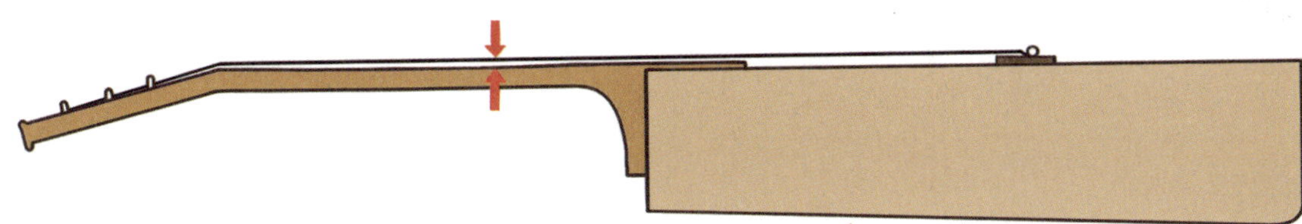

넥의 가장 안정적인 모습입니다.
일자로 쭉 뻗은 모양에서 살짝 앞으로 굽은 듯한 모양이며 그 정도를 체크하기 위해서는 정 튜닝을 한 후 1프렛과 14프렛을 누른 뒤 그 중간인 7프렛에서 프렛 상단과 줄 하단의 간격을 점검합니다.
그 거리가 0.25~0.30mm 정도면 정상입니다.

심한 릴리프 상태

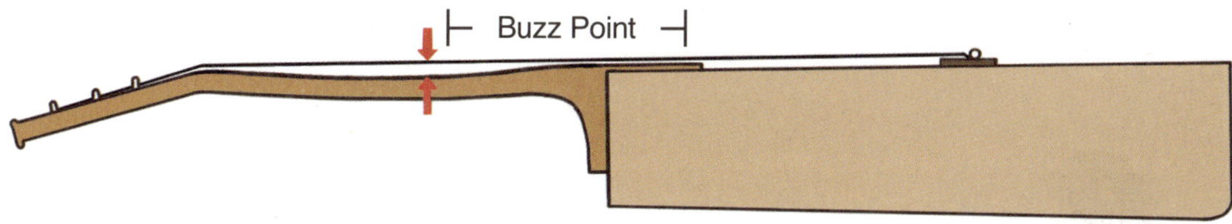

만약 넥이 위의 그림과 같이 심한 릴리프 상태(앞으로 굽어있는 듯한 모양)라면 줄의 높이가 높아져 연주감이 나빠지며 특히 표시된 부분(Buzz Point)에서 버징(줄과 프렛이 닿는 소리)이 생길 수 있습니다.

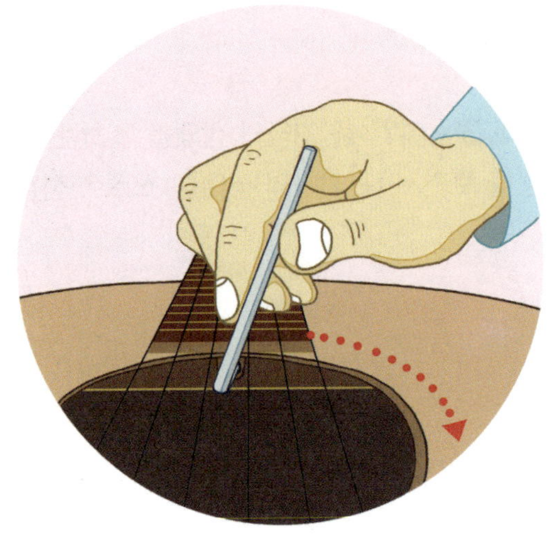

심한 릴리프 상태일 때는 줄을 느슨하게 풀어준 후 홀 안쪽에 있는 구멍에 렌치를 넣고 시계 방향으로 15도 정도 돌립니다. 그리고 다시 정 튜닝한 상태에서 넥의 상태를 점검하고 이를 반복해서 정상의 상태가 되도록 넥을 조절합니다. 렌치의 방향은 드라이버를 이용해서 나사를 조이거나 푸는 방향을 생각하시면 됩니다.

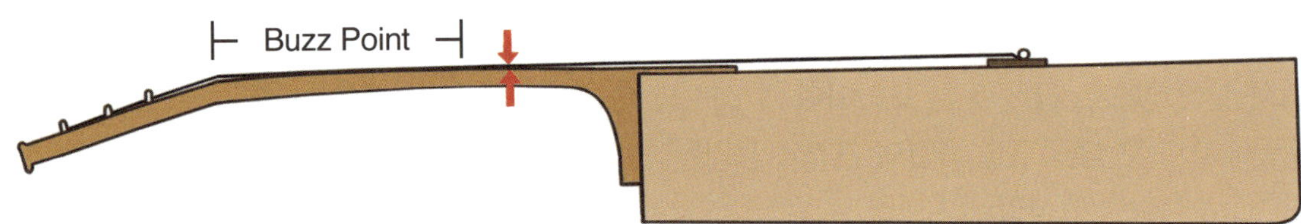

반대로 넥이 위 그림과 같이 백보우 상태(뒤로 누워있는 듯한 모양)일 때는 줄 높이가 낮아지고 표시된 부분에서 버징이 생길 수 있으며 사람의 척추와도 같은 넥의 트러스 로드에도 과한 힘이 가해지게 됩니다. 아래 그림과 같이 렌치를 시계 반대 방향으로 15도 정도 돌린 후 다시 정 튜닝한 상태에서 넥의 상태를 점검하고 이를 반복하여 정상의 상태로 조절합니다.

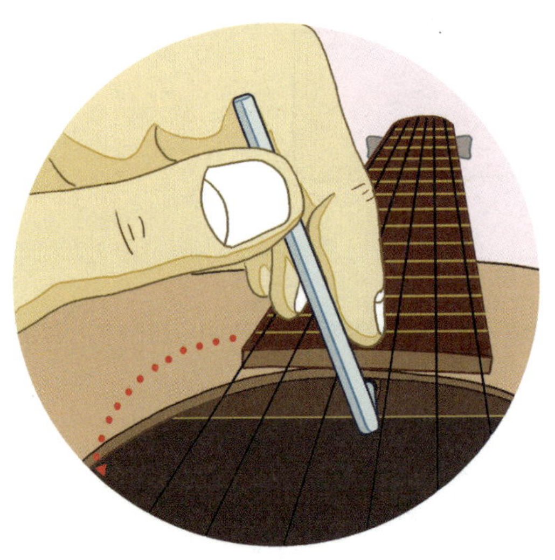

*주의!

넥의 상태를 점검하고 렌치를 이용해 셋업하는 과정은 많은 경험과 노련함이 필요한 작업이기 때문에 혹시라도 자신이 없다면 주위의 선배나 전문가에게 의뢰하는 것이 좋습니다. 넥에 무리한 힘이 가해지면 돌이킬 수 없는 결과가 생길 수도 있답니다.

3. 기타 길들이기

첫 출고된 자동차를 쌩쌩 잘 달리는 차로 길들이듯이 악기도 더 좋은 소리를 위해 길들이는 과정을 '에이징(Aging)'이라고 합니다. 실제로 2~3년 이상의 에이징을 거친 악기는 제작 직후보다 더욱 명료하고 안정적인 소리로 변하게 됩니다.

기타를 좋은 소리로 길들이기 위해서는

a. 가급적 매일 쳐주는 것이 좋고
b. 전 음역대의 소리를 고르게 쳐주는 것이 좋으며
c. 적절한 습도와 온도 등의 관리가 필요합니다.

꾸준한 연주와 꼼꼼한 관리로 최상의 사운드를 내는 악기로 길들이시기 바랍니다.

4. 기타줄 교환 방법

개인의 취향이나 기타줄의 상태, 그리고 사용 환경에 따라 다르기는 하지만 대부분 한 달을 기준으로 그 전후, 적어도 두 달에 한 번씩은 기타줄을 교환해주는 것이 좋습니다.

적절한 시기의 기타줄 교환은 기타의 상판을 좋은 울림으로 에이징 하는데도 영향을 끼칩니다. 기타줄을 교환할 때는 여섯 줄 전체를 교환하는 것을 기준으로 합니다.

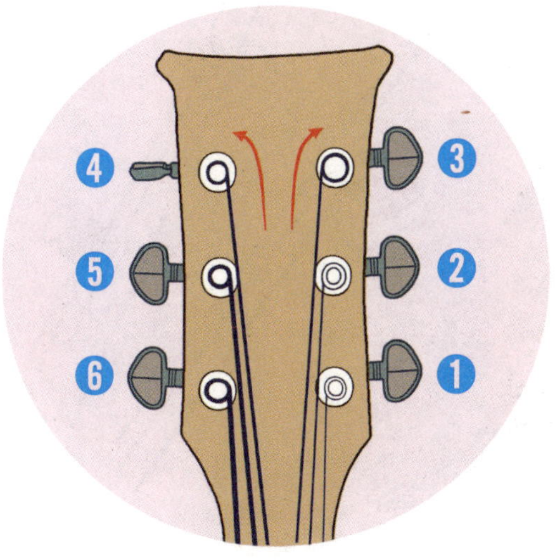

기타줄을 교환하실 때는 우선 줄이 감기는 방향에 유의하시기 바랍니다. 기타를 안았을 때 ❶, ❷, ❸번 줄은 위에서 아래로, ❹, ❺, ❻번 줄은 아래에서 위로 감기게 되는데 이는 기타를 세웠을 때를 기준으로 보면 모든 줄이 안에서 밖으로 감긴다고 생각하시면 됩니다.
(가장 가는 줄부터 1번~6번 줄입니다.)

다시 한 번 확인하는 의미에서 복습해봅시다.
기타줄 교환 후 튜닝 시 개방현의 음은 다음과 같습니다.

❶번 줄	❷번 줄	❸번 줄	❹번 줄	❺번 줄	❻번 줄
E	B	G	D	A	E

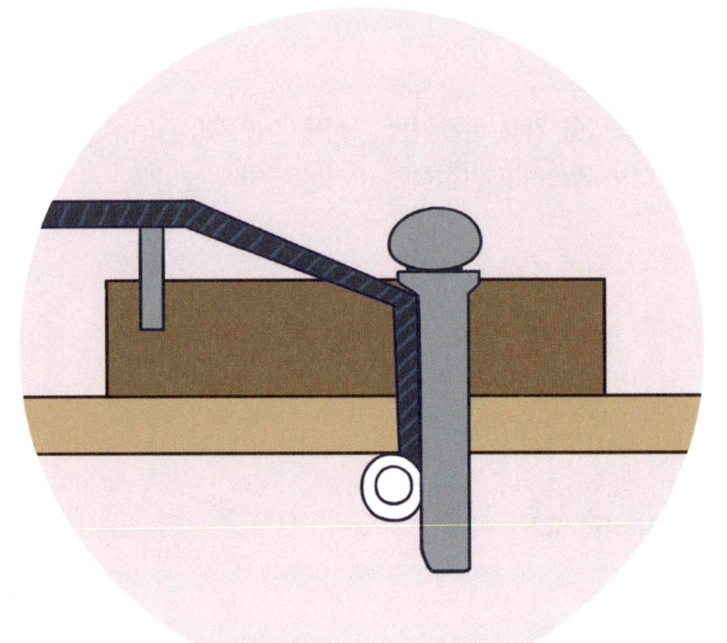

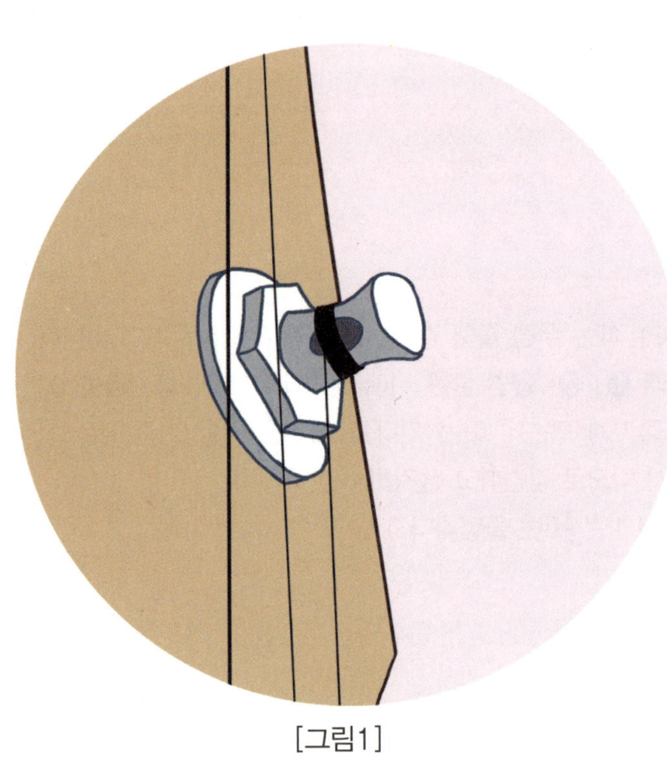

[그림1]

[그림2]

1, 2번 줄은 얇기 때문에 [그림 1]과 같이 5~7바퀴 정도를 엉키지 않도록 촘촘히 감아주는 것이 좋습니다.

3, 4번 줄은 3~4바퀴 정도가 적당하며 5, 6번 줄은 [그림 2]와 같이 2~3바퀴 정도가 적당합니다.

연주 시 노이즈 방지를 위해 교환 후 줄의 끝부분은 깔끔하게 잘라주는 것이 좋습니다.

5. 기타의 관리

기타는 나무로 만들어진 악기이기 때문에 온도와 습도 등 주위 환경의 변화에 매우 민감하게 반응합니다. 따라서 적절한 관리가 필요하며 특히 원목으로 만들어진 고가의 악기일수록 더욱 세심한 관리를 필요로 합니다. 이는 기타의 수명과도 직접적인 연관이 되기 때문에 기타에 있어서 온도, 습도의 관리는 아무리 강조해도 지나치지 않습니다.

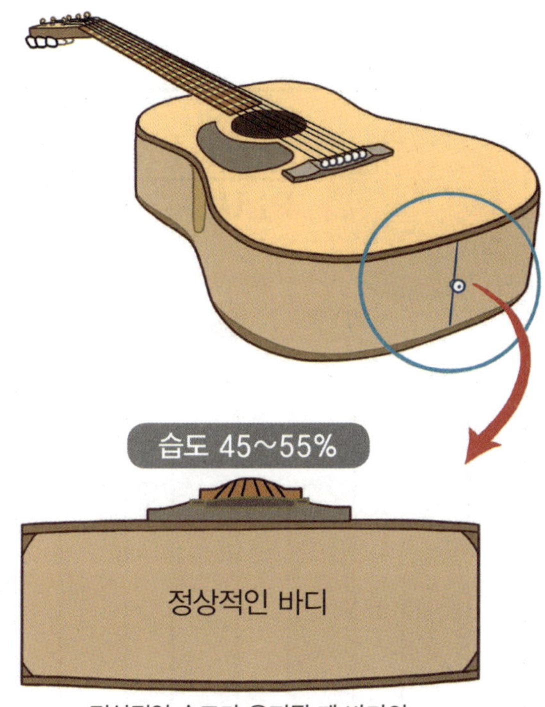

* 기타 관리에 가장 적절한 온도는 15~25℃ 이며
  적절한 습도는 45~55%입니다.

오른쪽의 그림은 정상적인 기타 바디 단면의 모습입니다. 적절한 습도의 관리로 항상 이와 같은 상태를 유지하는 것이 중요합니다. 댐핏(Dampit)이나 제습제 등 관리용품 등을 이용하여 적절하게 관리해서 최적의 상태로 연주하시기 바랍니다.

정상적인 습도가 유지될 때 바디의
형태입니다.

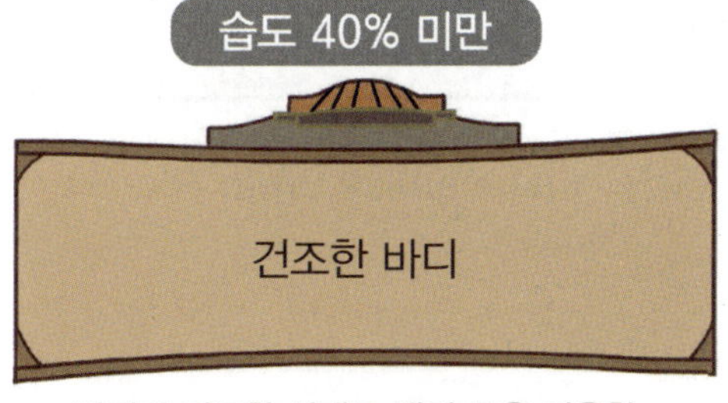

겨울철과 같이 대기가 건조하면 오른쪽 그림처럼 상판이 수축해서 줄의 높이가 낮아져 버징이 생기는 등의 문제가 생기게 되고 심한 경우는 상판이 갈라지기도 합니다.
이때는 충분히 가습을 해줘야 합니다. 가습기나 악기용 댐핏 등을 이용해서 적절한 습도를 유지 시켜 주세요.

바디가 건조한 상태로 댐핏 등을 이용한
수분의 보충이 필요합니다.

반대로 여름, 특히 장마철과 같이 대기가 지나치게 습하면 오른쪽 그림과 같이 기타의 상판과 후판이 나오고 줄의 높이가 높아지는 등의 문제가 생길 수 있는데 이때는 제습을 위해 에어컨이 있는 실내에 보관하거나 케이스 안에 제습제를 하나 정도 넣어 두는 것이 좋습니다.

습한 상태의 바디 모양으로 실리카겔
등을 이용한 습도의 관리가 필요합니다.

6. 픽업 장치

예전에는 앰프로 소리를 내기 위해서 기타에 마이크를 대는 것이 유일한 방법이었으나 요즘은 픽업 장치를 이용해 바로 음향 시스템에 연결하는 방식이 대세를 이루고 있습니다. 픽업 장치의 기능에 대해 말씀드리겠습니다.
(Fishman사의 Prefix Plus-T를 예로 들었습니다. 픽업의 종류에 따라 차이가 있을 수 있습니다.)

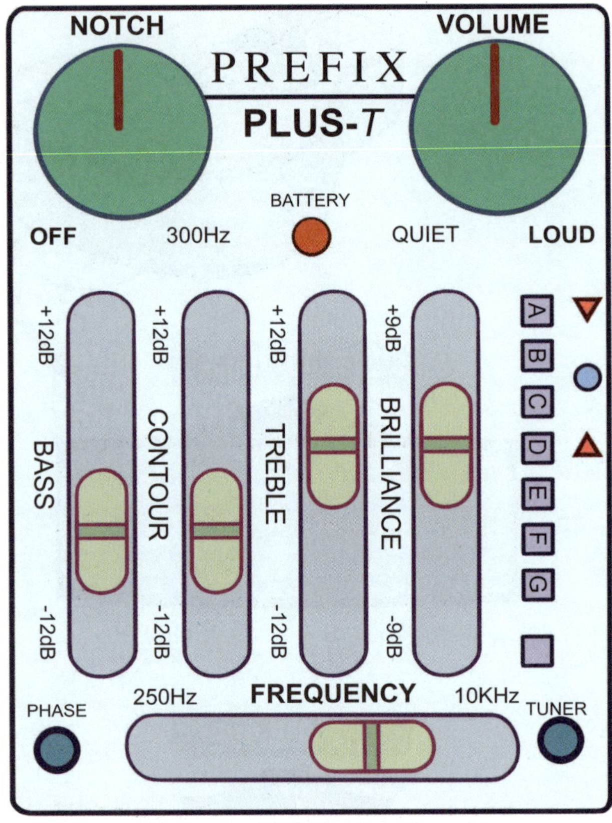

Fishman사의 Prefix Plus-T

a. Volume : 기타의 전체 음량을 조절합니다.

b. Notch : 기타 저음부의 피드백(하울링)을 조절합니다.

c. Phase : 스위치의 위치를 바꾸면 소리의 파장이 역상으로 바뀌어 다른 악기들과의 중첩현상을 방지하며 중저음부의 피드백을 조절합니다.

d. EQ : 사운드의 고, 중, 저음부(Treble, Middle, Bass)를 조절합니다.

e. Brilliance : 음의 전체적인 밝기를 조절합니다.

f. Frequency : 톤 조절을 원하는 주파수대를 지정합니다.

g. Contour : 프리퀀시(Frequency)에서 지정한 주파수대의 톤을 조절합니다.

이러한 픽업의 기능들을 활용하여 가장 좋은 사운드로 조절해서 사용하시기 바랍니다.
이외에도 블렌더(Blender) 기능이 있는 픽업의 경우 픽업쪽으로 페이더(Fader)를 옮기면 피에죠 픽업의 소리가 출력되고 Mic쪽으로 옮기면 Mic를 통한 소리가 출력됩니다.
페이더를 중간쯤에 놓으면 적절히 섞인 소리가 출력됩니다.

에필로그

기타라는 악기에 입문하신 여러분께
이 책이 조금이나마 도움이 되었기를 진심으로 바랍니다.
이제 당당하게 왕초보를 탈출하셨으니
더 높은 곳을 향해 한 걸음 한 걸음 힘차게 도전해보세요.
화이팅~!! 감사합니다.

류 주 석

저자 소개

류 주 석

해군 홍보단 전역
류주석 1집 〈Falling in your soul〉 발표
영화음악 및 로고송 작업 다수
T-Broad '내일로 가는 음악여행' 진행
현 버드뮤직 대표

저서
류주석의 통기타 때려잡기
류주석의 통기타로 프러포즈하기
류주석의 기타렐레 때려잡기 1, 2
류주석의 헬로우 기타 1, 2
올드쏭 기타
류주석의 트로트 기타
통기타로 즐기는 미스&미스터 트롯

질문이나 의견

페이스북 : https://www.facebook.com/ryu1462
이메일 : ryu1462@hanmail.net

C

C	C7	CM7	Cm	Cm7
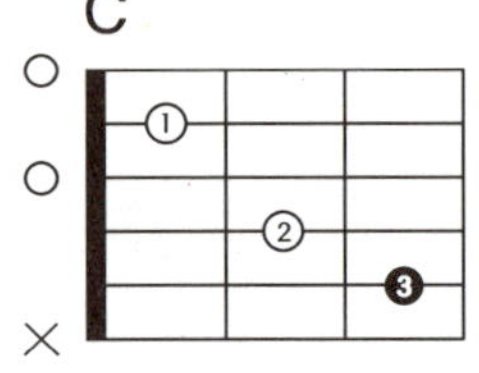	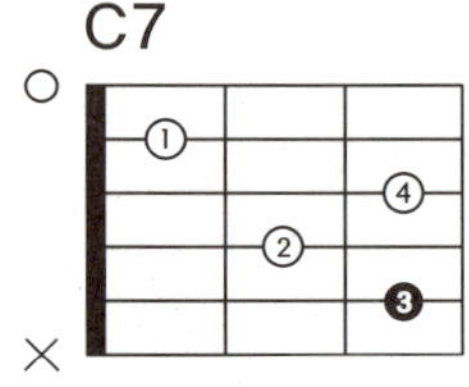	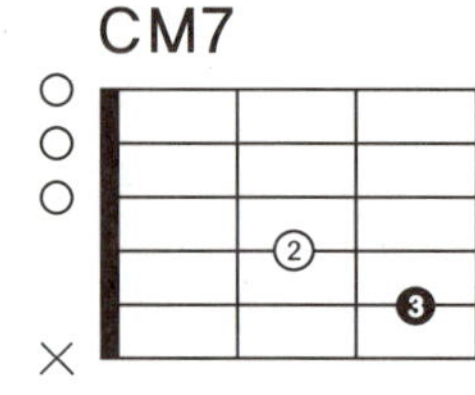	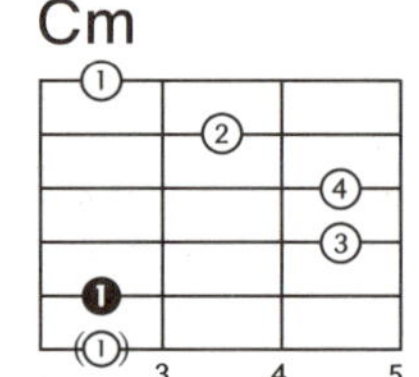	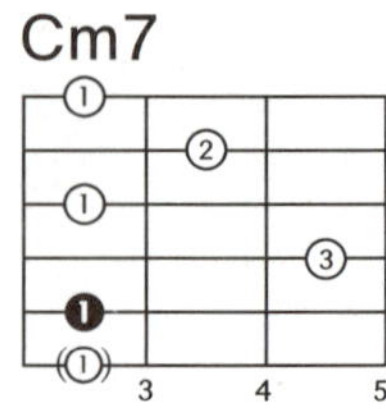

Csus4	Cm7^{-5}	Cdim7	Caug	Cadd9
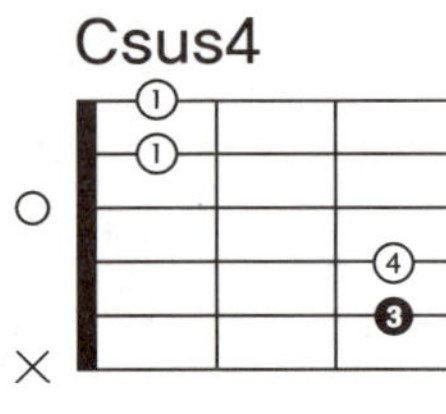	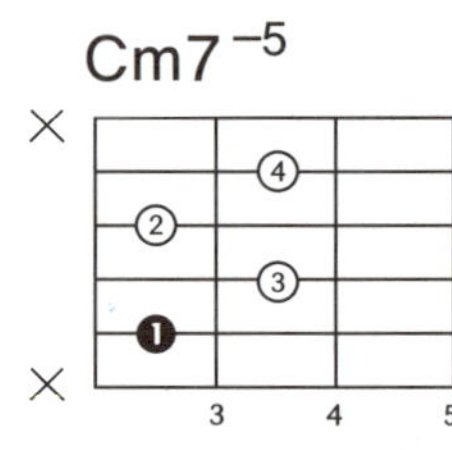	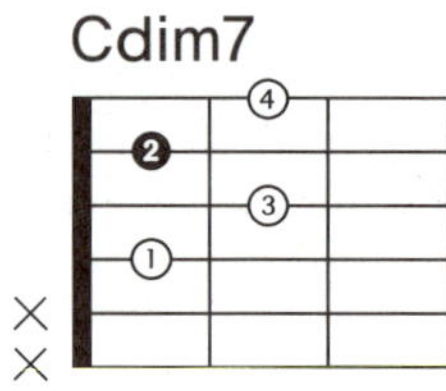	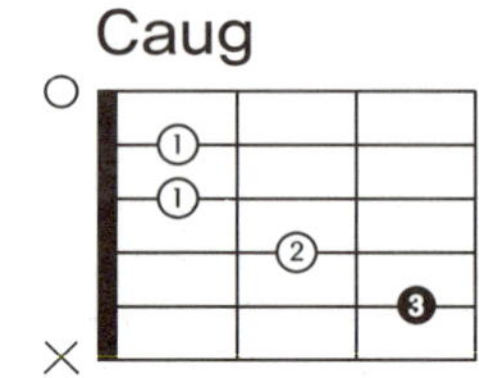	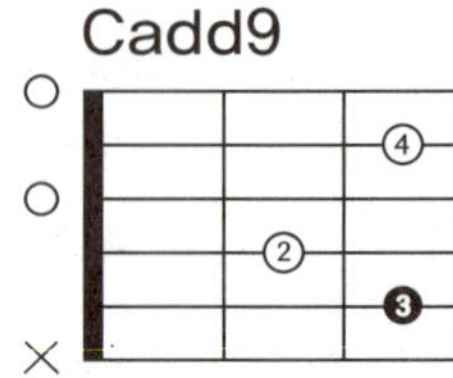

C♯(D♭)

C♯	C♯7	C♯M7	C♯m	C♯m7
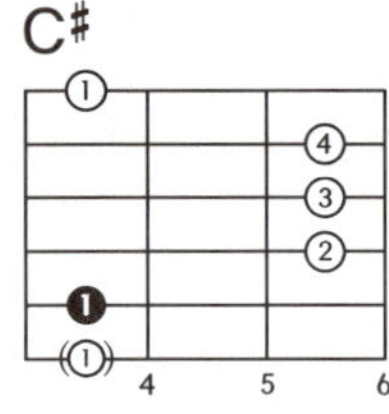	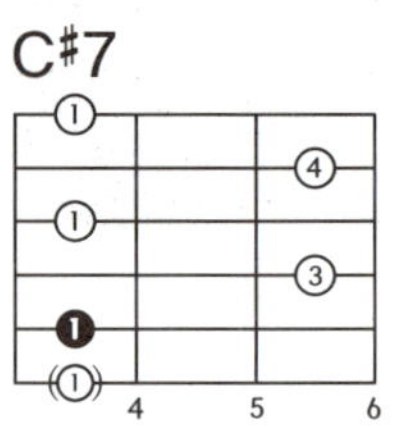	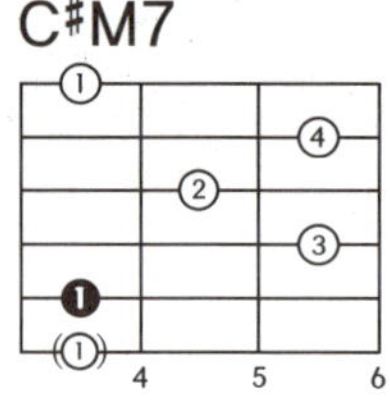	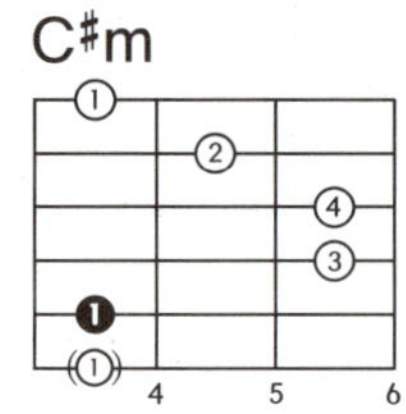	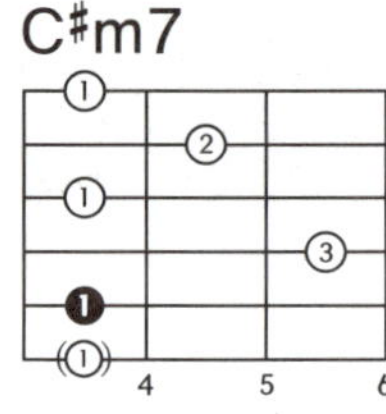

C♯sus4	C♯m7^{-5}	C♯dim7	C♯aug	C♯add9
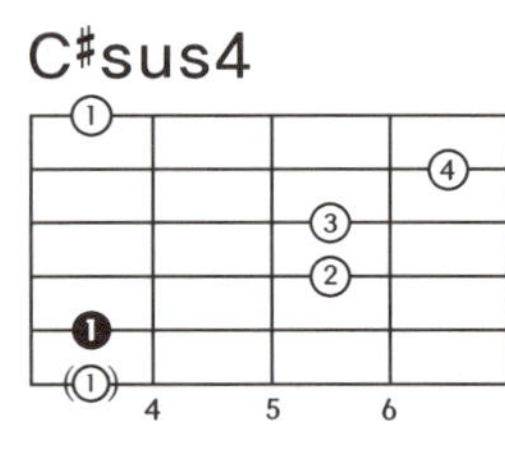	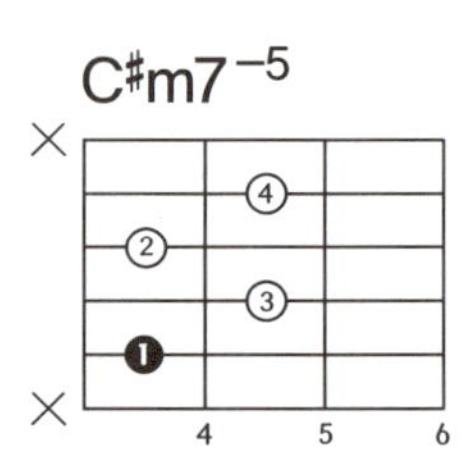	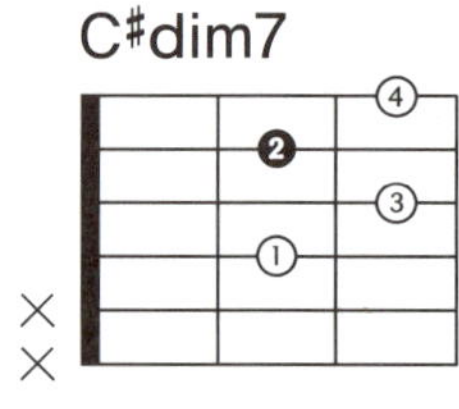	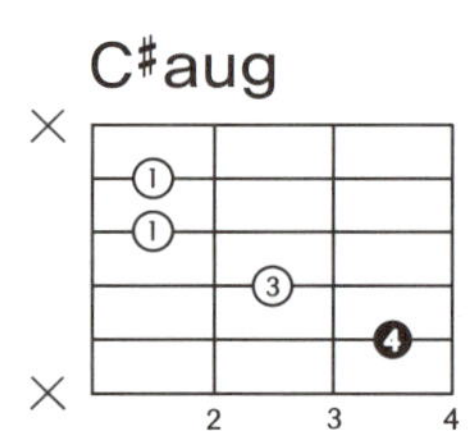	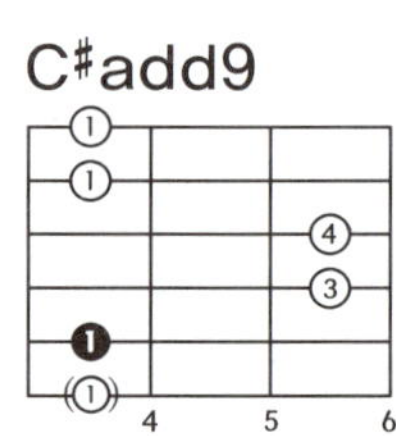

D

D	D7	DM7	Dm	Dm7
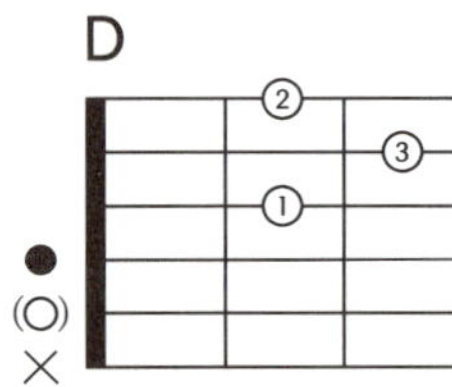	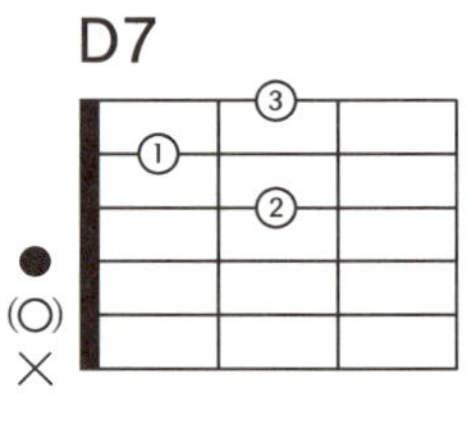	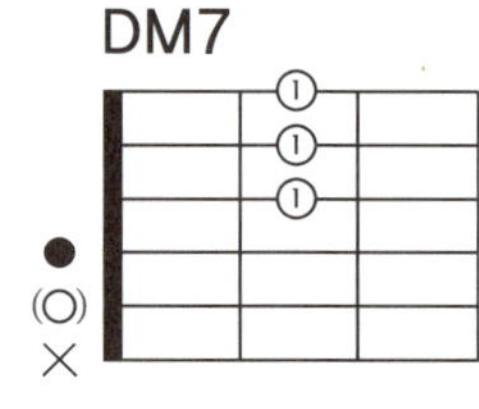	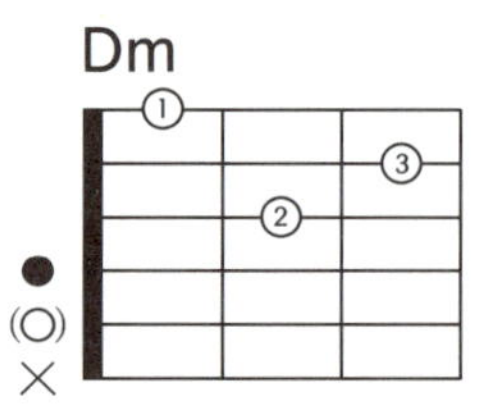	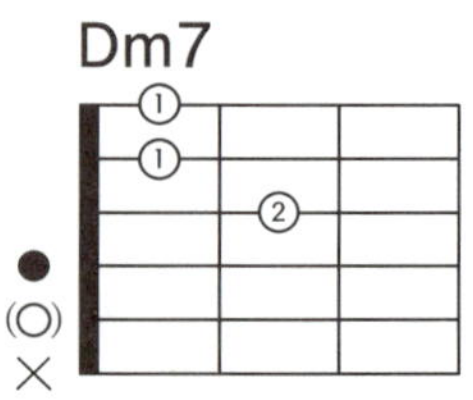

Dsus4	Dm7^{-5}	Ddim7	Daug	Dadd9
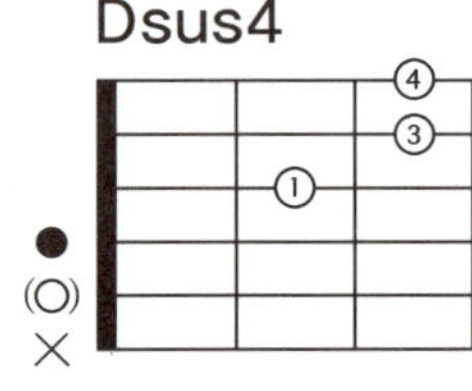	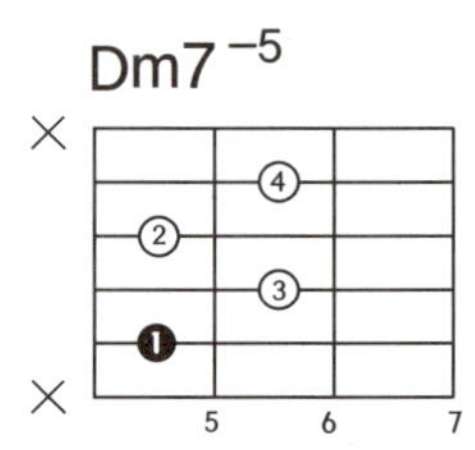	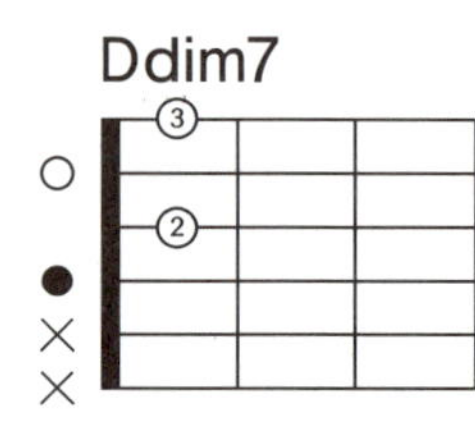	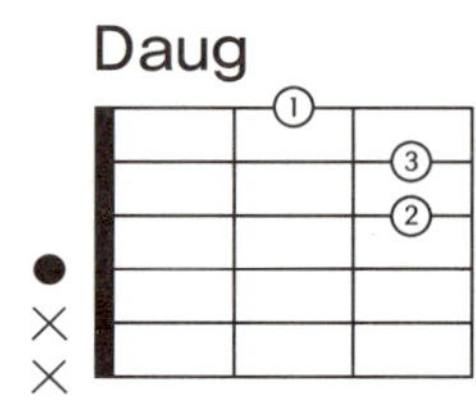	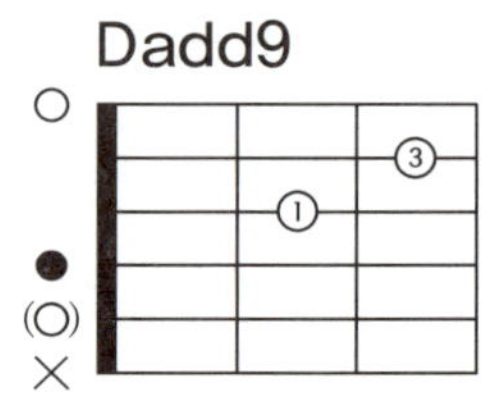

E♭(D♯)

E♭	E♭7	E♭M7	E♭m	E♭m7
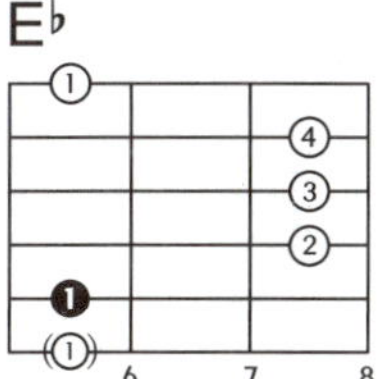	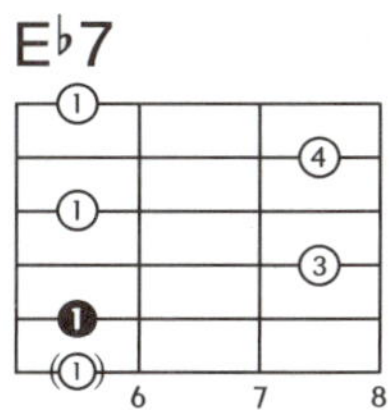	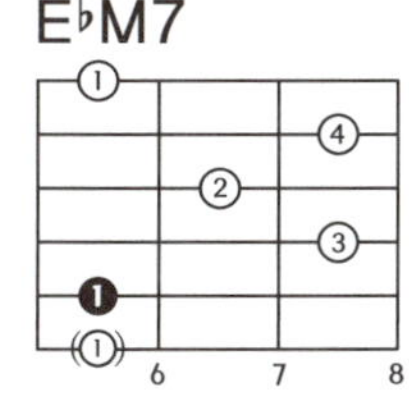	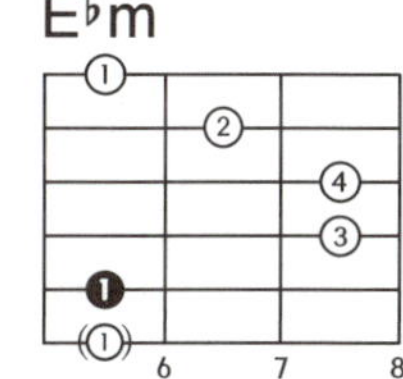	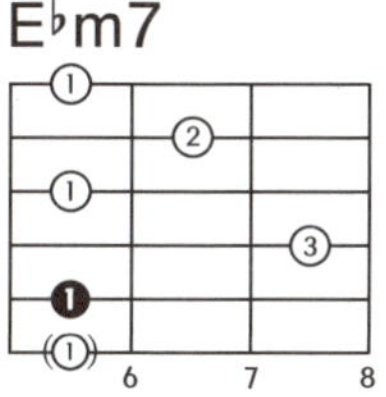

E♭sus4	E♭m7 ⁻5	E♭dim7	E♭aug	E♭add9
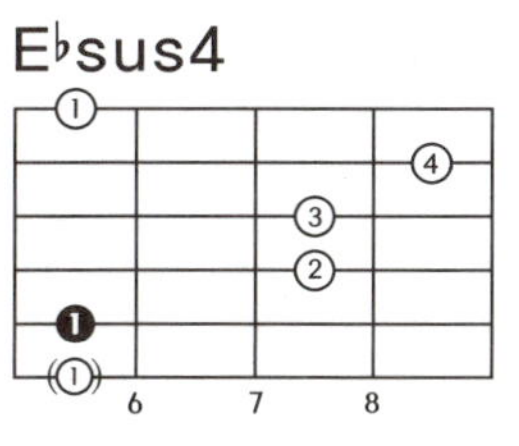	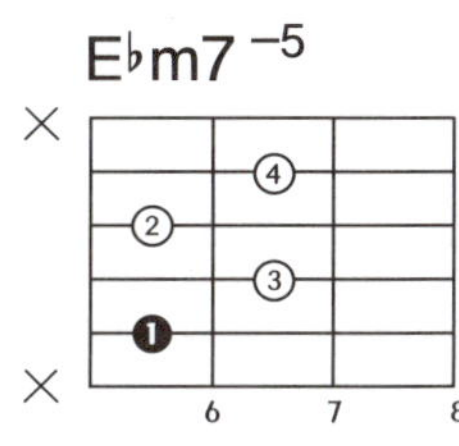	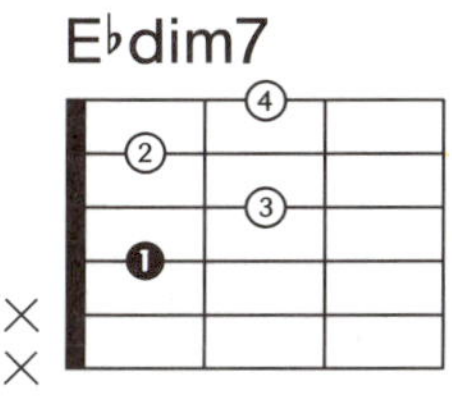	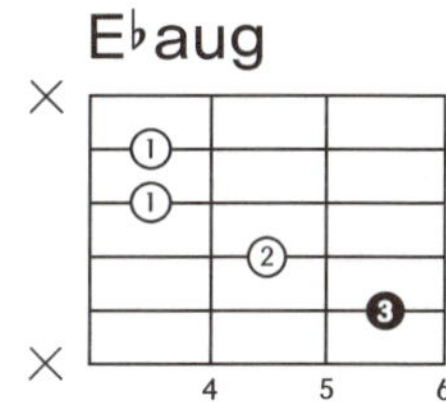	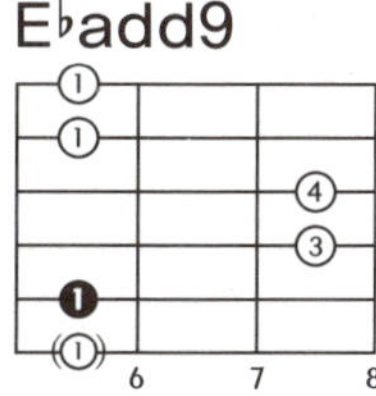

E

E	E7	EM7	Em	Em7
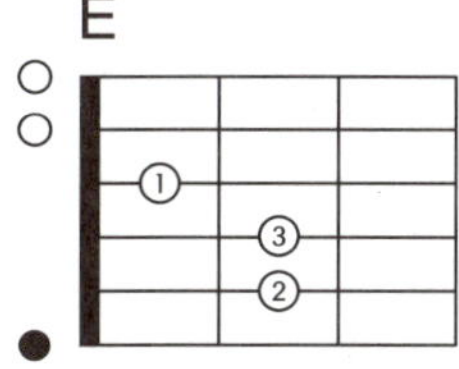	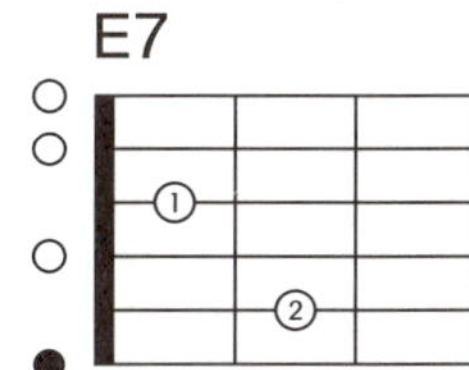	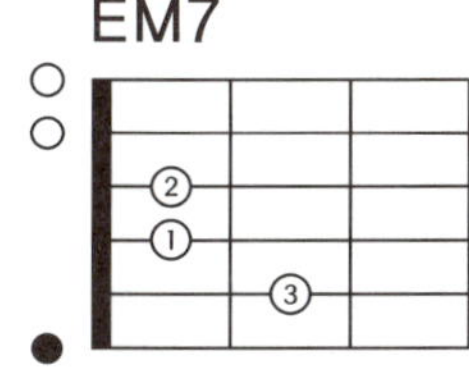	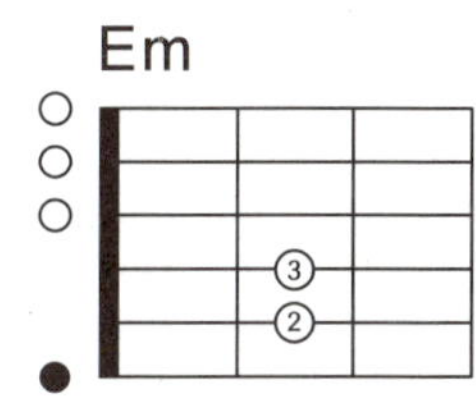	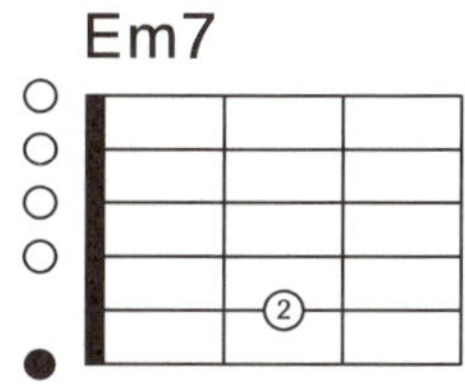

Esus4	Em7 ⁻5	Edim7	Eaug	Eadd9
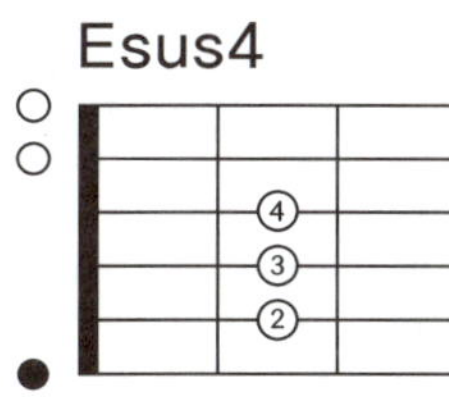	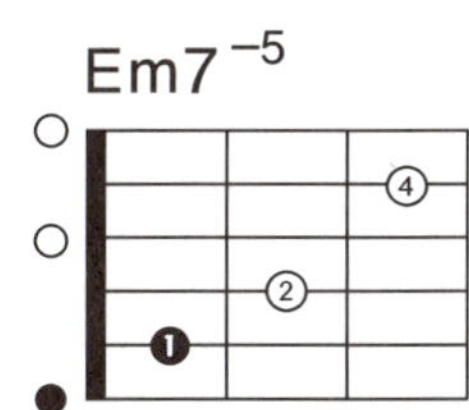	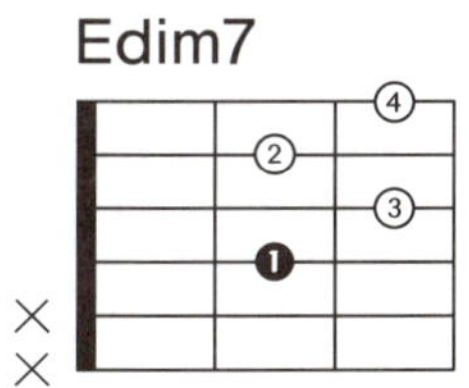	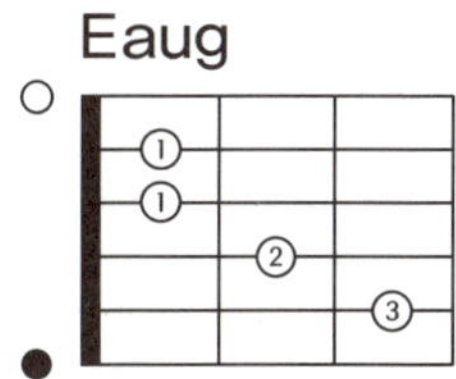	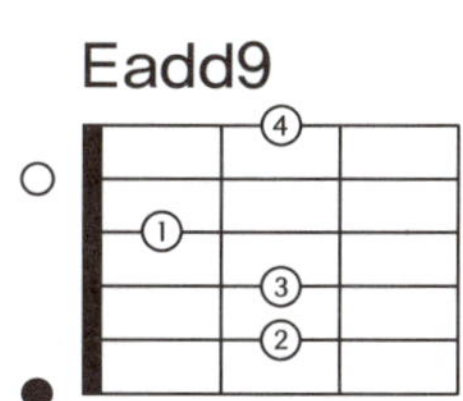

F

F	F7	FM7	Fm	Fm7
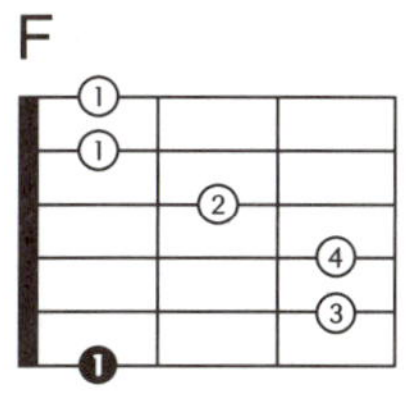	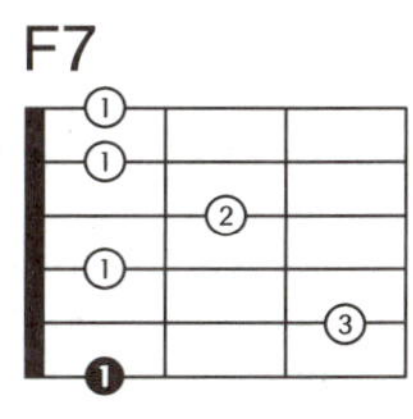	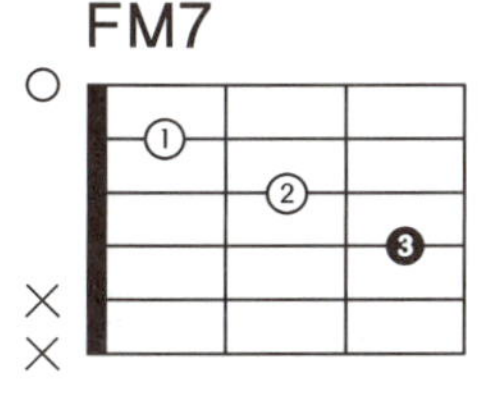	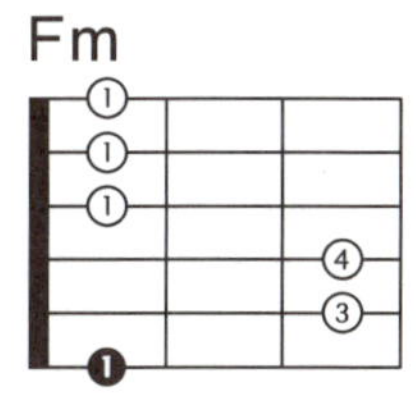	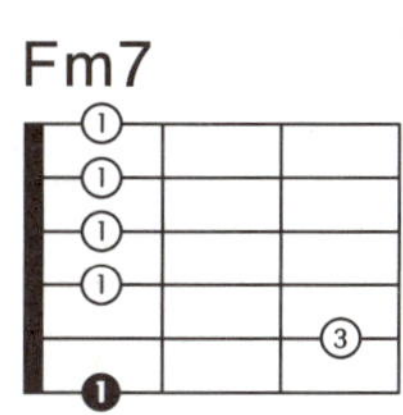

Fsus4	Fm7 ⁻5	Fdim7	Faug	Fadd9
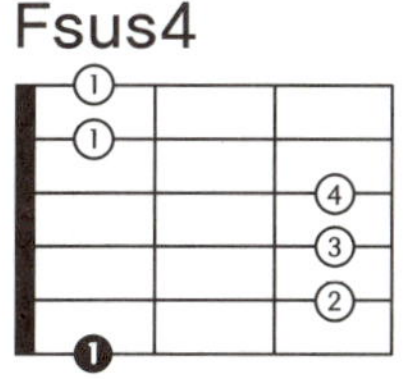	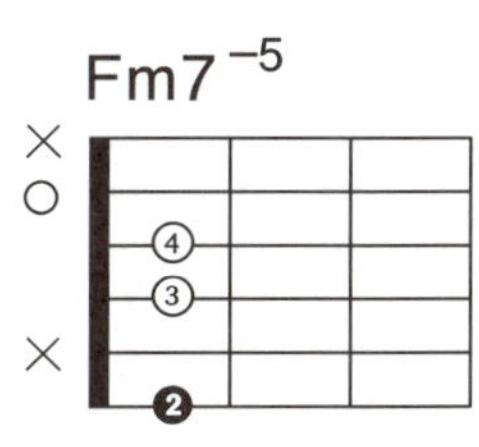	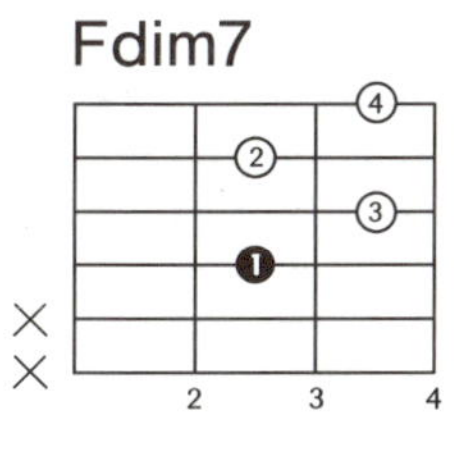	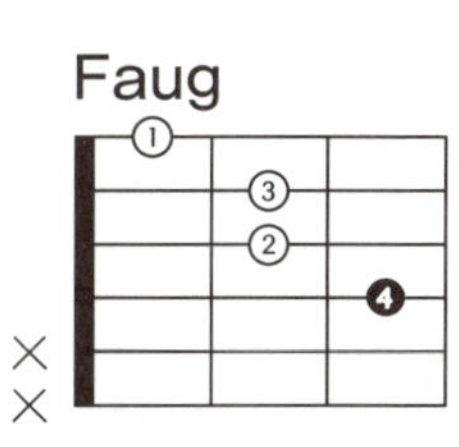	

F#
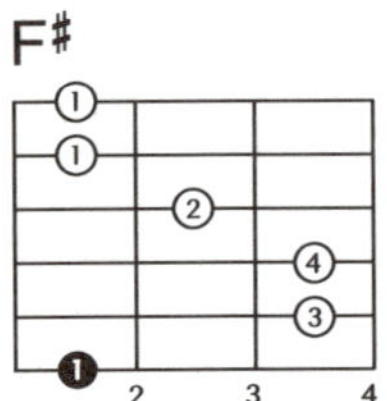

F#7
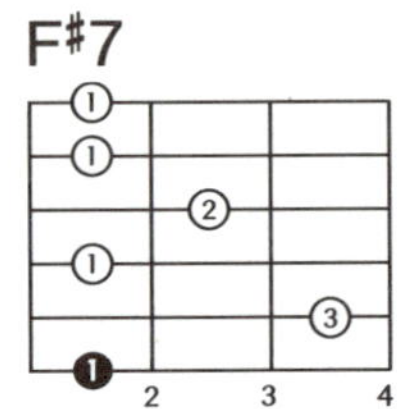

F#M7
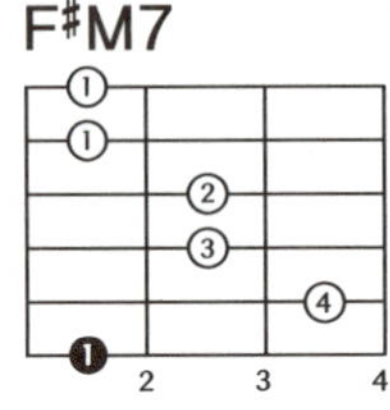

F#m
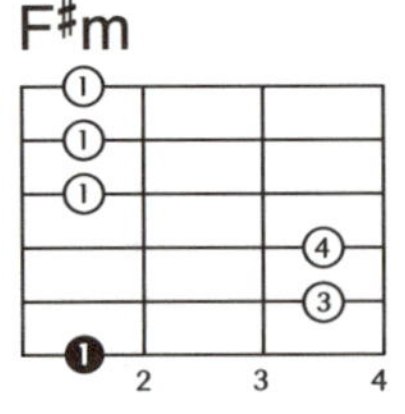

F#m7
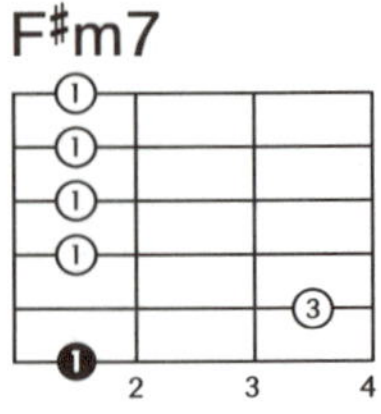

F#sus4

F#m7 $^{-5}$
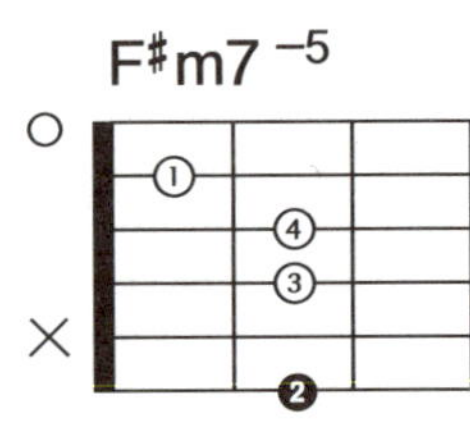

F#dim7
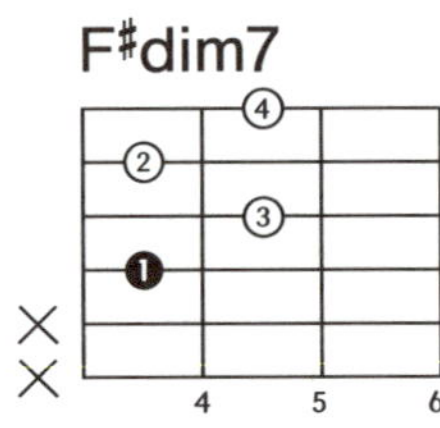

F#aug
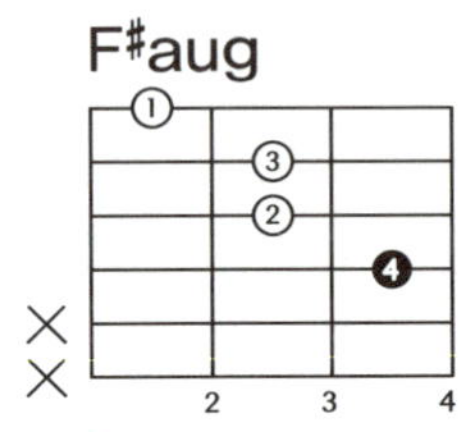

F#add9
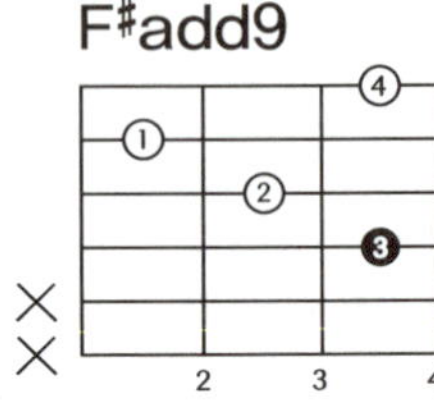

G

G
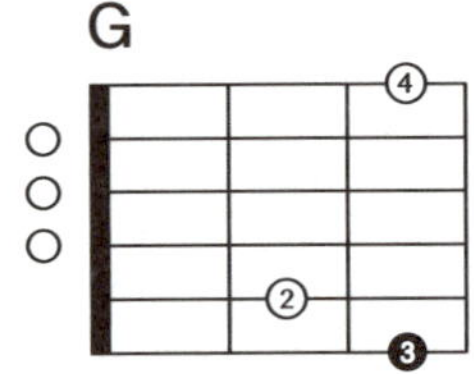

G7
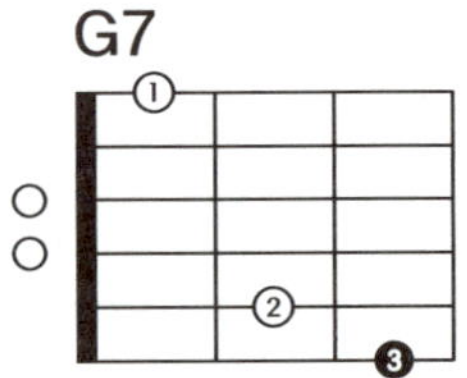

GM7
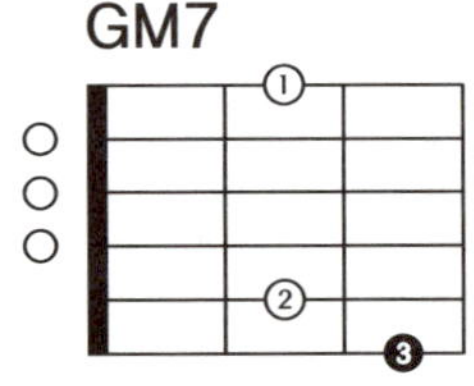

Gm
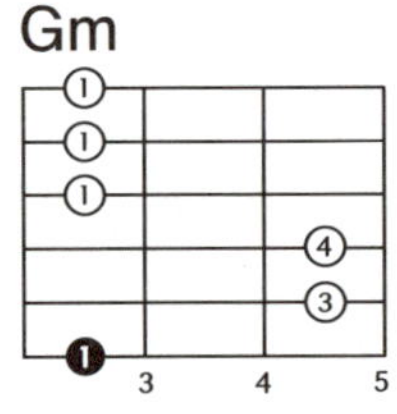

Gm7
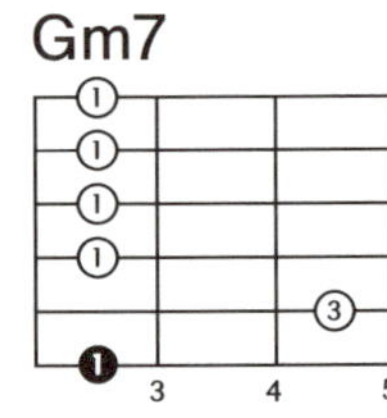

Gsus4
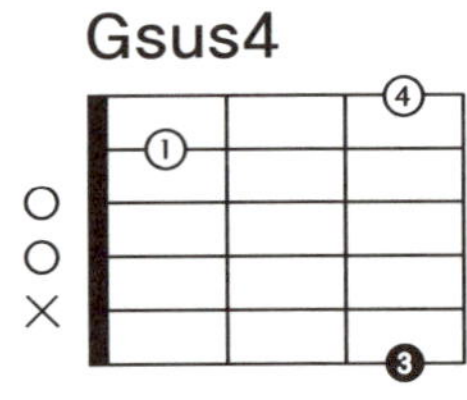

Gm7 $^{-5}$
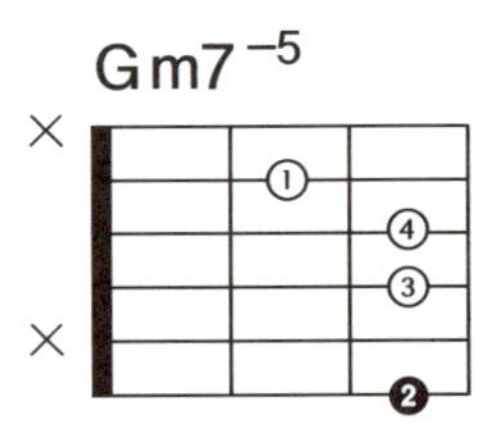

Gdim7
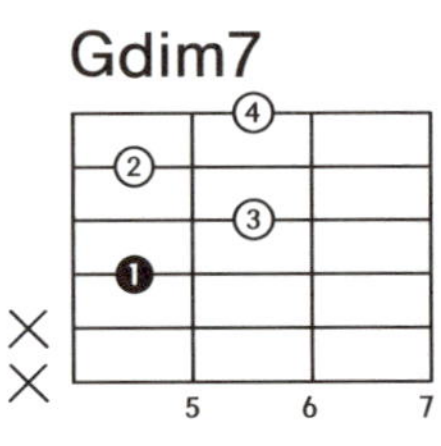

Gaug
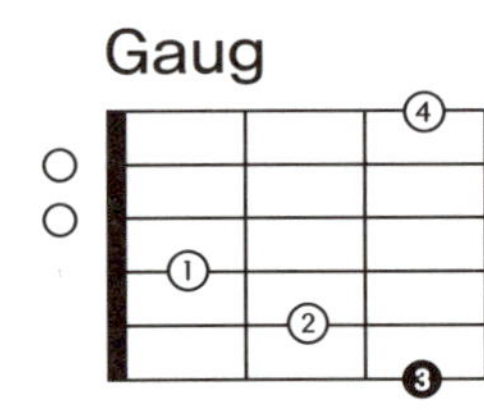

Gadd9
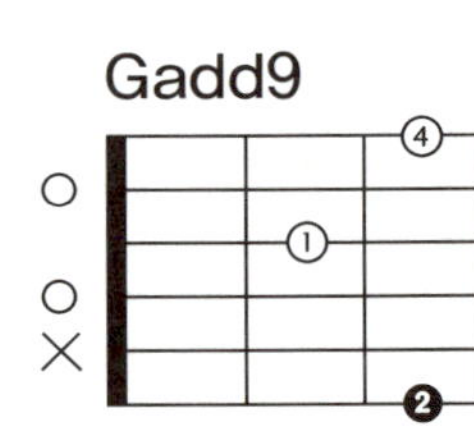

G#(A♭)

G#
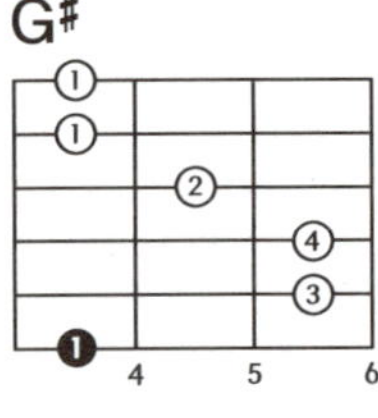

G#7
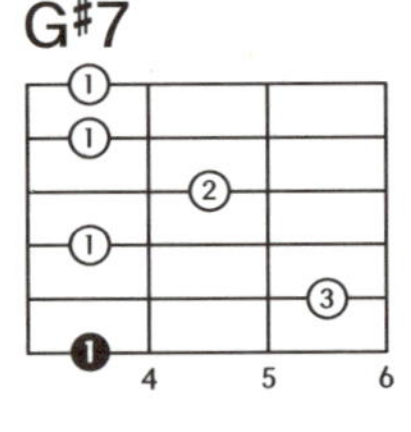

G#M7
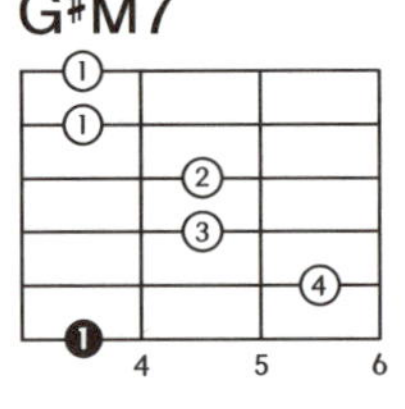

G#m
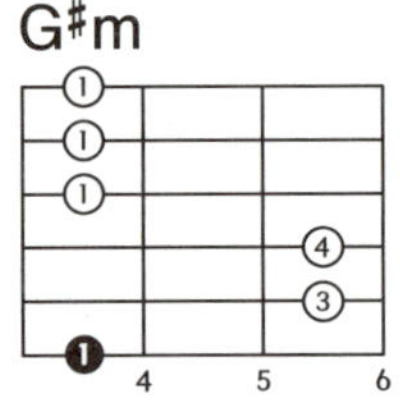

G#m7
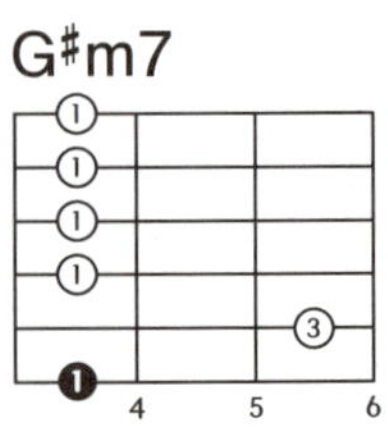

G#sus4

G#m7 $^{-5}$
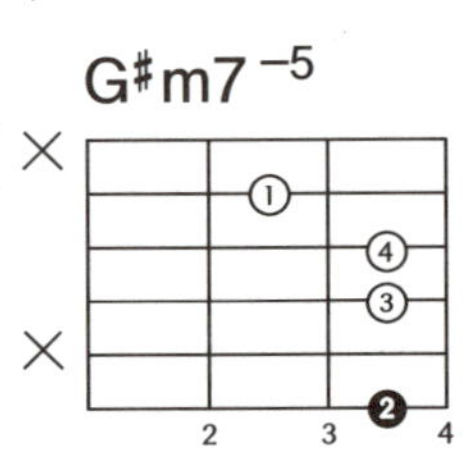

G#dim7
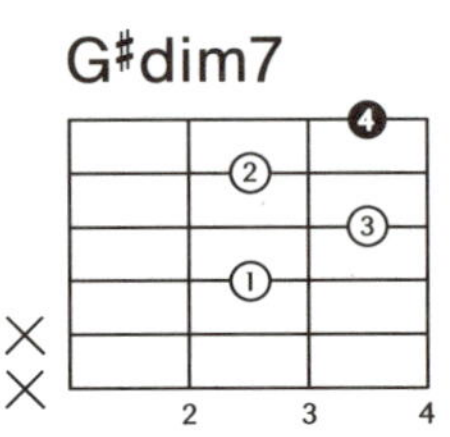

G#aug
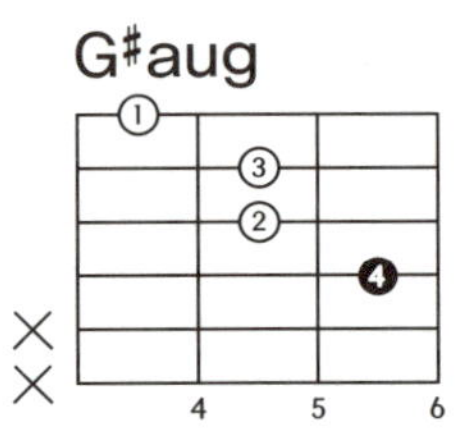

G#add9
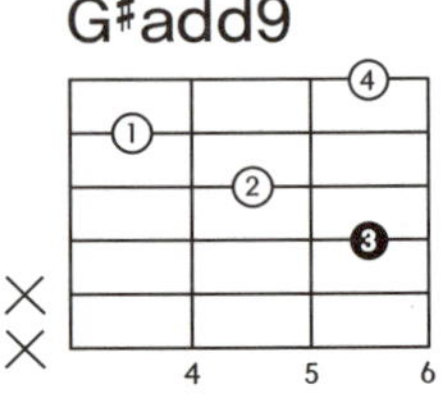

A

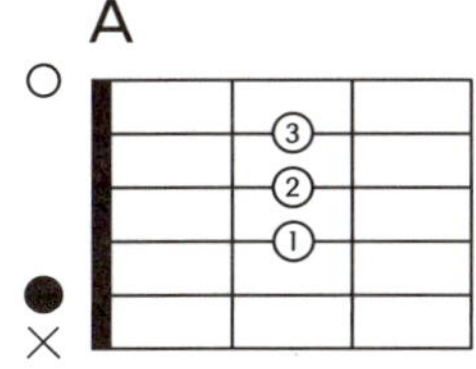

A

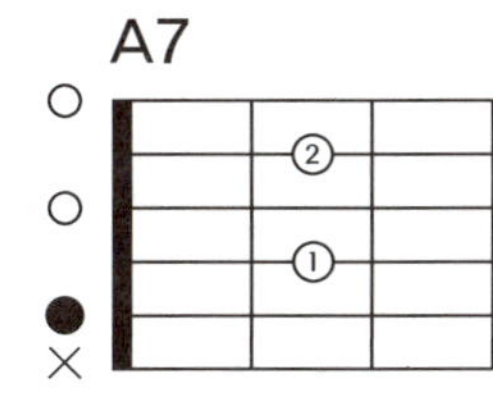

A7

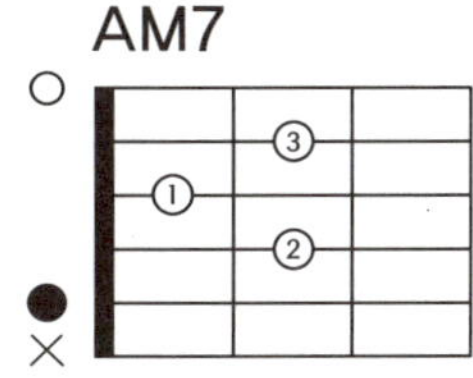

AM7

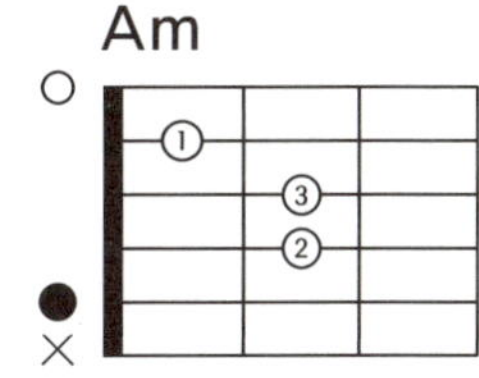

Am

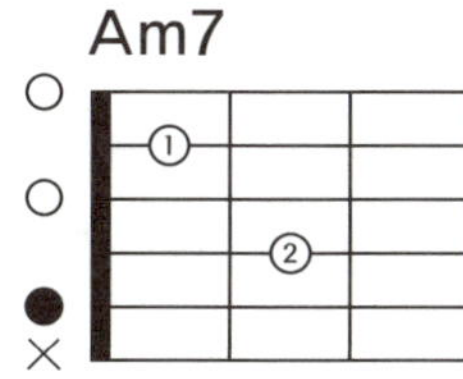

Am7

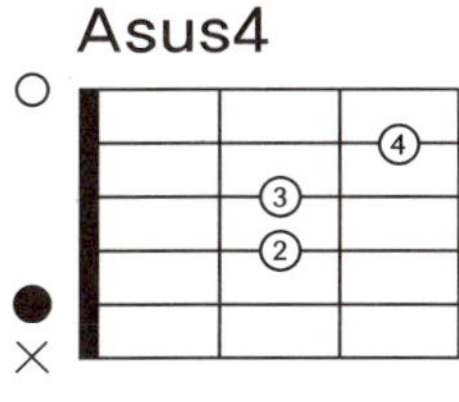

Asus4

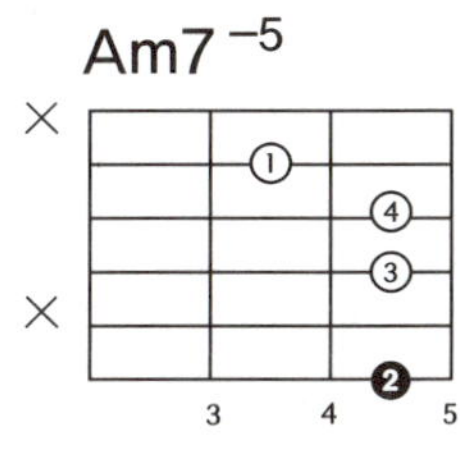

Am7^{-5}

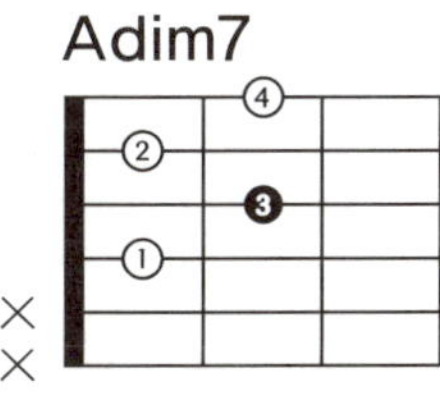

Adim7

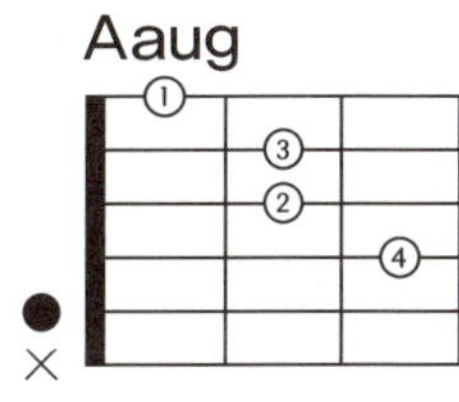

Aaug

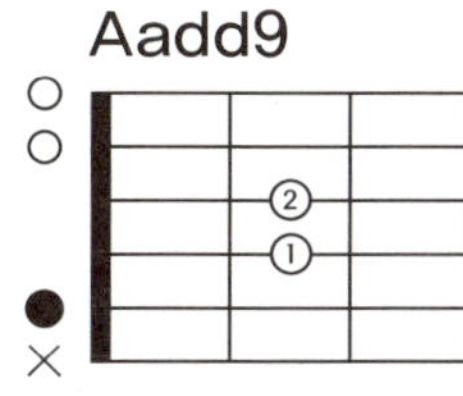

Aadd9

B♭(A#)

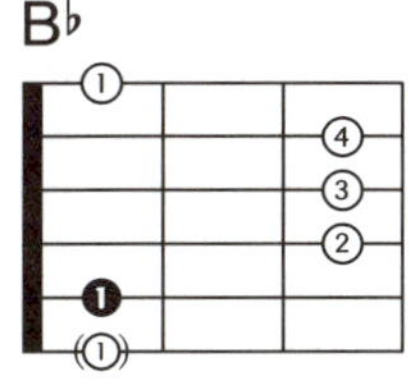

B♭

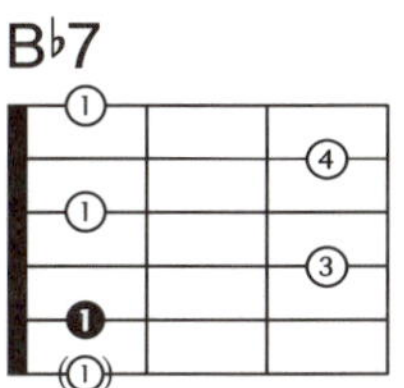

B♭7

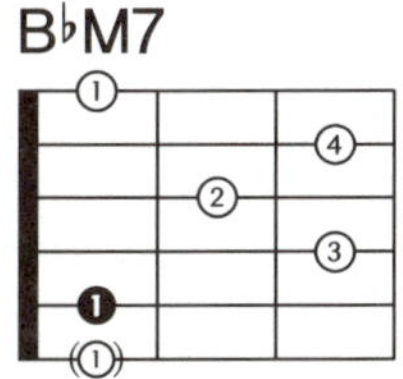

B♭M7

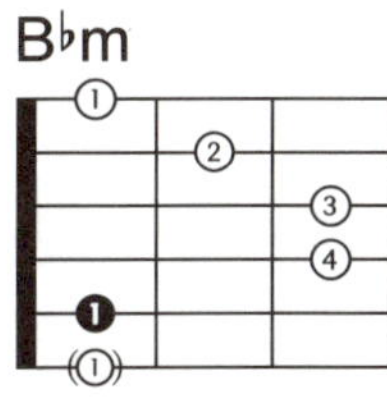

B♭m

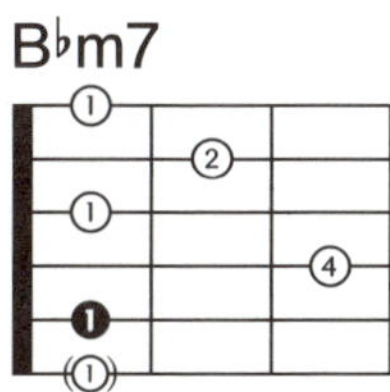

B♭m7

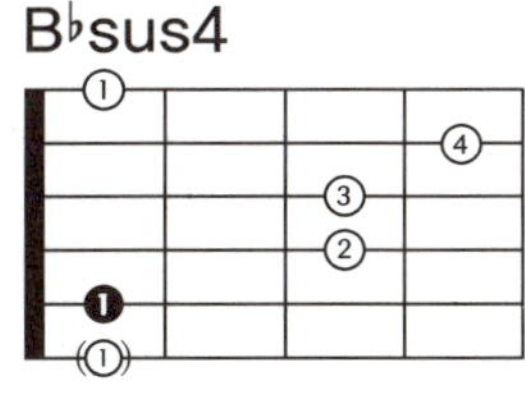

B♭sus4

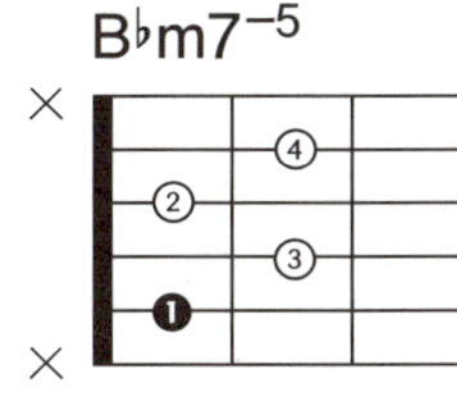

B♭m7^{-5}

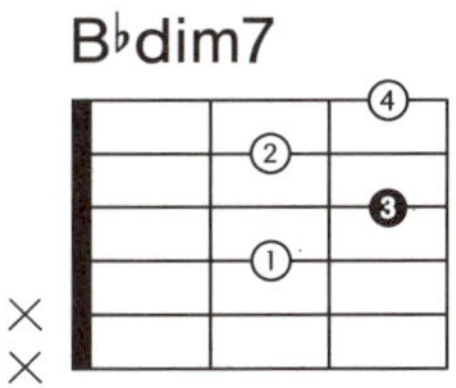

B♭dim7

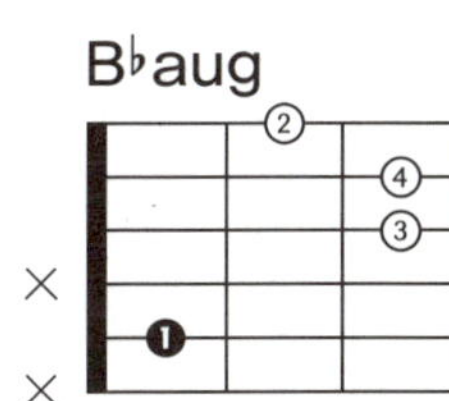

B♭aug

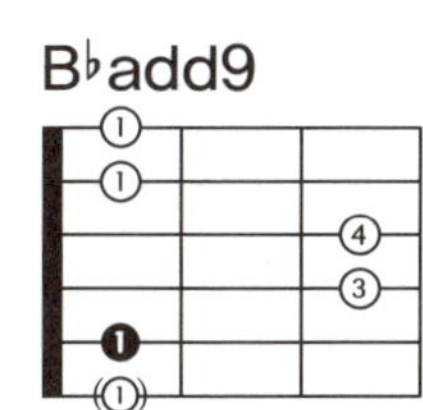

B♭add9

B

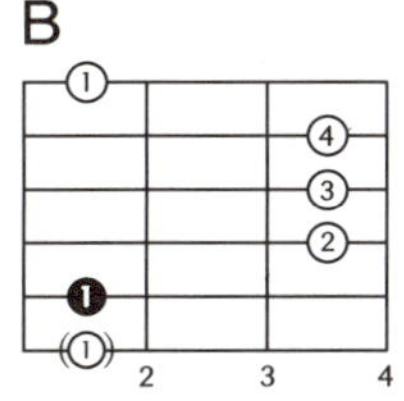

B

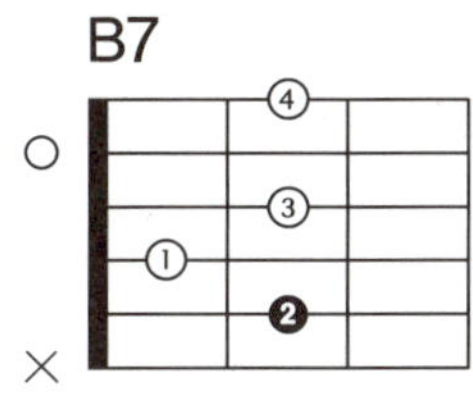

B7

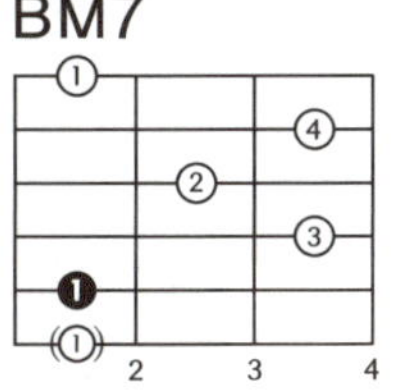

BM7

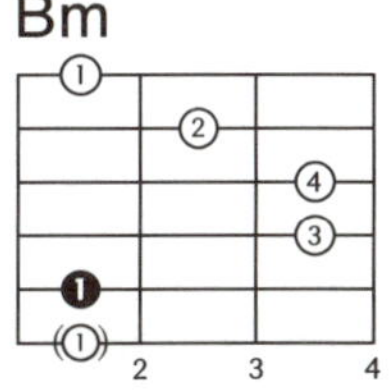

Bm

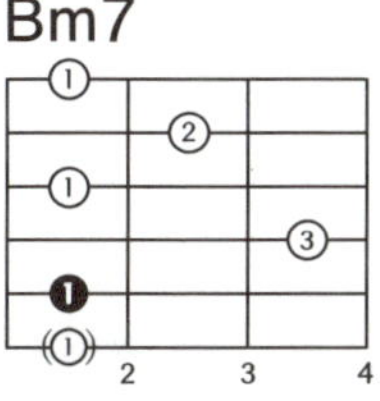

Bm7

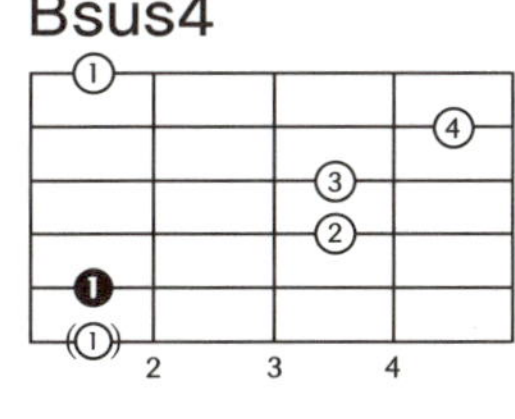

Bsus4

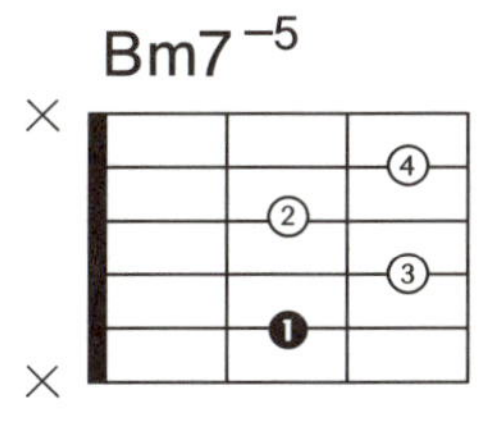

Bm7^{-5}

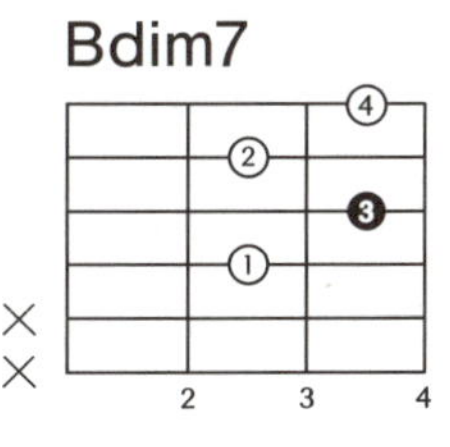

Bdim7

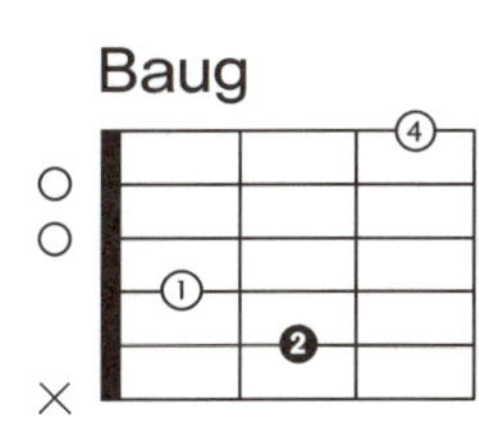

Baug

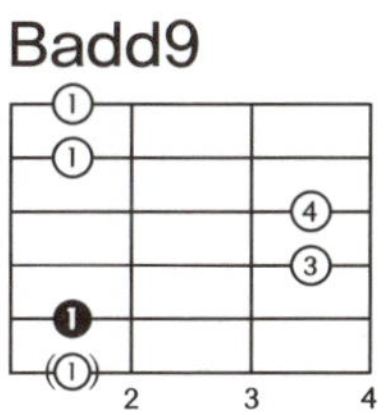

Badd9

류주석의 통기타 때려잡기 류주석 저

발행인 박현수
발행처 (주)세광데이타테크 | 서울특별시 용산구 만리재로 178
　　　　Tel. 02)714-0048(내용 문의)　　Fax. 02)719-2656
　　　　http://www.sekwangmall.co.kr
공급처 (주)세광아트　　Tel. 02)719-2651　Fax. 02)719-2191

등록번호 제 3-962호(1997. 1. 20)
ISBN 978-89-513-4114-4 93670